SOCIEDADES LIMITADAS

CONTRA
CORRENTE
10 ANOS

Fernando Antonio Maia da Cunha

SOCIEDADES LIMITADAS

AVARÉ

2025

CONTRA CORRENTE 10 ANOS

Travessa Vergílio de Araújo Valim, 167
Avaré – SP – Brasil | CEP 18707 815
www.editoracontracorrente.com.br
contato@editoracontracorrente.com.br

EDITORES
Camila Almeida Janela Valim
Gustavo Marinho de Carvalho
Rafael Valim
Walfrido Warde
Silvio Almeida

EQUIPE EDITORIAL
COORDENAÇÃO DE PROJETO: Erick Facioli
PREPARAÇÃO DE TEXTO E REVISÃO TÉCNICA: Amanda Dorth
REVISÃO: Beatriz Duarte Lopes
DIAGRAMAÇÃO: Gisely Fernandes
CAPA: Mariela Valim

EQUIPE DE APOIO
Carla Vasconcelos
Regina Gomes
Nathalia Oliveira
Geovanna Sales

Dados Internacionais de Catalogação na Publicação (CIP)
(Câmara Brasileira do Livro, SP, Brasil)

Cunha, Fernando Antonio Maia da
Sociedades limitadas / Fernando Antonio Maia da Cunha. -- 1. ed.
-- Avaré, SP : Editora Contracorrente, 2025.

Bibliografia.
ISBN 978-65-5396-243-9

1. Código civil - Brasil 2. Direito societário - Leis e legislação 3. Direito societário - Pareceres - Brasil 4. Sociedades limitadas - Leis e legislação - Brasil I. Título.

25-251880 CDU-347.723

Índices para catálogo sistemático:

1. Sociedades limitadas : Direito societário 347.723
Aline Graziele Benitez - Bibliotecária - CRB-1/3129

@editoracontracorrente
Editora Contracorrente
@ContraEditora
Editora Contracorrente

SUMÁRIO

PREFÁCIO

Aceitei com prazer a incumbência de prefaciar a obra sobre as Sociedades Limitadas.

O autor, Fernando Antonio Maia da Cunha, desembargador aposentado e atualmente meu sócio no Warde Advogados, possui larga experiência no Direito Empresarial e Societário. Foi magistrado do Tribunal de Justiça de São Paulo durante 39 anos e, dentre outras atividades jurisdicionais, teve direta participação no fortalecimento do Direito Empresarial. Foi quem propôs a criação da Câmara Empresarial quando exerceu a Presidência da Seção de Direito Privado, em 2010/2011, tendo participado da primeira composição da 1ª Câmara Reservada de Direito Empresarial, de 2012 a 2016, quando se fixaram princípios específicos que conduziram à consolidação da jurisprudência e da segurança jurídica em área sensível não somente ao Direito, mas também à economia alimentada pela atividade empresarial. Deu, também, forte destaque aos cursos de pós-graduação em Direito Empresarial na Escola Paulista da Magistratura, como diretor, em 2014/2016, e como professor.

A obra possui dois capítulos essenciais ao conhecimento das sociedades limitadas. No início, discorre sobre a evolução histórica do Direito Comercial até a atual teoria da empresa, bem como a inserção das sociedades limitadas na legislação brasileira. Em seguida, analisa um a um os artigos que tratam das sociedades limitadas no Código Civil. Essa introdução é importante para que, antes do estudo dos artigos do Código Civil, tenha-se uma ideia da sua formação e dos princípios e regras que inspiraram as questões societárias desde o Código Comercial até a inclusão no Código Civil. Melhor se compreende a norma legal atual quando se tem noção razoável da formação e do desenvolvimento das sociedades limitadas, bem como quando se pode realizar a sua distinção das demais sociedades contempladas no Código Civil e na Lei das Sociedades Anônimas.

Na análise dos artigos que regem as sociedades limitadas, destaca-se o exame cuidadoso feito no art. 1052, quando o autor faz substanciosos comentários acerca das suas caraterísticas e dos principais aspectos desse tipo societário. A autonomia patrimonial é a premissa das sociedades limitadas. O risco é inerente à atividade empresarial. E responsabilidade dos sócios não pode se confundir com a da sociedade no caso de insucesso do negócio. Daí a importância dos comentários sobre a autonomia patrimonial e os casos em que pode ser desconsiderada a personalidade jurídica para responsabilização dos sócios. E, nesse contexto, oportuna a menção sobre a Lei de Liberdade Econômica, do final de 2019, pela qual o legislador incluiu o artigo 49-A ao Código Civil e alterou substancialmente o artigo 50, tudo com o objetivo de dotar o intérprete de elementos mais objetivos para a verificação da fraude que permite deixar de lado a separação patrimonial para responsabilizar os sócios pelas obrigações da sociedade.

A disposição e a forma dos comentários dos artigos, a sua sequência e os seus aspectos práticos, da constituição à dissolução, parcial ou total, mostra a preocupação do autor em, com linguagem direta e simples, destacar os problemas e as soluções pelas quais passam as sociedades limitadas, unindo a teoria e a prática de modo a tornar a leitura agradável e de fácil compreensão. É o que se dá nos comentários às dissoluções parciais que ocorrem quando das hipóteses do direito de recesso ou retirada, tratados nos artigos 1077 e 1085.

Aos leitores incumbirá a avaliação mais completa da obra, mas encerro lembrando da importância de um trabalho contemporâneo aos tempos atuais, no Direito e na economia, relativa ao tipo societário de que se vale a grande maioria das empresas para o exercício da atividade empresarial que impulsiona a economia geradora de riquezas.

Boa leitura!

WALFRIDO JORGE WARDE JÚNIOR

NOTAS DO AUTOR

Era uma ideia antiga a de escrever uma obra que contivesse, substancialmente, as principais noções acerca das Sociedades Limitadas. Não tanto pelo conhecimento sobre o tipo societário que congrega mais de 95% das sociedades empresariais sediadas no Brasil, mas também por um desejo de relembrar as minhas origens, aprofundar os estudos e, na medida do possível, transmitir um pouco a quem quisesse também rever seus principais princípios – *a autonomia patrimonial e a responsabilidade limitada dos sócios* – e os mais variados aspectos que regulam a sua constituição, funcionamento e dissolução, parcial ou total, nos respectivos artigos do Código Civil.

Devo ao meu saudoso pai, Edgard Laureano da Cunha, contador, por formação e profissão, os primeiros contatos com a antiga Sociedade por Quotas de Responsabilidade Limitada. Era ainda um jovem estudante do ensino médio (então colegial) quando fui trabalhar no seu escritório de contabilidade em Adamantina. Havia muitos clientes sob a forma de empresas individuais, mas a grande maioria era constituída sob a forma que hoje tem a denominação de Sociedades Limitadas. Foi ali que aprendi as primeiras noções de contabilidade e do funcionamento das atividades comerciais em geral, o que me levou a fazer o curso Técnico em Contabilidade.

Formei-me advogado em 1975 e ingressei na magistratura no final de 1980. Já na Capital, voltei a ter contato com as Sociedades Limitadas e também com outras matérias ligadas ao Direito Comercial. Nos quase 11 anos (entre 1984 e 1995) em que fui juiz em Varas Cíveis Centrais (28ª e 38ª), no Fórum João Mendes Júnior, julguei muitas questões controvertidas de Direito Comercial, em sentido lato, mas, substancialmente, as que envolviam as Sociedades Limitadas. Naquela época, as varas cíveis centrais possuíam competência ampla e não havia ainda varas especializadas.

E, muito tempo depois, quando fui eleito Presidente da Seção de Direito Privado, biênio 2010/2011, propus a criação da Câmara Reservada de Direito Empresarial, que, em seguida, uniu-se à existente Câmara Reservada de Recuperação e Falências e resultou nas duas Câmaras Empresariais que, até hoje, especializam a jurisprudência e promovem a segurança jurídica nessa área tão relevante do Direito. Participei, por cinco anos, entre 2012 a 2016, da primeira composição da 1ª Câmara Reservada de Direito Empresarial.

Animado pelo retorno aos estudos obtive o título de mestre em Direito Comercial, pela PUC/SP, sob a brilhante orientação do Professor Fábio Ulhoa Coelho. E, em 2012, com os desembargadores Manoel de Queiroz Pereira Calças e Manoel Justino Bezerra Filho, ambos hoje aposentados, refizemos o Curso de Pós-Graduação em Direito Empresarial na Escola Paulista da Magistratura que não se realizava desde 1998. Fui Diretor da EPM no biênio 2014/2016, coordenador do curso e professor assistente desde 2012 até minha aposentadoria em 2019, após 39 anos de judicatura na Magistratura de São Paulo.

Já aposentado, tornei-me sócio consultor em Direito Empresarial no escritório de advocacia Warde Advogados, onde me encontro até a presente data. E tive do seu sócio principal, Walfrido Warde, todo o apoio e toda a estrutura para organizar e aprofundar os meus estudos nessa área. Profundo conhecedor do Direito Empresarial e

Societário, Walfrido não só me incentivou e ensinou. Mais do que isso, propiciou-me toda a estrutura para a edição de obras doutrinárias.

Em consequência desse apoio, participei de algumas obras doutrinárias, tanto escrevendo como coordenando: *Autonomia Patrimonial x Desconsideração da Personalidade Jurídica*, uma versão atualizada da minha dissertação de mestrado na PUC/SP; *Comentários à Lei de Recuperação de Empresas e Falência*, escrito em coautoria com a Juíza Maria Rita Rebello Pinho Dias; *Direito Empresarial Aplicado*, uma obra coletiva com artigos de magistrados, advogados e professores, obra que está em seu volume quarto e com o quinto em andamento. Esta obra sobre as Sociedades Limitadas se soma à minha inquietação com o Direito e à minha introdução à doutrina empresarial, depois de quase quatro décadas participando da formação da jurisprudência no Tribunal de Justiça de São Paulo.

Registro, em destaque, a minha admiração e gratidão ao querido amigo e sócio Walfrido Warde.

E anoto, novamente, que tive o imprescindível apoio e auxílio dos jovens juristas Octavio Valverde Gutierrez e Amarilis Tera Romagnol. Auxiliaram-me nas pesquisas doutrinárias e jurisprudenciais, além de contribuírem incansavelmente nas discussões e revisões até o texto final. A ambos o meu agradecimento de sempre.

A obra possui três capítulos.

O primeiro é dedicado às informações sobre os variados aspectos históricos do Direito Societário até a teoria da empresa adotada pelo Código Civil de 2003, com comentários sobre a sociedade limitada e breve menção aos demais tipos societários trazidos pela legislação civil. O segundo capítulo é dedicado aos comentários, práticos e teóricos dos artigos 1052 a 1087, que, no Código Civil, tratam das sociedades limitadas.

Nos dois primeiros capítulos, o objetivo foi o de transmitir ao leitor um panorama geral das sociedades limitadas, passando pela sua origem, evolução e inclusão no Código Civil no capítulo do Direito de Empresa. A obra, além das informações históricas e de seus principais princípios e problemas, tenta fazer detalhadas e objetivas considerações sobre as sociedades limitadas em todos os aspectos descritos no Código Civil.

Um terceiro capítulo foi inserido na parte 1 da obra, para retratar as principais propostas aprovadas pela Comissão de Juristas do Senado Federal para a alteração do Código Civil, em especial no que tange ao Direito de Empresa.

Evidente que, apesar do cuidado, a obra pode conter uma ou outra imprecisão e não ter anotado alguma informação relevante. No entanto, toda a dedicação teve o intuito de deixá-la, de forma didática, a mais completa possível.

Agradeço antecipadamente a todos pela paciência da leitura.

PARTE I

CAPÍTULO I

ASPECTOS HISTÓRICOS DO DIREITO SOCIETÁRIO

1.1 Breves linhas sobre a evolução histórica do Direito Comercial

O estudo das Sociedades Limitadas perpassa, necessariamente, pela compreensão da evolução histórica do Direito Comercial e das alterações normativas que sucederam ao longo do tempo.

Como já advertia Carvalho de Mendonça, "o direito, na sua manifestação positiva, é um fato social, um produto histórico", de modo que para

> completar seu estudo teórico ou científico, e se explicarem os institutos existentes, depois de transformados ou modificados pela evolução econômica, moral e social, torna-se indispensável apreciar sua história, ainda que a traços largos.[1]

---

1 CARVALHO DE MENDONÇA, José Xavier. *Tratado de Direito Comercial brasileiro*. Atualizado por Ricardo Negrão. vol. I. 1ª ed. Campinas: BookSeller, 2000, p. 59.

Assim, para compreender a evolução histórica do Direito Comercial é necessário ter em mente que as relações comerciais sempre tiveram importância basilar no desenvolvimento da humanidade, já que, desde a Antiguidade, as relações econômicas eram pautadas pela troca comercial, ou pela troca voluntária de produtos e serviços, que, nos primórdios da evolução humana, era realizada entre grupos restritos apenas no concernente a bens excedentes, supérfluos ou prescindíveis à sobrevivência.

Na Antiguidade, porém, não existia um conjunto sistematizado de normas capaz de regular as trocas mercantis e ordenar a atividade econômica. Os romanos, por exemplo, não tinham um Direito Comercial e suas relações mercantis eram reguladas pelo próprio direito comum, configuração que contrariava as exigências comerciais.[2]

O Direito Comercial somente passa a tomar forma durante a Idade Média, sobretudo nas grandes feiras internacionais do comércio, sendo possível apontar ali o surgimento das raízes do *ius mercatorum*, como um conjunto orgânico e ordenado de institutos e princípios próprios reguladores das relações mercantis, destacados do Direito Civil.[3]

Nas civilizações medievais, já no início do período entre a baixa Idade Média e a Idade Moderna, com o avanço do comércio, sobretudo o marítimo, as relações econômicas assumiram caráter institucionalizado, em razão do crescimento das cidades situadas nas proximidades do Mediterrâneo e nas margens de grandes estradas, que se tornaram importantes núcleos comerciais.

---

2 CARVALHO DE MENDONÇA, José Xavier. *Tratado de Direito Comercial brasileiro*. Atualizado por Ricardo Negrão. vol. I. 1ª ed. Campinas: BookSeller, 2000, p. 65.

3 NEGRÃO, Ricardo. *Curso de Direito Comercial e de Empresa*: Teoria Geral da Empresa e Direito Societário. vol. I. 15ª ed. São Paulo: Saraiva, 2019, p. 31.

Nesse cenário, foi possível observar o desenvolvimento de métodos que facilitavam o fluxo de mercadorias e as atividades comerciais, como a realização de feiras, mercados, lojas, moedas e bancos, sistematizando o comércio e contribuindo para o surgimento de normas jurídicas orientadoras do Direito Comercial, disciplina, então, vinculada às atividades dos mercadores medievais.

Foi, a partir desse contexto, que surgiram as denominadas Corporações de Ofício, formadas por artesãos, mercadores e outros profissionais, que criaram suas próprias regras para atuar no mercado mediante mútua proteção e assistência, promovendo a defesa de seus próprios interesses, assumindo importante papel nas relações comerciais e alcançando certa autonomia frente à nobreza feudal, que, então, concentrava o poder político e econômico.

O *ius mercatorum*, então, consistia em normas aplicáveis aos membros das corporações, assumindo caráter subjetivista, já que o que determinava sua incidência era a qualidade dos sujeitos destinatários da norma. Cuidava-se de um direito costumeiro aplicado por juízes eleitos pelos próprios comerciantes, criando o juízo consular, cuja função era sistematizar as regras de mercado.

Iniciava-se, assim, a transição de uma sociedade feudal, alicerçada em propriedades situadas no campo e de caráter essencialmente agrícola, para uma sociedade pré-capitalista, com a ascensão de uma burguesia urbana e o desenvolvimento de uma economia voltada para os centros comerciais. A partir do *ius mercatorum*, é possível também observar a criação de alguns institutos jurídicos próprios do Direito Comercial, tais quais os títulos de créditos, como a letra de câmbio, modalidades contratuais específicas, como os contratos de seguro, e os registros contábeis.[4]

Com o início da Idade Moderna, no século XV, e a criação dos Estados Nacionais soberanos, caracterizados por um poder central

---

4 CRUZ, André Luiz Santa. *Manual de Direito Empresarial* – volume único. 12ª ed. rev. atual. e ampl. São Paulo: JusPodivm, 2022, p. 48.

absoluto representado na figura do monarca, a sistematização do Direito Mercantil antes consagrada nas corporações de comerciantes, vai perdendo espaço para um sistema econômico monopolizado pelo Estado monárquico. O Direito Estatal, então, ganhou especial relevância e se sobrepôs às normas das corporações, de âmbito subjetivo e incidência particular aos comerciantes.

Já no findar da Idade Moderna e o surgimento do liberalismo econômico na Europa do século XVIII, as classes econômicas em ascensão e a oposição ao despotismo e aos regimes absolutistas, culminaram na edição de normas jurídicas que visavam resguardar as liberdades individuais, os direitos à vida e à propriedade, e os direitos de todos os cidadãos de participar da política e da economia, ideais que constituíram a essência do pensamento revolucionário da época.

O resguardo do princípio da igualdade se sobrepôs às normas jurídicas antes fundamentadas em preceitos subjetivos. Na França, foram editados o Código Civil em 1804 e o Código Comercial em 1808, integrantes da chamada codificação Napoleônica, para atender as novas demandas sociais e econômicas da sociedade francesa.

O Código Napoleônico consagrou a chamada Teoria dos Atos de Comércio, que tinha o objetivo de romper com os privilégios da aristocracia feudal e consolidar o poder da classe burguesa em ascensão. Com isso, o "comerciante não é mais aquele que é inscrito na matrícula mercatorum, mas aquele que pratica, por profissão habitual, atos de comércio".[5]

A norma jurídica, pois, era voltada à atividade comercial, olvidando-se de outros setores econômicos distintos do comércio puro e simples, como o imobiliário e o de serviços. Tudo o que não pudesse ser considerado ato de comércio era regulado pelo Código Civil, havendo clara separação entre as duas esferas.

---

5 FORGIONI, Paula A. *A evolução do Direito Comercial brasileiro*. 5ª ed. São Paulo: Thompson Reuters Brasil, 2021, p. 32 apud FERRI, Giuseppe. *Diritto commerciale*, Enciclopedia del diritto. vol. 12. Milão: Giuffré, 1964, p. 922.

A mercancia, então, deixou de ser definida a partir da qualidade dos sujeitos que a praticavam (o que a doutrina convenciona em chamar de período subjetivo, uma vez que a matéria do Direito Comercial era definida a partir de determinadas qualidades do sujeito: ser membro das corporações de ofício), e passou a ser conceituada a partir do seu objeto (a prática de atos de comércio), traduzindo o caráter objetivo que o Código Napoleônico imprimiu a essa esfera do Direito.[6]

No Brasil, o primeiro Código Comercial foi editado durante o reinado do Imperador Dom Pedro II, através da Lei n. 556, de 25 de junho de 1850, após tramitar durante quinze anos perante a Assembleia Geral. A teoria clássica do Direito Comercial era, então, alicerçada nos interesses da classe mercantil, sem, todavia, enfrentar diretamente o problema da enumeração taxativa dos atos de comércio proposta pelo Código Napoleônico, com receio das possíveis controvérsias advindas de tal classificação.[7]

Importante destacar que, apesar de o Código Comercial de 1850 não propusesse uma classificação dos atos de comércio, adotando uma posição subjetivista, é certo que o Regulamento n. 737 de 1850,[8]

---

6 FORGIONI, Paula A. *A evolução do Direito Comercial brasileiro*. 5ª ed. São Paulo: Thompson Reuters Brasil, 2021, p. 32 apud FERRI, Giuseppe. *Diritto commerciale*, Enciclopedia del diritto. vol. 12. Milão: Giuffré, 1964, p. 922.

7 CARVALHO DE MENDONÇA, José Xavier. *Tratado de Direito Comercial brasileiro*. Atualizado por Ricardo Negrão. vol. I. 1ª ed. Campinas: BookSeller, 2000, pp. 515-518.

8 Regulamento n. 737, de 25 de novembro de 1850 – Artigo 19. Considera-se mercancia:

§ 1° A compra e venda ou troca de efeitos móveis ou semoventes para os vender por grosso ou a retalho, na mesma espécie ou manufaturados, ou para alugar o seu uso.

§ 2° As operações de câmbio, banco e corretagem.

§ 3° As empresas de fábricas; de comissões; de depósitos; de expedição, consignação e transporte de mercadorias; de espetáculos públicos;

enumerava um breve rol de atos de comércio que seriam considerados mercancia, os quais tinham caráter meramente exemplificativo.

Assim, o Código Comercial de 1850 marcava a separação clara entre duas esferas do Direito Privado: de um lado, o Direito Civil, regulado pelo Código Civil sancionado apenas em 1916;[9] e de outro, o Direito Comercial, sistematizado pelo Código Comercial, cujas regras eram aplicáveis apenas às relações mercantis.

No entanto, a teoria dos atos de comércio foi, com o decorrer do tempo, tornando-se insuficiente para solucionar questões advindas das relações econômicas surgidas com o avanço de outros setores da economia, e que se distinguiam das atividades exclusivamente mercantis, como a prestação de serviços, a compra e venda de imóveis, a pecuária, a agricultura etc.

A incapacidade de definição do que se caracterizaria, de fato, como "ato de comércio", a dificuldade de compreensão de todas as relações jurídicas celebradas pelos comerciantes e a consciência da importância do Estado para o capitalismo, fez surgir novas correntes doutrinárias, que culminaram na edição do Código Civil italiano em 1942. Nesse ponto, oportuna a lição de Walfrido Warde:

> O debate acerca da definição do âmbito do Direito Comercial que, até o final do século XIX, reduzia-se à conhecida disputa entre subjetivismo e objetivismo, recebeu, já nas primeiras décadas do século XX, para além de precisas críticas, preponderante influência reconstrutiva com o surgimento do Direito Econômico e, mais adiante, com a promulgação do Codice Civile de 1942.

---

§ 4° Os seguros, fretamentos, risco, e quaisquer contratos relativos ao comércio marítimo.

§ 5° A armação e expedição de navios.

9 A Constituição Imperial de 1824 previa no artigo 179, XVIII, a edição o "*quanto antes um Codigo Civil, e Criminal, fundado nas solidas bases da Justiça, e Equidade*"; o Código Criminal foi sancionado em 1830, enquanto o Código Civil só entraria em vigor 92 anos depois.

> A vertente subjetivista, mais antiga e de inspiração corporativa, tinha o Direito Comercial como rama dedicada ao regramento de uma classe profissional. O objetivismo, por sua vez, defendido por autores do século XIX, surgiu para restringir a atuação do Direito Comercial à disciplina jurídica dos atos de comércio.
>
> A empresa surgiu, portanto, como técnica de regulação de porção abrangente do fenômeno econômico. Sua invenção marcou o aparecimento do Direito Econômico e uma influência determinante à revisão metodológica e programática do Direito Comercial (que ainda hoje se põe, com avanços heterogêneos, em inúmeros ordenamentos nacionais), em meio à tomada de consciência acerca da importância do Estado para o capitalismo.[10]

No Brasil, tais inovações também trouxeram relevantes repercussões, de modo que o tradicional Direito Comercial deu lugar ao denominado Direito de Empresa, com a entrada em vigor do Código Civil de 2002. O enfoque do estudo jurídico deixou de se situar no ato de comércio praticado, mas na forma como a atividade econômica era exercida pelo empresário. Outrossim, com a nova ordem consagrada no Direito Positivo brasileiro, desaparece a figura clássica do comerciante, cedendo lugar à figura moderna do empresário.[11]

Contemporaneamente, o Direito Empresarial pode ser conceituado como o conjunto de normas jurídicas (princípios e regras) que disciplinam tanto a atividade econômica organizada para a produção ou a circulação de bens ou de serviços, quanto aqueles que a exercem profissionalmente (de forma habitual). Seu estudo, pois, abrange a figura da empresa, e a do empresário.

---

10 WARDE JÚNIOR, Walfrido Jorge. *Teoria Geral da Empresa*. São Paulo: Revista dos Tribunais, 2016, p. 36.

11 CAMPINHO, Sérgio. *O Direito de Empresa à luz do Código Civil*. 12ª ed. revista e atualizada de acordo com as Leis n. 12.441/2011, 12.399/2011 e 13.375/2010. Rio de Janeiro: Renovar, 2011, p. 2.

O Código Civil foi consagrado no ordenamento jurídico brasileiro por meio da Lei n. 10.406, de 10 de janeiro de 2002. Considerando o período de *vacatio legis* de um ano, previsto em seu artigo 2.044,[12] entrou em vigor apenas em 10 de janeiro de 2003, de modo que, antes desse período, o Direito de Empresa ainda era regulado pelo antigo Código Comercial, editado em 1850 (Lei n. 556, de 25 de junho de 1850).

A disciplina do Direito de Empresa está prevista no Livro II da Parte Especial do Código Civil, o qual revogou a Parte Primeira do Código Comercial e unificou o Direito Privado, interligando o Direito de Empresa ao Direito das Obrigações. Saliente-se que a Lei n. 556/1850 continua em vigor no que diz respeito à sua Segunda Parte, cujos dispositivos são aplicáveis ao comércio marítimo. A afirmação vem expressa no Código Civil, que, em seu artigo 2.037, prevê a aplicação dos dispositivos por ele não revogados, aos empresários e às sociedades empresárias.[13]

1.2 A Teoria da Empresa

A insuficiência dos denominados atos de comércio para atender às demandas de um mercado em desenvolvimento, sobretudo após a Revolução Industrial que se espalhou pelo mundo a partir da segunda metade do século XVIII, consolidando o processo de formação do capitalismo, fez com que a Teoria dos Atos de Comércio fosse gradativamente substituída pela Teoria da Empresa.

Essa "atualização" do Direito Comercial sofreu influência da publicização das relações econômicas na Alemanha pós Primeira Guerra, culminando no surgimento daquilo que viria a ser entendido

---

12 Código Civil, artigo 2.044 – Este Código entrará em vigor 1 (um) ano após a sua publicação.

13 Código Civil, artigo 2.037 – Salvo disposição em contrário, aplicam-se aos empresários e sociedades empresárias as disposições de lei não revogadas por este Código, referentes a comerciantes, ou a sociedades comerciais, bem como a atividades mercantis.

como Direito Econômico, conforme anota Walfrido Warde, a partir das considerações do jurista italiano Alberto Asquini:

> Asquini, esclareceria, mais tarde, que a noção de Direito Econômico – estruturada para designar uma nova sistematização do direito em torno da economia organizada – surgiu na Alemanha, referindo-se essencialmente à legislação econômica da guerra, e evoluindo, desde então, com evidente conteúdo de Direito Público para um conceito híbrido. Esse fenômeno decorreu, em preliminar e singela explicação, da consciência de que o Direito instrumentaliza políticas públicas determinadas pela economia e de que se presta também a atuar na economia pela disciplina do fenômeno econômico.[14]

Entretanto, a Teoria da Empresa teve seu grande desenvolvimento nos trabalhos preparatórios para a edição do Código Civil italiano de 1942, contando com a imensa contribuição de Asquini.[15]

A despeito dos inegáveis avanços que a mudança de paradigma do Direito Comercial trouxe ao acabar com a limitação do âmbito de aplicação de suas normas a determinados atos definidos em lei, fato é que a unificação do Direito Privado na Itália e a noção de empresa posta à época "brota em contexto fascista, sendo concebida como um dos principais instrumentos de intervencionismo estatal",[16] atendendo aos anseios de perseguição do interesse nacional imposto pelo regime fascista, que se fundava em viés corporativista sustentado pelo valor do trabalho.[17]

---

14 WARDE JÚNIOR, Walfrido Jorge. *Teoria Geral da Empresa*. São Paulo: Revista dos Tribunais, 2016, p. 37.

15 BORBA, José Edwaldo Tavares. *Direito Societário*. 19ª ed. Barueri (SP): Atlas, 2022, p. 11.

16 FORGIONI, Paula A. *A evolução do Direito Comercial brasileiro*. 5ª ed. São Paulo: Thompson Reuters Brasil, 2021, p. 44.

17 CRUZ, André Luiz Santa. *Manual de Direito Empresarial* – volume único. 12ª ed. rev. atual. e ampl. São Paulo: JusPodivm, 2022, pp. 60/61.

Daí a necessidade de compreender o surgimento da Teoria da Empresa sob seu aspecto histórico e político, conforme a lição de Paula Forgioni, uma vez que

> ao contrário do que muitas vezes se prega, a unificação do Código Civil de 1942 não decorreu das observações de Vivante, mas de razões políticas. Era preciso controlar a economia (especialmente a produção) e isso se concretizou pela ascensão jurídica da empresa, reconhecida como célula do tecido econômico vocacionada a perseguir os interesses nacionais.[18]

No Brasil, o jurista Sylvio Marcondes foi responsável pela elaboração da parte "Direito de Empresa" posta no Código Civil de 2002, tendo adotado a Teoria da Empresa inaugurada pelo Código Civil Italiano.

Destaque-se que, apesar de o Código Civil ter entrado em vigor somente em 2002, já nas décadas de 1960 e 1970, a doutrina brasileira apontava para a superação da Teoria dos Atos de Comércio. Nas palavras de Oscar Barreto Filho o "desloca-se da noção de ato para a noção de atividade", de modo que "a nova colocação do Direito Comercial, tem fulcro na organização da atividade econômica, e encontra sua ideia-força no conceito de empresa".[19]

Sinal concreto da adoção da Teoria da Empresa no Brasil é que, mesmo antes da edição do Código Civil de 2002, algumas legislações já demonstravam sinais de que o ordenamento jurídico passava a compreender o empresário em seu conceito mais abrangente e moderno.

Como exemplo, tem-se o Código de Defesa do Consumidor, de 11 de setembro de 1990, que tratou igualmente as atividades

---

18 FORGIONI, Paula A. *A evolução do Direito Comercial brasileiro*. 5ª ed. São Paulo: Thompson Reuters Brasil, 2021, p. 54.

19 BARRETO FILHO, Oscar. *Do conceito de empresa*: problemas de direito mercantil. São Paulo: Max Limonad, 1970, p. 5.

econômicas incluídas e excluídas do conceito dos atos de comércio, conceituando como fornecedor toda pessoa física ou jurídica, pública ou privada, nacional ou estrangeira, bem como os entes despersonalizados, que desenvolvem atividade de produção, montagem, criação, construção, transformação, importação, exportação, distribuição ou comercialização de produtos ou prestação de serviços (artigo 3º, *caput*).

Assim, pela Teoria da Empresa, a definição do objeto de estudo do Direito Comercial não é mais direcionada pela espécie do ato jurídico praticado, mas sim pelo sujeito que o pratica. Estará subordinado ao Direito Especial (Comercial), então, a pessoa que se dedicar a uma atividade econômica com características específicas.

1.3 Breve histórico da Sociedade Limitada

O surgimento das sociedades limitadas tem origem na iniciativa parlamentar que visava atender aos anseios de grande parte da burguesia europeia, composta por pequenos e médios comerciantes, que queriam explorar a atividade econômica com o benefício da limitação de responsabilidade, mas sem as formalidades próprias das sociedades anônimas, que exigiam autorização estatal e elevado capital investido.

O local de concepção do que hoje se entende por sociedade limitada é objeto de ampla discussão doutrinária; alguns autores defendem que sua criação se deu na Alemanha, enquanto outros apontam que a Inglaterra teria sido a nação precursora ao regulamentar o tema.

Em defesa de que a criação da figura das sociedades limitadas teria se dado na Alemanha, Manoel Queiroz de Pereira Calças[20] pontua que a Lei de 20 de abril de 1892, promulgada pelo Imperador Guilherme II, foi uma resposta ao pedido dos pequenos e médios

---

20 CALÇAS, Manoel de Queiroz Pereira. *Sociedade Limitada no Novo Código Civil*. São Paulo: Atlas, 2003, p. 16.

empresários para a instituição de uma sociedade de responsabilidade limitada à contribuição de cada sócio para o capital social e que pudesse ser constituída de maneira mais simples do que as sociedades anônimas.

No mesmo sentido, Rubens Requião afirma que

> afastadas assim as leis inglesas e a lei francesa, como diretrizes da nova espécie de sociedade, essa láurea cabe ao Direito germânico, que modelou um novo tipo de sociedade. A nova sociedade rapidamente se disseminou entre as nações civilizadas.[21]

Em contraponto, José Waldecy Lucena explica que a polêmica se deve ao fato de que na Inglaterra "a *private company* inglesa é, historicamente, anterior à primeira lei sobre sociedade de responsabilidade limitada, que foi a alemã de 1892", razão pela qual o autor concorda com as colocações de Waldemar Ferreira, que afirmava: "a circunstância de lhe terem dado os alemães outra estrutura, adaptando-a e dando-lhe novos aspectos, não serve de mudar-lhe as origens".[22]

De todo modo, é incontroverso que o modelo alemão de sociedades limitadas (*Gesellschaften mit beschraenkter Haftung*) foi seguido por outros países da Europa, tais como Portugal, que positivou esse tipo de sociedade em 1901, chamando-a de Sociedade por Quotas de Responsabilidade Limitada, influenciando sobremaneira o ordenamento jurídico brasileiro.

Conclui-se, portanto, que, apesar de alguma divergência doutrinária, a sociedade limitada se positivou na Alemanha, quando

---

21 LUCENA, José Waldecy. *Das Sociedades Limitadas* 5ª ed. Rio de Janeiro: Renovar, 2003, p. 7.

22 FERREIRA, Waldemar. *Sociedades por Quotas*. 5ª ed. São Paulo: Editora Monteiro Lobato, 1925, p. 4.

efetivamente delineou-se a uma estrutura societária que atenderia aos anseios da maioria da burguesia, que prezava por autonomia patrimonial entre a figura da sociedade e seus sócios, mas sem as grandes complexidades ligadas às sociedades anônimas.

1.4 Sociedade Limitada no ordenamento jurídico brasileiro

O Código Comercial de 1850 não distinguia com clareza a separação patrimonial dos sócios em relação à sociedade. Em 1865, o Ministro da Justiça Nabuco de Araújo tentou criar uma sociedade por ações simplificada, na qual não fosse necessária a autorização prévia do governo, a que estavam sujeitas pelo Código Comercial, denominando-a de sociedade por responsabilidade limitada, porém a proposta foi rejeitada por D. Pedro II, em 1867.[23]

Essa tentativa de Nabuco de Araújo, contudo, não tinha semelhança com a sociedade por quotas de responsabilidade que acabou sendo adotada pela legislação brasileira, uma vez que suas características eram basicamente idênticas às das sociedades anônimas, sem, entretanto, a necessidade de autorização estatal.

A sociedade limitada, com a estrutura básica que conhecemos hoje, somente surgiu em 1912, mediante a iniciativa de Inglês de Souza, a quem coube a reforma do Código Comercial de 1850.[24] O renomado jurista se inspirou na Lei portuguesa de 11 de abril de 1901 e inseriu, então, a sociedade por quotas de responsabilidade limitada no projeto de reforma do Código Comercial.

---

23 COELHO, Fábio Ulhoa. *Curso de Direito Comercial*: Direito de Empresa. 16ª ed. São Paulo: Saraiva, 2012, p. 396.

24 CALÇAS, Manoel de Queiroz Pereira. *Sociedade Limitada no Novo Código Civil*. São Paulo: Atlas, 2003, p. 23.

Posteriormente, em 1916, a autonomia patrimonial da pessoa jurídica foi reconhecida pelo Código Civil em seu artigo 20 ao prever que "as pessoas jurídicas têm existência distinta dos seus membros".

Em 1918, Joaquim Luís Osório apresentou um novo projeto, baseado no anteprojeto de Inglês de Souza, introduzindo a sociedade por quotas de responsabilidade limitada, tendo sido aprovado e sancionado como Decreto n. 3.708/1919.[25]

Assim, a sociedade limitada foi criada legalmente no Brasil com o Decreto n. 3.708, de 10 de janeiro de 1919, nominada de sociedade por quotas de responsabilidade limitada, quando, na segunda parte do artigo 2º, definiu que obrigatoriamente deveria estabelecer que a responsabilidade dos sócios fosse limitada à importância total do capital social.

Destaque-se que o projeto Nabuco de Araújo não pode ser considerado antecedente histórico da Lei de Sociedade por Quotas de Responsabilidade Limitada estatuída pelo Decreto n. 3.708, de 10 de janeiro de 1919. Nas palavras de José Waldecy Lucena:

> A verdade histórica foi restabelecida por Sylvio Marcondes Machado, ao demonstrar o equívoco comum de confundir a sociedade de responsabilidade limitada, preconizada por Nabuco de Araújo, com a sociedade de responsabilidade limitada, reconhecida pelo Dec. 3.708, tratando aquela como primeira tentativa desta. A verdade histórica, porém, é que a sociedade de Nabuco significava uma sociedade anônima livre, enquanto a sociedade do Dec. 3.708 constitui o tipo autônomo criado pelo legislador alemão.[26]

---

25 CALÇAS, Manoel de Queiroz Pereira. *Sociedade Limitada no Novo Código Civil*. São Paulo: Atlas, 2003.

26 LUCENA, José Waldecy. *Das Sociedades Limitadas*. 5ª ed. Rio de Janeiro: Renovar, 2003, p. 21.

O referido Decreto foi bastante criticado por seu laconismo. De acordo com Requião, de maneira proposital, "despiu a lei portuguesa, que lhe servira de inspiração, de suas excessivas minúcias. O diploma legal, que disso resultou, é sintético, pois regula toda a matéria em dezoito artigos apenas".[27]

No entanto, esse modelo lacônico do Decreto n. 3.078/1919 não gerou muitos problemas para as sociedades empresárias que o adotaram, pois passou a caber aos sócios a regulamentação da sociedade de acordo com princípios gerais e mediante normas contratuais.

Assim, verifica-se que a sociedade limitada foi introduzida no ordenamento jurídico brasileiro em 1919, com o Decreto n. 3.708, chamada de sociedade por quotas de responsabilidade limitada, na qual a responsabilidade dos sócios era limitada à importância total do capital social.

Após oitenta e três anos em vigor, o Decreto n. 3.078, de 10 de janeiro de 1919, foi revogado pelo Código Civil de 2002, que entrou em vigor em 12 de janeiro de 2003 e passou a regulamentar a sociedade por quotas de responsabilidade limitada, inserindo, na Parte Especial, Livro II, sob o título de Direito de Empresa, as regras da atual sociedade limitada.

---

27 REQUIÃO, Rubens. *Curso de Direito Comercial*. vol. I. 31ª ed. São Paulo: Saraiva, 2012, p. 552.

CAPÍTULO II

DIREITO SOCIETÁRIO NO CÓDIGO CIVIL DE 2002

2.1 A Empresa no Código Civil de 2002

A transição do Direito Positivo brasileiro para a Teoria da Empresa se positivou com o Código Civil de 2002, que estabeleceu o conceito de "empresa" a partir da definição da figura do "empresário", em seu artigo 966 e parágrafo único. Constitui empresa, portanto, a "atividade econômica organizada para a produção ou circulação de bens ou serviços".[28]

O Código Civil traz o conceito de "empresário" (Título I) e de "sociedade empresária" (Título II), disciplinando, também, o "estabelecimento" (Título III) e "institutos complementares" (Título IV), a saber, o registro, o nome empresarial, prepostos e escrituração. Positiva, também, o conceito de empresário e sociedade empresária por equiparação, estendendo para todos os efeitos o regime jurídico

---

28 COELHO, Fábio Ulhoa. "Teoria da Empresa". *In*: JORGE, André Guilherme Lemos *et al.* (Coord.). *Coletânea da atividade negocial*. São Paulo: Universidade Nove de Julho, 2019, p. 61.

aplicável àqueles para produtores rurais e, no segundo caso, também às associações civis futebolísticas.

Depreende-se, dos dispositivos legais supramencionados, que o empresário é aquele que, nos termos do artigo 966 do Código Civil, exerce profissionalmente atividade econômica organizada para a produção ou circulação de bens ou de serviços, sendo obrigatória, nos termos do artigo 967 do mesmo diploma legal, a sua inscrição no Registro Público de Empresas Mercantis. O referido registro desempenha importante função na regularização de sua atuação, a qual, inclusive, é indispensável também para que pessoas possam ser equiparadas por lei a empresários, previstas, como ocorre nos casos de produtores rurais ou associação que desenvolva atividade futebolística em caráter habitual e profissional (artigo 971, CC).[29]

No que diz respeito ao empresário e à sociedade empresária, o registro não confere a esses entes a qualidade de empresários, mas somente a declara, tornando a atividade regular para fins de obtenção de benefícios como a propositura de pedido de recuperação judicial (artigo 48 da Lei n. 11.101/05) ou de falência de outro empresário (artigo 97, §1º, da Lei n. 11.101/05).

No entanto, o empresário rural é exceção à regra geral da natureza declaratória do registro para a caracterização da atividade como empresarial, pois o registro constitui o agente rural como empresário. Isso não importa dizer que a atividade desenvolvida pelo empresário rural antes de seu registro seja irregular. Portanto, consoante já se pronunciou o STJ, a situação jurídica do empresário rural, mesmo antes de optar por se inscrever na Junta Comercial, já ostenta *status* de regularidade, mostrando-se, por isso, descabida

29 CUNHA, Fernando Antonio Maia da; DIAS, Maria Rita Rebello Pinho. *Comentários à lei de recuperação de empresas e falência*: Lei n. 11.101, de 09 de fevereiro de 2005. São Paulo: Contracorrente, 2022, p. 44.

qualquer interpretação tendente a penalizá-lo por, eventualmente, não proceder ao registro.[30]

Evidencia-se, portanto, que, ao contrário dos conceitos de empresário e sociedade empresária, o conceito de empresa não encontra previsão legal, sendo definido de forma indireta pelas características extraídas da descrição dos sujeitos que exercem tal atividade, tal como estes são definidos na legislação civil, e pela compreensão doutrinária quanto a esse conceito.[31]

O jurista italiano Asquini trouxe o conceito de empresa a partir de quatro perfis: subjetivo, funcional, patrimonial e corporativo. O perfil subjetivo diz respeito a quem exerce a empresa, ou seja, o empresário, pessoa física ou jurídica. O aspecto funcional se refere à atividade econômica desenvolvida para um determinado escopo produtivo. O objetivo ou patrimonial trata do instrumento eficaz utilizado pelo sujeito empresário para obter o resultado pretendido pelo exercício da atividade empresarial. Por fim, o perfil corporativo ou institucional conceitua empresa como instituição, organização de pessoas e de bens.[32]

---

30 STJ, REsp n. 1.800.032/MT, Relator Ministro Marco Buzzi, 4ª Turma, DJe 10/02/2020.

31 "Na verdade, no Direito brasileiro, 'empresa' deve forçosamente ser definida como atividade, uma vez que há conceitos legais próprios para empresário (CC, artigo 966) e estabelecimento (CC, artigo 1.142). Essas faces do poliédrico fenômeno descrito por Asquini, entre nós, devem ser adequadamente referidas pelos termos que o legislador a elas reservou. Ademais, como deflui do conceito legal de empresário, 'empresa' só pode ser entendida como uma atividade revestida de duas características singulares: é econômica e é organizada" (COELHO, Fábio Ulhoa. *Comentários à Lei de Falências e de Recuperação de Empresas*: Lei n. 14.112/20, Nova Lei de Falências. 14ª ed. São Paulo: Revista dos Tribunais, 2021, pp. 36/37).

32 ASQUINI, Alberto. "Perfis da Empresa". *Revista de Direito Mercantil Industrial, Econômico e Financeiro*, São Paulo, ano XXXV, nº 104, out./dez. 1996, pp. 109-126. Citação extraída de CUNHA, Fernando Antonio Maia da; DIAS, Maria Rita Rebello Pinho. *Comentários à lei*

O aspecto funcional, que identifica a empresa como sendo a atividade econômica desenvolvida, foi o critério eleito pelo Código Civil de 2002 para a definição de empresa, sendo essa interpretação pacífica na doutrina e na jurisprudência nacionais, como se pode observar pelas doutrinas de Gladston Mamede, Marcelo Sacramone e Ricardo Negrão,[33] assim como no julgado do Recurso Especial n. 1.193.115/MT pelo Superior Tribunal de Justiça.[34]

A teoria da empresa foi, então, assimilada pelo Direito Empresarial pelo viés da atividade econômica organizada, compreendida como aquela que almeja ao lucro, mediante a utilização dos fatores de produção (mão de obra, insumos, capital e tecnologia), para o atendimento das necessidades do mercado (circulação de bens ou serviços).

É possível ressaltar, nesse aspecto, três noções essenciais para a caracterização da atividade empresarial, quais sejam: o profissionalismo, a organização da atividade e o caráter econômico da produção ou circulação de bens e serviços.

O profissionalismo decorre da habitualidade da prática de atos pelo agente, que detém o monopólio do conhecimento e organização

---

de recuperação de empresas e falência: Lei n. 11.101, de 09 de fevereiro de 2005. São Paulo: Contracorrente, 2022, p. 44.

33 SACRAMONE, Marcelo Barbosa. *Manual de Direito Empresarial*. São Paulo: Saraiva Educação, 2002, pp. 44/45; NEGRÃO, Ricardo. *Curso de Direito Comercial e de Empresa*: Teoria Geral da Empresa e Direito Societário. 16ª ed. São Paulo: Saraiva Educação, 2020, pp. 68-70; MAMEDE, Gladston. *Empresa e atuação empresarial*. 12ª ed. São Paulo: Atlas, 2020, p. 30. Citação extraída de CUNHA, Fernando Antonio Maia da; DIAS, Maria Rita Rebello Pinho. *Comentários à lei de recuperação de empresas e falência*: Lei n. 11.101, de 09 de fevereiro de 2005. São Paulo: Contracorrente, 2022, p. 44.

34 STJ, 3ª Turma, REsp n. 1.193.115/MT, Rel. Min. Nancy Andrighi, DJe 07/10/2013.

da produção ou realização de serviços objeto da empresa.[35] Assim, tem-se que o "empresário é a pessoa que toma a iniciativa de organizar uma atividade econômica de produção ou circulação de bens ou serviços"; ele não se identifica juridicamente com o sócio ou com o administrador de uma pessoa jurídica, muito menos com a própria empresa, que é a atividade explorada pela pessoa física ou jurídica do empresário.[36]

A segunda característica diz respeito à organização da atividade desenvolvida pelo empresário. Tal organização se demonstra pela reunião de bens necessários para o exercício da empresa, sejam eles recursos físicos, matérias-primas, maquinário e informações necessárias para o desenvolvimento da empresa, e/ou humanos, estrutura de funcionários.

Vale destacar aqui o parágrafo único do artigo 966 do Código Civil, que determina a exclusão dos profissionais intelectuais do conceito de empresário. Tal exclusão se fundamenta na diversa valoração da atividade realizada por esses profissionais diante da pessoalidade de sua realização, caracterizada por Sylvio Marcondes como esforço criador que resulta exclusiva e diretamente da própria mente do autor, sem interferência de fatores de produção.[37]

Dessa construção, tem-se que a exclusão dos profissionais intelectuais não perdura quando sua atividade apresentar elemento de empresa, o que pode configurar-se na inserção do agente como fator de produção de uma atividade mais complexa e empresarial,

---

35 COELHO, Fábio Ulhoa. *Comentários à Lei de Falências e de Recuperação de Empresas*: Lei n. 14.112/20, Nova Lei de Falências. 14ª ed. São Paulo: Revista dos Tribunais, 2021, p. 37.

36 COELHO, Fábio Ulhoa. *Curso de Direito Comercial*: Direito de Empresa. vol. 1, 16ª ed. São Paulo: Saraiva, 2012, pp. 123/124.

37 MARCONDES, Sylvio. *Problemas de Direito Mercantil*. São Paulo: Max Limonad, 1970, p. 141.

ou mesmo pelo desempenho da atividade intelectual de modo objetivo e padronizado, sem o caráter pessoal típico que distinguiria a atividade.[38]

Por fim, há o caráter econômico da atividade empresarial, no sentido de que ela busca gerar o lucro para quem a explora. Assim, cabe contextualização de divergência doutrinária quanto à finalidade do lucro. Gladston Mamede defende, por um lado, que a atividade empresarial se caracterizará pela finalidade de obtenção de vantagem econômica, apropriável pelo empresário, e se não há fim econômico, ou se o resultado econômico perseguido não é passível de apropriação, não mais se está no âmbito do Direito Empresarial.[39]

Já Fábio Ulhoa Coelho defende que o lucro pode ser tanto objetivo da produção ou circulação de bens ou serviços, quanto instrumento para alcançar outras finalidades, caracterizando-se, ainda assim, como empresa. Nesse contexto, cita entidades religiosas que prestam serviços educacionais (em escolas ou universidades) sem visar, especificamente, ao lucro.[40]

Em geral, para a sujeição às regras que disciplinam a teoria da empresa, pouco importa o objeto em si, mas sua inserção no

---

38 CUNHA, Fernando Antonio Maia da; DIAS, Maria Rita Rebello Pinho. *Comentários à lei de recuperação de empresas e falência*: Lei n. 11.101, de 09 de fevereiro de 2005. São Paulo: Contracorrente, 2022, p. 50.

39 MAMEDE, Gladston. *Empresa e atuação empresarial*. 12ª ed. São Paulo: Atlas, 2020, p. 30. Citação extraída de CUNHA, Fernando Antonio Maia da; DIAS, Maria Rita Rebello Pinho. *Comentários à lei de recuperação de empresas e falência*: Lei n. 11.101, de 09 de fevereiro de 2005. São Paulo: Contracorrente, 2022, p. 44.

40 COELHO, Fábio Ulhoa. *Comentários à Lei de Falências e de Recuperação de Empresas*: Lei n. 14.112/20, Nova Lei de Falências. 14ª ed. São Paulo: Revista dos Tribunais, 2021, pp. 38/39. Citação extraída de CUNHA, Fernando Antonio Maia da; DIAS, Maria Rita Rebello Pinho. *Comentários à lei de recuperação de empresas e falência*: Lei n. 11.101, de 09 de fevereiro de 2005. São Paulo: Contracorrente, 2022, p. 44.

mercado com valor econômico. O conceito, então, está centrado na atividade e na sua dimensão econômica, podendo abranger todos os setores da economia. A empresa é, então, uma concepção abstrata, é a atividade em si, como um fenômeno dinâmico e em constante movimento, sendo formada pelo elemento subjetivo (o empresário) e pelo elemento objetivo (o estabelecimento empresarial).[41]

A despeito da relevância desta definição, porém, algumas formas habituais de atividade negocial estão excluídas do conceito de "empresa": (i) o pequeno empresário, caracterizado como aquele que desempenha atividade artesanal, com a predominância do trabalho próprio, em relação ao capital; (ii) os que exercem profissão intelectual de natureza científica, literária ou artística, ainda que se organizem com a participação de auxiliares e colaboradores, como anteriormente destacado (CC, artigo 966); (iii) o empresário rural não inscrito no Registro Público de Empresas Mercantis da respectiva sede (CC, artigo 971); (iv) a sociedade simples, que se caracteriza pela realização de operações econômicas de natureza não empresarial, subordinando-se ao Registro Civil das Pessoas Jurídicas, e não ao Registro de Empresas, como as sociedades empresárias (CC, artigo 982).

No entanto, em que pese essas quatro exceções, elas não podem ser totalmente desassociadas da atividade empresarial propriamente dita. Tome-se como exemplo o empresário rural que, se optar pela inscrição no Registro Público de Empresas Mercantis, se sujeitará às mesmas regras incidentes aos empresários. Ademais, serão considerados empresários aqueles que exercerem profissão intelectual de

---

41 WAISBERG, Ivo. *In*: NANNI, Giovanni Ettore (Coord.). *Comentários ao Direito Civil*: Direito Privado contemporâneo. São Paulo: Saraiva Educação, 2018, pp. 1343/1344.

natureza científica, literária ou artística se o exercício da profissão constituir elemento de empresa.[42]

Com efeito, é certo que a disciplina do Direito de Empresa, positivada pelo Código Civil, centra-se na figura da pessoa que a desenvolve, abrangendo tanto as pessoas físicas (empresários) quanto as jurídicas (sociedades empresárias).

2.2 Disposições Gerais sobre as Sociedades no Código Civil de 2002

De acordo com a definição do Código Civil, caracteriza-se como empresário aquele que exerce profissionalmente atividade econômica organizada para a produção ou a circulação de bens ou de serviços (artigo 966, *caput*).

As sociedades empresárias, por seu turno, são aquelas que têm por objeto o exercício de atividade própria de empresário sujeito a registro no Registro Público de Empresas Mercantis da respectiva sede (artigo 982). Conceituam-se as sociedades como pessoas jurídicas de Direito Privado, cuja principal característica é a união de seus integrantes para a exploração de atividade econômica que visa ao lucro. Nesse sentido, constituem sociedade as pessoas, físicas ou jurídicas, que reciprocamente assumem obrigação de combinar esforços ou recursos para atingir um fim comum, e repartindo, entre si, os resultados advindos dessa exploração (artigo 981).

Disso decorre uma relevante questão, objeto de discussões e divergências doutrinárias: a *affectio societatis* é elemento constitutivo das sociedades?

---

42 LUCCA, Newton de. "Atividade negocial (introdução à obra)". *In*: JORGE, André Guilherme Lemos *et al.* (Coord.). *Coletânea da atividade negocial*. São Paulo: Universidade Nove de Julho, 2019, pp. 15/16.

Segundo a corrente majoritária, a *affectio societatis é sim um elemento relevante à constituição das sociedades e pode ser definida como* a vontade livre e consciente dos sócios de se unirem para a consecução de propósitos comuns, em convergência de interesses e mediante colaborações voluntárias e mútuas.[43]

Entretanto, cumpre anotar as interessantes reflexões propostas por Erasmo Valladão Azevedo e Novaes França e Marcelo Vieira von Adamek, que defendem que tal conceito não pode ser considerado como elemento necessário à constituição das sociedades, uma vez que "a noção de *affectio societatis* apresenta um desvio de perspectiva, ao dar destaque ao elemento volitivo, quando o correto seria dar enfoque ao fim comum".[44]

Trata-se de discussão relevantíssima ao Direito Societário, e que será objeto do devido aprofundamento ao longo dos comentários aos artigos 981, 1.033 e 1.034 do Código Civil.

De todo modo, a consequência lógica da partilha dos resultados advindos do exercício da atividade social é a nulidade de disposições societárias com cláusulas abusivas, em que somente uma das partes, por exemplo, sofrerá os prejuízos decorrentes de eventual resultado negativo da exploração da atividade empresarial, nos termos do artigo 1.008 do Código Civil.[45] Apesar disso, nada obsta que os

---

43 CAMPINHO, Sérgio. *O Direito de Empresa à luz do Código Civil.* 12ª ed. revista e atualizada de acordo com as Leis n. 12.441/2011, 12.399/2011 e 13.375/2010. Rio de Janeiro: Renovar, 2011, p. 36; REQUIÃO, Rubens. *Curso de Direito Comercial.* vol. I. 27ª ed. São Paulo: Saraiva, 2007, p. 277; COELHO, Fábio Ulhoa, A sociedade limitada no novo código civil, São Paulo: Saraiva, 2003, p. 33.

44 FRANÇA, Erasmo Valladão Azevedo e Novaes; ADAMEK, Marcelo Vieira von. *"Affectio societatis"*: um conceito jurídico superado no moderno Direito Societário pelo conceito de fim social. São Paulo: Quartier Latin, 2009, p. 161.

45 Artigo 1.008. É nula a estipulação contratual que exclua qualquer sócio de participar dos lucros e das perdas.

sócios contratem entre si disposições que estabeleçam direitos e deveres diversos entre si.[46]

Quanto à personalidade jurídica, tem-se que somente com a inscrição dos atos constitutivos no registro próprio e na forma da lei, a sociedade a adquirirá. Caso não providenciada a inscrição, será caracterizada como sociedade em comum, e regulada pelos artigos 986 e 990 do Código Civil.

O Código Civil prevê também que a sociedade que tenha por objeto o exercício de atividade própria de empresário rural e seja constituída, ou transformada, de acordo com um dos tipos de sociedade empresária, pode requerer inscrição no Registro Público de Empresas Mercantis da sua sede, caso em que, depois de inscrita, ficará equiparada, para todos os efeitos, à sociedade empresária (artigo 984).

Relembre-se que o ordenamento jurídico confere tratamento diferenciado ao empresário rural, dispondo que ele tem a faculdade de submeter-se ao regime jurídico próprio dos empresários, desde que proceda ao arquivamento de seus atos constitutivos perante o Registro Mercantil, o que não significa que, antes dessa inscrição, as atividades por ele exercida sejam consideradas irregulares. O registro, no caso do empresário rural, possui natureza constitutiva, e não declaratória, sendo esse raciocínio aplicável também às sociedades rurais, nos termos do artigo 984 do Código Civil.

Ademais, a sociedade empresária deve constituir-se segundo um dos tipos regulados nos artigos 1.039 a 1.092, quais sejam, a sociedade em nome coletivo, a sociedade em comandita simples, a sociedade limitada e a sociedade por ações, que abarca tanto as sociedades anônimas quanto as sociedades em comandita por ações.

---

46 WAISBERG, Ivo. *In*: NANNI, Giovanni Ettore (Coord.). *Comentários ao Direito Civil*: Direito Privado contemporâneo. São Paulo: Saraiva Educação, 2018, p. 1360.

Em relação ao *modo* de exercer as suas atividades, as sociedades podem ser classificadas em sociedades simples, reguladas pelos artigos 997 e seguintes do Código Civil, e em sociedades empresárias, na classificação do Código Civil. São empresárias as sociedades organizadas profissionalmente como unidades econômicas de produção ou circulação de bens ou serviços, e simples as sociedades que, embora tenham por objeto o exercício de atividade econômica de produção ou circulação de bens ou de serviços, não se organizam através de elementos de empresa.[47]

Excetuam-se desta regra as sociedades por ações, que serão sempre empresárias, e as sociedades cooperativas, constituídas na forma das sociedades simples, independentemente de seu objeto (artigo 982, parágrafo único, CC).

Sergio Campinho ainda destaca que o registro, *per se*, não é suficiente para que o a sociedade ostente a condição de empresária e se sujeite às regras próprias do Direito de Empresa. Isso porque, se a sociedade não iniciar efetivamente a exploração da atividade empresarial, ter-se-á a sociedade constituída, mas não a sociedade empresária. Nesse sentido, segundo o autor, enquanto inativa, a sociedade não estará submetida às regras próprias da sociedade empresária, pois esta qualidade só se adquire pelo efetivo exercício profissional da atividade econômica organizada, voltada à produção e à circulação de bens ou de serviços para o mercado.[48]

É de se ver que o Código Civil se preocupou em efetuar minuciosa regulamentação de cada tipo societário, e das consequências advindas da inobservância dos preceitos legais, sobretudo em relação à responsabilidade dos sócios pelas dívidas contraídas pela sociedade

---

47 LOBO, Jorge. *Sociedades Limitadas* (artigos 1.052 a 1.059 e 1.071 a 1.086 do Código Civil). vol. I. Rio de Janeiro: Forense, 2004, pp. 10/11.

48 CAMPINHO, Sérgio. *O Direito de Empresa à luz do Código Civil*. 12ª ed. revista e atualizada de acordo com as Leis n. 12.441/2011, 12.399/2011 e 13.375/2010. Rio de Janeiro: Renovar, 2011, pp. 29/30.

com terceiros, sendo a mais drástica delas a responsabilidade pessoal, ilimitada e solidária.

A análise global da disciplina dos tipos societários empresariais demonstra preocupação do legislador em trazer regras que disciplinassem de forma clara o regime jurídico da responsabilidade dos empreendedores e investidores – no caso, os sócios – pelas obrigações assumidas pela pessoa jurídica empresária e, também, da responsabilidade de seus administradores, tanto perante a sociedade em si e/ou os demais sócios quanto também em relação a terceiros. Há, também, disciplina para a governança dos órgãos de administração dessas sociedades e de normas que assegurem a publicidade de seus atos perante terceiros.

Justamente em atenção à tutela das responsabilidades e para conferir maior transparência quanto aos atos praticados tanto por empresários quanto por sociedades empresariais, o microssistema jurídico que disciplina a atividade empresarial impõe o registro do empresário ou da sociedade empresária no Registro Público de Empresas Mercantis, conforme se observa dos artigos 967 e 968, vinculando, inclusive o início da eficácia de atos societários ao seu registro, com implicações específicas se for tempestivo ou não, nos termos da lei (artigo 1.151, CC), ou, ainda, a limitação da responsabilidade do sócio (artigos 986 a 990, CC).[49]

As regras desenvolvidas ao longo de anos de experiência dos tipos societários empresariais, que ora estão positivadas no Código Civil brasileiro e em legislação societária específica, possuem importante função de trazer previsibilidade quanto aos riscos assumidos na realização de investimentos em atividades econômicas por parte do empreendedor, de um lado, e, ao mesmo tempo, tutelar pretensões de terceiros que possam advir de sua relação para com tais organizações,

---

49 CUNHA, Fernando Antonio Maia da; DIAS, Maria Rita Rebello Pinho. *Comentários à lei de recuperação de empresas e falência*: Lei n. 11.101, de 09 de fevereiro de 2005. São Paulo: Contracorrente, 2022, pp. 45/46.

de outro, proporcionando ambiente de segurança jurídica e previsibilidade, o que é necessário para o fomento da atividade empresarial.

A conformação do regime de responsabilidade dos sócios de sociedades empresárias, evidenciando de forma clara os seus limites, permite melhor individualização dos riscos assumidos e, assim, trata-se de importante incentivo legal para o fomento da atividade empresarial.

Ao mesmo tempo, ao se trazer certeza quanto aos limites de responsabilidade do sócio e os contornos da responsabilidade imputada aos seus órgãos de administração, o microssistema do Direito Empresarial contribui, também, para trazer previsibilidade aos terceiros que contratam com a sociedade empresária, os quais possuem clareza quanto à vinculação do patrimônio social às obrigações por ela contraídas e, por consequência, quanto à intensidade da responsabilidade de cada sócio e o comprometimento de seu patrimônio pessoal pelas mesmas obrigações, além dos limites da responsabilidade dos administradores. São regras que beneficiam não apenas o investidor em si, mas a toda a coletividade.[50]

2.3 Espécies de Sociedades no Código Civil de 2002

É importante anotar que, considerando o objetivo de aprofundar mais sobre as sociedades limitadas, serão feitas aqui apenas concisas considerações sobre os principais aspectos das diversas outras espécies de sociedade contempladas pelo Código Civil. Tão somente para que o leitor, querendo, relembre a existência dos outros tipos societários que estão tratados juntamente com as sociedades limitadas.

Uma pequena exceção foi feita às sociedades simples, na medida em que as suas disposições, como se verá, servem como regra geral

50 CUNHA, Fernando Antonio Maia da; DIAS, Maria Rita Rebello Pinho. *Comentários à lei de recuperação de empresas e falência*: Lei n. 11.101, de 09 de fevereiro de 2005. São Paulo: Contracorrente, 2022.

para a disciplina de diversos outros tipos societários, aplicando-se supletivamente aos demais quando que não forem colidentes com as regras próprias de cada espécie de sociedade empresária.

Por opção legislativa, o Código Civil de 2002 dividiu os tipos societários em dois grandes grupos: o das sociedades não personificadas, que carecem da inscrição de seus atos constitutivos no registro competente e na forma da lei; e as sociedades personificadas, que adquirem personalidade jurídica no momento do registro do ato constitutivo.

Não possuem personalidade jurídica a sociedade em comum e a sociedade em conta de participação, reguladas pelos artigos 986 a 996 do Código Civil, aplicando-se lhes, supletivamente e no que for compatível, as normas atinentes às sociedades simples.

E, para que se mantenha a ordem do Código Civil, antes das demais, será feito uma breve exposição sobre as sociedades não personificadas, que são as sociedades em comum e as sociedades em conta de participação.

Sociedades em comum. Consoante a redação do artigo 986 do Código Civil, é possível abranger no conceito das sociedades em comum tanto aquelas sem o registro de seus atos constitutivos no órgão público competente (sociedade irregular), ou ainda, aquelas desprovidas de contrato social, sem prejuízo de que haja entre seus sócios uma relação jurídica de fato, caracterizada por obrigações recíprocas e pelo esforço comum de contribuírem para o exercício de uma atividade econômica, nos termos do artigo 981 do Código Civil (sociedade de fato). A respeito desse tema, inclusive, o Enunciado nº 58 da I Jornada de Direito Civil, editado em 2002 já dispunha que "A sociedade em comum compreende as figuras doutrinárias da sociedade de fato e da irregular".[51]

---

51 WAISBERG, Ivo. *In*: NANNI, Giovanni Ettore (Coord.). *Comentários ao Direito Civil*: Direito Privado contemporâneo. São Paulo: Saraiva Educação, 2018, p. 1363.

Nas sociedades em comum, todos os sócios possuem responsabilidade solidária e ilimitada, respondendo com seus bens pessoais por eventuais obrigações assumidas pela sociedade. A disciplina jurídica a elas aplicável, pois, é distinta das sociedades limitadas, nas quais a responsabilidade dos sócios se restringe ao valor das quotas que possuem na sociedade (artigo 1.052, Código Civil).

Embora não detenham personalidade jurídica, as sociedades em comum podem assumir obrigações e exercer direitos, através de alguém que as represente, em juízo ou fora dele. No que diz respeito ao aspecto processual, considerando a ausência de registro das sociedades em comum, a prova da sua existência é matéria comumente enfrentada pelo Poder Judiciário.[52]

Consoante dispõe o artigo 987 do Código Civil, entre os sócios ou na relação destes com terceiros, a prova da sociedade deve ser feita por escrito, somente. Outros meios de prova são admitidos apenas quando o *onus probandi* incumbe a terceiros. Não obstante, a interpretação do dispositivo não pode ser de tal ponto restritiva, que obste sobremaneira a própria pretensão fundada no vínculo associativo. Nesta linha, há julgados admitindo mensagens trocadas por aplicativo ou outros documentos informais, como meios de prova para se comprovar a existência da sociedade de fato.[53]

Sociedade em conta de participação. De outro turno, a sociedade em conta de participação constitui figura societária informal, dinâmica, flexível e de baixo custo operacional, tendo sua existência reconhecida apenas entre os sócios dela contratantes, sendo ineficaz perante terceiros. Assim é que pode ser constituída sem necessidade

---

52 *V.g.* Tribunal de Justiça de São Paulo, Apelação Cível n. 1004817-16.2021.8.26.0597, 1ª Câmara Reservada de Direito Empresarial, Relator Desembargador J. B. Franco de Godoi, J. 19/12/2022.

53 Tribunal de Justiça de São Paulo, Apelação Cível n. 1004854-66.2021.8.26.0266, 1ª Câmara Reservada de Direito Empresarial, Relator Desembargador Cesar Ciampolini, J. 13/12/2022.

de observância a quaisquer preceitos, podendo-se prová-la por todos os meios em direito (artigo 992 do Código Civil).

A sociedade em conta de participação é composta: (i) pelo sócio ostensivo (gerente ou gestor), responsável por aportar recursos e exercer a atividade econômica descrita no objeto social por seu próprio nome e risco, sendo o único responsável pelas obrigações assumidas perante terceiros; e (ii) pelo sócio participante ou oculto, a quem incumbe aportar recursos necessários para a consecução e exploração da atividade econômica, sob a promessa de participar dos resultados da sociedade e sem se responsabilizar pessoalmente por eventual insucesso da operação. Perante terceiros, o sócio ostensivo atua como se não existisse a sociedade, enquanto os sócios ocultos sequer são conhecidos, não podendo ser demandados por quaisquer obrigações.[54]

Ao lado das sociedades em comum e das sociedades em conta de participação, o Código Civil dispõe, entre os artigos 997 e 1.141, sobre as sociedades personificadas, cuja existência legal, repise-se, tem início a partir da inscrição do ato constitutivo no registro público competente da respectiva sede. Assim, são sociedades personificadas a sociedade simples, a sociedade em nome coletivo, a sociedade em comandita simples, a sociedade limitada, a sociedade anônima e a sociedade em comandita por ações.

Na sequência, estarão algumas considerações acerca dos principais aspectos dos demais tipos societários que o Código Civil classificou como sendo sociedades personificadas.

Sociedades simples. Como mencionado, são aquelas que, a despeito de organizadas para a consecução de uma finalidade econômica,

---

54 SPINELLI, Luis Felipe; SCALZILLI, João Pedro. *In*: JORGE, André Guilherme Lemos *et al.* (Coord.). *Coletânea da atividade negocial*. São Paulo: Universidade Nove de Julho, 2019, p. 130.

não têm por objeto o exercício de atividade própria de empresário sujeito a registro, consoante o artigo 982 do Código Civil. Ainda assim, para serem constituídas e adquirirem personalidade jurídica, devem requerer a inscrição do contrato social no Registro Civil das Pessoas Jurídicas do local de sua sede.

Cuida-se de tipo societário introduzido no ordenamento jurídico brasileiro pelo Código Civil, sendo regulado pelos artigos 997 a 1.038; suas disposições servem como regra geral para a disciplina de diversos outros tipos societários, aplicando-se a eles, supletivamente, no que não forem contraditórias com as regras próprias de cada espécie de sociedade empresária.

Os pontos comuns entre as sociedades simples e as sociedades empresárias é a exploração de atividade econômica que almeja ao lucro, características próprias do conceito de sociedade. A sociedade simples, no entanto, explora atividades econômicas específicas, cujo objeto é definido pelo legislador como não empresarial (artigo 966, parágrafo único, do Código Civil).

O ordenamento jurídico impõe algumas restrições às sociedades que não possuem registro de seu ato constitutivo na Junta Comercial, como as sociedades não personificadas e as sociedades simples.

Assim, embora estejam sujeitas à falência, não têm legitimidade ativa para requerer a falência de outrem (Lei n. 11.101/05, artigo 97, §1°), e também não podem se submeter ao procedimento de recuperação judicial, que é reservado aos empresários e sociedades empresárias que exerçam regularmente suas atividades há pelo menos dois anos (Lei n. 11.101/05, artigo 49, *caput*).

Sérgio Campinho critica a divisão feita pelo Código Civil entre as sociedades empresárias e as sociedades simples, no que diz respeito especificamente ao registro. Isso porque, para o autor, o legislador deveria ter reservado um único registro para ambos os tipos societários, sobretudo porque a distinção entre eles não deve ser feita pelo tipo de registro. A duplicidade de registros apenas contribuiria para gerar incerteza quanto às sociedades já existentes.[55]

Integram o conjunto das sociedades simples as cooperativas e as sociedades que exercem atividade de natureza intelectual, científica, literária, artística ou técnica, ainda que com o concurso de auxiliares e colaboradores, exceto se o exercício da profissão constituir elemento de empresa. São exemplos as sociedades de médicos, engenheiros, farmacêuticos, músicos, fotógrafos, escritores e artistas.

Uma clínica veterinária que explora atividade médico-veterinária, de forma exclusiva, poderá se constituir na forma de sociedade simples, na medida em que desempenha função técnica, ainda que

---

55 Assim, destaca o autor, em relação às sociedades mercantis já constituídas antes da entrada em vigor do Código Civil de 2002: "Em razão desta falha do Código, temos ouvido algumas opiniões de que as sociedades civis, assim qualificadas no direito anterior, que passaram a ser enquadradas no novo direito, como empresárias, teriam que requerer suas inscrições perante as Juntas Comerciais de suas respectivas sedes, sob pena de, assim não o fazendo, serem consideradas 'sociedades empresárias irregulares'. Não vemos sustentação para o argumento. O artigo 2.035 das Disposições Finais e Transitórias do Código de 2002 valida os negócios e demais atos jurídicos constituídos anteriormente à sua vigência que obedecem ao disposto nas lei anteriores. Nesse passo, se a sociedade ostentava a condição de regular, segundo a lei do tempo de sua constituição, não poderá perdê-la em razão de dispositivo de lei posterior. (...) Reclamamos a necessidade de haver regramento disciplinando a hipótese, a fim de convalidar perante a Junta Comercial o registro do contrato social e de todos os atos posteriormente averbados. Assim, estar-se-ia inaugurando um novo registro na Junta Comercial, aproveitando o anterior, no qual os novos atos societários poderiam ser averbados, sem qualquer prejuízo ou ônus para o particular. Pelas mesmas razões antes articuladas é que sustentamos, enquanto não vier o aludido regramento, não poder haver qualquer sanção às sociedades empresárias que continuem a promover averbação dos atos futuros no Registro Civil de Pessoas Jurídicas, no qual se encontra o seu registro originário" (CAMPINHO, Sérgio. *O Direito de Empresa à luz do Código Civil*. 12ª ed. revista e atualizada de acordo com as Leis n. 12.441/2011, 12.399/2011 e 13.375/2010. Rio de Janeiro: Renovar, 2011, pp. 52/53).

contrate funcionários e auxiliares. Se, todavia, a mesma clínica passar a explorar outros ramos de atividade, como a instalação de um *Petshop*, com serviços de banho e tosa, e comercialização de produtos destinados a animais, a atividade deixará de ter caráter técnico e personalíssimo, e passará a ser explorada através de elementos de empresa, com organização dos meios de produção. Deverá, portanto, constituir-se como sociedade empresária e providenciar a inscrição de seu ato constitutivo no Registro Público de Empresas Mercantis.

Do mesmo modo, se uma sociedade de médicos resolve abrir um hospital, o exercício da profissão intelectual deixa de ser o principal componente da atividade, para se tornar apenas mais um elemento do exercício da empresa, explorada de forma organizada.

Para as sociedades simples, então, a atividade personalíssima desempenhada pelas pessoas naturais dos sócios é mais importante do que a organização da atividade, sendo relevante o fator trabalho, as qualidades dos integrantes, e o tipo de atividade exercida, sendo outros exemplos as sociedades de dentistas, médicos e advogados, que se unem para exercer a profissão conjuntamente.[56]

Leciona Fábio Ulhoa Coelho[57] que a sociedade simples possui três grandes funções de acordo com a disciplina trazida pelo Código Civil.

Primeiro, em sentido estrito, ela constitui um dos vários *tipos societários* que a lei coloca à disposição das pessoas que pretendem explorar atividade econômica conjuntamente, caracterizando-se pela simplicidade e agilidade, e destinando-se aos pequenos negócios, como

---

56 CEDENHO, Antonio Carlos. *In*: JORGE, André Guilherme Lemos *et al.* (Coord.). *Coletânea da atividade negocial*. São Paulo: Universidade Nove de Julho, 2019, p. 135.

57 COELHO, Fábio Ulhoa. *Comentários à Lei de Falências e de Recuperação de Empresas*: Lei n. 14.112/20, Nova Lei de Falências. 15ª ed. São Paulo: Revista dos Tribunais, 2021, pp. 48/49.

comércios e prestadores de serviços não empresários, profissionais liberais, artesãos, artistas etc.

Segundo, a sociedade simples caracteriza-se como um *modelo genérico* para os demais tipos societários contratuais, aplicando-se, subsidiariamente, à sociedade em nome coletivo (artigo 1.040, CC), à sociedade em comandita simples (artigo 1.040 c.c. artigo 1.046, CC), à sociedade limitada (artigo 1.053, *caput*, CC) e à sociedade cooperativa (artigo 1.096, CC).

Terceiro, ela pode ser entendida como uma *categoria* de sociedade (sentido *lato*). Assim, consoante dispõe o artigo 983 do Código Civil, as sociedades simples podem ser constituídas sob quaisquer dos tipos de sociedade empresária e, se não o fizerem, subordinam-se às regras que lhe são próprias. O que define a sociedade empresária, pois, não é sua natureza, mas o modo como exerce a atividade econômica (no caso das sociedades simples, exercem a atividade sem ter por objeto o exercício da atividade própria de empresário sujeito a registro).

Nesse sentido, duas sociedades que exercem atividade de mesma natureza, por exemplo, a comercialização de vestuário, podem ser classificadas de forma distinta, se diverso for o seu modo de exercer a atividade: o pequeno comerciante que adquire e revende roupas em uma loja singular ao consumidor pode explorar esta atividade sem necessariamente o fazê-lo de forma organizada, com a estruturação dos fatores de produção. De outro turno, uma rede varejista de comércio de vestuários deverá se organizar sob a forma empresarial, porque decerto ostentará estabelecimento comercial complexo, com a detenção do capital e organização de mão de obra, insumos e tecnologia.

No que diz respeito à sua formação, a sociedade simples será constituída por contrato social, documento escrito que poderá ser público ou particular, e que deverá conter elementos obrigatórios previstos em lei como o nome, nacionalidade, estado civil, profissão e residência dos sócios, se forem pessoas naturais, e a firma ou a denominação, nacionalidade e sede dos sócios, se forem jurídicas; o objeto, sede e prazo da sociedade; o capital expresso em moeda corrente; a quota de cada sócio no capital social e suas responsabilidades; as pessoas responsáveis pela administração e suas atribuições; dentre outros elementos obrigatórios previstos no artigo 997 do Código Civil, sem prejuízo de outros eletivos definidos pelos sócios.

Eventual falta de previsão, no ato constitutivo, do conteúdo mínimo disposto na legislação para regularidade da sociedade, poderá implicar recusa do seu registro pela autoridade competente se, notificado o requerente, este não sanar o vício, obedecendo às formalidades da lei (artigo 1.153, CC).

Ademais, afigura-se imprescindível o registro do contrato social no Registro Civil das Pessoas Jurídicas do local da sede da sociedade simples, nos trinta dias seguintes à sua constituição, para que possa adquirir personalidade jurídica (artigo 998, CC).

Eventuais alterações posteriores no contrato social também devem ser objeto de averbação no mesmo prazo, observando o *quórum* da maioria absoluta de votos, salvo se houver disposição em sentido contrário no contrato social, ou se a modificação tratar dos temas indicados no artigo 997 do Código Civil, hipótese em que se exigirá o consentimento de todos os sócios (artigo 999, Código Civil).

O limite temporal previsto pela legislação no que se refere ao registro do ato constitutivo se justifica para assegurar a sua eficácia. Nesse sentido, em interpretação sistemática dos artigos 1.151, 998 e 986 do Código Civil, se os sócios firmam o contrato social e a sociedade logo entra em operação, sendo o instrumento levado a registro antes de decorrido o prazo legal de trinta dias, a sociedade que opere no interregno com o ato constitutivo não transcrito, não será considerada como sociedade em comum, porquanto o registro retroagirá à data prevista no ato registrado. De outro turno, se o instrumento constitutivo for levado a registro após o transcurso do prazo legal, a sociedade será tratada como irregular entre o período compreendido entre a data lançada no ato constitutivo, e a data da efetiva concessão do registro.[58]

Não custa relembrar, aqui, que as regras gerais do Código Civil previstas para as sociedades simples aplicam-se supletivamente aos demais tipos societários, exceto no que forem contraditórias com as que forem próprias de cada espécie de sociedade empresária.

Alinhando-se ao fato de que o contrato social deve obrigatoriamente prever as quotas de cada sócio no capital social e o modo de realiza-las (artigo 997, inciso IV, Código Civil), a lei impõe que eventual descumprimento das obrigações assumidas no contrato social, implicará responsabilização do sócio faltante pelo dano emergente da mora se, notificado pela sociedade, deixar de executar o dever que lhe compete, facultando aos demais sócios que, por decisão da maioria, excluam o sócio remisso, ou reduzam-lhe a quota no montante já realizado, casos em que deverá haver a correspondente redução do capital social, se os demais sócios não suprirem o valor da quota do sócio remisso (artigo 1.004, CC).

Constitui direito do sócio participar dos lucros e das perdas da sociedade, sendo nula a estipulação contratual que eventualmente dispuser diversamente (artigo 1.008, CC). A participação dos lucros e das perdas será calculada proporcionalmente às respectivas cotas, mas se a contribuição do sócio na sociedade consistir em serviços, somente participará dos lucros na proporção da média do valor das quotas (artigo 1.007, CC), observando-se, quanto a este último, que ele não poderá empregar-se em atividade estranha à sociedade, sob pena de ser privado de seus lucros e dela excluído, salvo convenção em contrário (artigo 1.006, CC).

---

58 CAMPINHO, Sérgio. *O Direito de Empresa à luz do Código Civil.* 12ª ed. revista e atualizada de acordo com as Leis n. 12.441/2011, 12.399/2011 e 13.375/2010. Rio de Janeiro: Renovar, 2011, p. 95.

Em regra, as deliberações sociais são tomadas pela maioria dos sócios (mais da metade do capital social), proporcionalmente segundo o valor das quotas de cada um deles (artigo 1.010, CC), salvo em se tratando de alteração do contrato social, referente às cláusulas obrigatórias previstas no artigo 997 (artigo 999, CC); de substituição do sócio do exercício de suas funções (artigo 1.002, CC); e de cessão total ou parcial de quota (artigo 1.003, CC), casos em que a deliberação dependerá do consentimento de todos os demais sócios.

Com relação à administração da sociedade, deverá ser exercida por pessoas que desempenhem o cuidado e a diligência que todo homem ativo e probo costuma empregar na administração de seus próprios negócios (artigo 997, inciso VI, Código Civil). Os administradores podem constituir o quadro societário ou não, desde que não ostentem causa de impedimento para o exercício dessa função, nos termos do §1° do artigo 1.011, do Código Civil.

O administrador poderá ser nomeado no próprio contrato social, em cláusula específica que disponha sobre seus poderes e atribuições. Nesse caso, havendo substituição do administrador, o contrato social deverá ser alterado com o consentimento de todos os sócios, com a averbação da alteração no Registro Civil das Pessoas Jurídicas, consoante o disposto nos artigos 998 e 999 do Código Civil.

Todavia, é possível que o contrato social apenas disponha sobre a forma de escolha do administrador da sociedade, e seus poderes e atribuições, caso em que o responsável pela função poderá ser nomeado por instrumento em separado, que será averbado na inscrição da sociedade, sob pena de os administradores responderem solidariamente com a sociedade, com seu patrimônio pessoal (artigo 1.012 do CC).

Se os administradores forem sócios nomeados expressamente no contrato social, seus poderes serão irrevogáveis, salvo justa causa, reconhecida judicialmente, a pedido de qualquer dos sócios. Caso contrário, se o administrador for sócio nomeado em ato em separado, ou se for não sócio, seus poderem poderão ser revogados a qualquer tempo (artigo 1.019, CC).

Possível, ainda, que o contrato social nada disponha a respeito da administração da sociedade, hipótese em que a função será exercida por cada um dos sócios, separadamente, podendo cada sócio impugnar operações pretendidas por outro, caso em que a decisão incumbirá a todos os sócios, por maioria de votos (artigo 1.013, CC). Na prática, contudo, a administração por todos os sócios mostra-se inviável, uma vez que cada um deles estaria habilitado a decidir isoladamente em nome da empresa, sem coordenação, obrigando a todos os demais, se não impugnado o ato específico.[59]

Silenciando o contrato social a respeito dos poderes dos administradores, estes poderão praticar todos os atos pertinentes à gestão da sociedade, tendo poder geral de administração, à exceção da oneração ou venda de bens imóveis, que se não constituírem o próprio objeto social da sociedade, depender do que a maioria dos sócios decidir (artigo 1.015, CC). De todo o modo, tendo poder geral de administração ou não, os administradores respondem solidariamente perante a sociedade e os terceiros prejudicados, por culpa no desempenho de suas funções, seja praticando os atos regulares que lhe foram conferidos, seja agindo com excesso de poderes (artigo 1.016, CC).

Ainda no que diz respeito à responsabilidade dos administradores, se eles aplicarem créditos ou bens sociais em proveito próprio ou de terceiros, sem o consentimento escrito dos sócios, terão de restituí-los à sociedade, ou pagar o equivalente, com todos os lucros resultantes, e, se houver prejuízo, por ele também responderão. Além disso, o administrador que tome parte em qualquer deliberação da

59 CEDENHO, Antonio Carlos. *In*: JORGE, André Guilherme Lemos *et al.* (Coord.). *Coletânea da atividade negocial*. São Paulo: Universidade Nove de Julho, 2019, p. 137.

sociedade, em que tenha interesse contrário ao dela, ficará sujeito às sanções correspondentes (artigo 1.017, CC).

Ademais é vedado ao administrador fazer-se substituir no exercício de suas funções, sendo-lhe facultado, nos limites de seus poderes, constituir mandatários da sociedade, especificados no instrumento os atos e operações que poderão praticar (artigo 1.018, CC).

Os administradores são obrigados a prestar aos sócios contas justificadas de sua administração, e apresentar-lhes o inventário anualmente, bem como o balanço patrimonial e o de resultado econômico (artigo 1.020, CC). E, salvo estipulação que determine o contrário, o sócio pode, a qualquer tempo, examinar os livros e documentos, e o estado da caixa e da carteira da sociedade (artigo 1.021, CC).

Em se tratando de sociedade simples pura, não constituída sob uma das outras espécies societárias, a responsabilidade de seus sócios é ilimitada. No entanto, os sócios apenas respondem com seus bens pessoais de forma subsidiária, se a sociedade não tiver bens suficientes para responder por suas próprias dívidas (artigo 1.024, CC). Sem prejuízo, eventuais credores particulares do sócio poderão na insuficiência de bens do devedor, fazer recair a execução sobre o que a este couber nos lucros da sociedade, ou na parte que lhe tocar em liquidação (artigo 1.026, CC). Ademais, o ex-cônjuge ou herdeiro do sócio, embora não possam exigir desde logo a parte que lhes couber na quota social, poderão concorrer à divisão periódica dos lucros, até a liquidação da sociedade (artigo 1.027, CC).

Se o contrato social não estipular a responsabilidade solidária de todos os que integram o quadro social, cada um responderá na proporção das quotas sociais respectivas (artigo 1.023, CC), sem se olvidar que, mesmo se admitido em sociedade já constituída, o sócio não se exime das dívidas sociais anteriores à admissão, por até dois anos (artigos 1.025 e 1.032, CC).

Quanto à dissolução da sociedade, há duas espécies a serem consideradas: a dissolução parcial, em relação a apenas um ou alguns sócios, sem extinção da sociedade, e a dissolução total, em que haverá a liquidação, com a apuração do ativo e o passivo, recebimento de eventuais créditos e pagamento de eventuais débitos, com o fim de possibilitar a ulterior partilha do patrimônio entre os sócios, e a posterior extinção da sociedade.

A dissolução parcial poderá ocorrer em caso de morte do sócio (artigo 1.028, CC) ou em virtude do exercício do direito de retirada, mediante notificação aos demais sócios, com antecedência mínima de sessenta dias, se a sociedade for constituída por prazo indeterminado; ou mediante ação judicial, com comprovação de justa causa para o exercício desse direito, se a sociedade for constituída por prazo determinado (artigo 1.029, CC) Nesse caso, a liquidação do valor da sua quota será feita com base na situação patrimonial da sociedade, à data da resolução, verificada em balanço especialmente levantado, e será paga em dinheiro, no prazo de noventa dias, a partir da liquidação, salvo disposição contratual diversa (artigo 1.031, CC).

Sem prejuízo, pode o sócio ser excluído judicialmente, mediante iniciativa da maioria dos demais sócios, por falta grave no cumprimento de suas obrigações, salvo em se tratando de sócio remisso, ou por incapacidade superveniente, sendo excluído de pleno direito o sócio declarado falido, ou aquele cuja quota tenha sido liquidada nos termos do parágrafo único do artigo 1.026 (artigo 1.030, CC).

Já a dissolução total da sociedade, com a sua consequente extinção, ocorrerá nos seguintes casos: vencimento do prazo de duração da sociedade constituída por tempo determinado; consenso unânime dos sócios e, se não unânime, pela deliberação por maioria absoluta, em se tratando sociedade de prazo indeterminado; extinção de autorização para funcionar; judicialmente, a requerimento de qualquer sócio, quando anulada sua constituição, exaurido o fim social ou verificada sua inexequibilidade; ou por outras causas previstas no contrato social, a serem verificadas judicialmente quando contestadas (artigos 1.033 a 1.035 do CC).

Ocorrendo a hipótese de extinção total pela extinção de autorização para funcionar, a liquidação da sociedade, incumbirá ao Ministério Público nos quinze dias seguintes à comunicação recebida da autoridade competente, se os administradores não o tiverem feito nos trinta dias seguintes à perda da autorização, ou se o sócio não houver pleiteado a liquidação judicial. Se, no entanto, o Ministério Público não cumprir esta providência no prazo assinalado pela lei, a autoridade competente para conceder a autorização nomeará interventor com poderes para requerer a medida e administrar a sociedade até que seja nomeado o liquidante (artigo 1.037, CC).

Do contrário, cumprirá ao sócio requerer a liquidação judicial, ou aos administradores providenciar, imediatamente, a investidura do liquidante, restringindo a gestão própria aos negócios inadiáveis, sob pena de responderem por eventuais operações novas de forma solidária e ilimitada (artigo 1.036, CC). O liquidante será eleito por deliberação dos sócios, podendo a escolha recair em pessoa estranha à sociedade, se não estiver designado no contrato social (artigo 1.038, CC).

Oportuno esclarecer, por fim, que as sociedades simples não se submetem à disciplina da recuperação extrajudicial, judicial ou falência, por previsão expressa da Lei 11.101/05, reservando sua incidência aos empresários e sociedades empresárias.[60]

Sociedade em nome coletivo. Trata-se do segundo tipo societário previsto no Código Civil, dentro do grupo das sociedades personificadas, disciplinado pelos artigos 1.039 a 1.044. As sociedades em nome coletivo são compostas, obrigatoriamente, por pessoas físicas,

60 Nesse sentido, a Súmula n. 49 do Tribunal de Justiça de São Paulo: “A lei n. 11.101/2005 não se aplica à sociedade simples”.

não se admitindo que pessoas jurídicas integrem o quadro social (artigo 1.039, CC).

Assim como na sociedade simples, na sociedade em nome coletivo, os sócios respondem, pelas obrigações assumidas pela sociedade perante terceiros, de forma pessoal, ilimitada, solidária e subsidiária. Não por outra razão, a ela se aplicam, supletivamente, as normas gerais que disciplinam as sociedades simples, no que lhe forem compatíveis (artigo 1.040, CC).

Sem prejuízo, no que diz respeito à relação interna entre os sócios, poderá o ato constitutivo da sociedade (o qual deverá conter os mesmos elementos obrigatórios previstos no artigo 997) ou posterior convenção unânime, dispor sobre a responsabilidade de cada um de forma diversa.

Ademais, a administração da sociedade em comum deverá ser exercida exclusivamente pelos sócios, pessoas físicas, não se admitindo que terceiros assumam a gestão da empresa. O ato constitutivo poderá prever qual ou quais dos sócios figurarão como administradores, mas, se nada previr, presumir-se-á que todos eles possuem, cada qual, poderes para geri-la.

Em razão de atuar sob a forma de sociedade cujos sócios possuem responsabilidade ilimitada, a sociedade em nome coletivo deverá adotar a firma ou razão social como forma de identificação do empresário (nome empresarial). Assim, a firma social deverá ser constituída pelo nome do(s) sócio(s) que respondem pessoal e ilimitadamente pela empresa e que tenham poderes para administrá-la, podendo adicionar, ao nome de um dos sócios, a expressão "e companhia" ou a sua abreviatura, caso seja composta por muitos sócios e seja inviável a inclusão de todos eles no nome empresarial.

Os atos constitutivos da sociedade deverão conter cláusula específica que identifique a firma social, com o fim de que terceiros que contratem com a sociedade tenham conhecimento do tipo de responsabilidade dos sócios que representam a empresa.

Consoante o artigo 1.043 do Código Civil, o credor particular do sócio de sociedade em nome coletivo não poderá requerer a liquidação da quota do devedor, antes da dissolução da sociedade. Poderá assim fazê-lo, no entanto, quando a sociedade houver sido constituída por tempo determinado, e prorrogada tacitamente, ou, tendo ocorrido expressa prorrogação contratual por deliberação dos sócios, for acolhida judicialmente oposição do credor, levantada no prazo de noventa dias, contado da publicação do ato dilatório.

A esse respeito, há entendimento doutrinário no sentido de que a restrição do direito de liquidação da quota do devedor pelo credor particular, de que dispõe o artigo 1.043, somente incide quando se trata de sociedade em nome coletivo constituída por tempo determinado.[61]

A dissolução da sociedade em nome coletivo ocorre, de pleno direito, nas mesmas causas previstas para a dissolução da sociedade simples (artigo 1.033, CC), ou pela falência, se tiver natureza empresária.

Sociedade em comandita simples. O terceiro tipo a integrar o grupo das sociedades personificadas é o da sociedade em comandita simples, previsto nos artigos 1.045 a 1.051 do Código Civil. Nesta espécie societária, o quadro social é formado por dois subgrupos: os sócios comanditados, necessariamente pessoas físicas e que respondem de forma pessoal, ilimitada, solidária e subsidiária pelas obrigações da sociedade; e os sócios comanditários, estes últimos com responsabilidade limitada ao valor da respectiva quota social, e que podem ser tanto pessoas físicas, quanto jurídicas, devendo ambas as categorias estar descritas no ato constitutivo. À sociedade em comandita simples aplicam-se, supletivamente, as regras da sociedade em nome coletivo, a qual, por seu turno, observa a

---

61 CAMPINHO, Sérgio. *O Direito de Empresa à luz do Código Civil*. 12ª ed. revista e atualizada de acordo com as Leis n. 12.441/2011, 12.399/2011 e 13.375/2010. Rio de Janeiro: Renovar, 2011, p. 296.

disciplina normativa prevista para as sociedades simples, no que lhe for compatível.

Os sócios comanditados possuem os mesmos direitos e obrigações previstas para os sócios das sociedades em nome coletivo. Podem, portanto, figurar todos como administradores da sociedade, ou limitar os poderes de cada um através de previsão do contrato social, ou por convenção posterior dos sócios.

Aos sócios comanditários, de outro turno, é defeso praticar quaisquer atos de gestão da sociedade, tampouco figurar na firma social, reservada aos sócios de responsabilidade ilimitada e que respondam pelas obrigações sociais. A firma social, então, deverá conter o nome do(s) sócio(s) comanditados, seguido necessariamente da expressão "e companhia" ou sua abreviação, já que os comanditários não poderão figurar no nome empresarial.

Eventual descumprimento de tais preceitos sujeitará os comanditários às mesmas responsabilidades dos comanditados, ou seja, responderão de forma pessoal, ilimitada, solidária e subsidiária pelas obrigações da sociedade. Sem prejuízo, poderão os comanditários participar das deliberações da sociedade, fiscalizar suas operações, ou serem constituídos procuradores da sociedade, com poderes especiais e para o fim de atuarem em negócio jurídico específico e determinado. Veda-se, portanto, procuração geral outorgada aos comanditários para atuarem em favor da sociedade.

Na hipótese de redução do capital social, eventual diminuição da quota do sócio comanditário somente produzirá efeitos, em relação a terceiros, após averbada a modificação do contrato social no registro competente, sem prejuízo de credores preexistentes.

Em relação à distribuição de lucros, recebido pelo comanditário da pessoa jurídica, se de boa-fé e de acordo com o balanço patrimonial, não será obrigado à sua reposição. No entanto, se diminuído o capital social por perdas supervenientes, ficará o comanditário impedido de receber os lucros antes da reintegração do capital reduzido.

No caso de falecimento do sócio comanditário, a sociedade continuará com os sucessores dele, que designarão quem os represente, salvo disposição em contrário prevista no contrato social.

A sociedade em comandita simples será dissolvida de pleno direito, nas mesmas causas previstas para a dissolução da sociedade simples (artigo 1.033, CC); pela falência, se tiver natureza empresária; ou, ainda, quando perdurar a falta de uma das categorias de sócio (comanditado ou comanditário), por mais de cento e oitenta dias. Neste último caso, na falta de sócio comanditado, os comanditários nomearão administrador provisório para praticar, durante o período em que subsistir a falta e sem assumir a condição de sócio, os atos de administração.

Sociedades limitadas. O quarto tipo societário, dentro das sociedades personificadas, regulado pelo Código Civil é o das sociedades limitadas disposta nos artigos 1.052 a 1.087, que serão objeto de comentários artigo por artigo na segunda parte desta obra.

Sociedades anônimas. Em relação às sociedades anônimas, designadas por denominação acompanhada das expressões "companhia" ou "sociedade anônima", o Código Civil delega a regulação de sua disciplina à Lei especial, reservando sua aplicação apenas nos casos em que esta for omissa. Trata-se da Lei n. 6.404, de 15 de dezembro de 1976, segundo a qual a companhia ou sociedade anônima terá o capital dividido em ações, e a responsabilidade dos sócios ou acionistas será limitada ao preço de emissão das ações subscritas ou adquiridas (artigo 1º), à luz do quanto prescrito pelo artigo 1.088 do Código Civil. Em virtude de sua especialidade, com regras próprias que lhe são inerentes, as sociedades anônimas não serão objeto de profundidade nesta obra.

Sociedades em comandita por ações. Por seu turno, tais sociedades também têm o capital social dividido em ações e são sempre consideradas sociedades empresárias independentemente do seu objeto, por força do que dispõe o artigo 982, parágrafo único, do Código Civil. Regem-se pelas normas relativas à sociedade anônima

(Lei n. 6.404/76), possuindo, inclusive, capítulo próprio entre os artigos 280 a 284.

Manoel de Queiroz Pereira Calças,[62] no entanto, defende que o Código Civil revogou tacitamente os referidos artigos da Lei n. 6.404/76, já que dispôs, em seu artigo 1.090, que "A sociedade em comandita por ações tem o capital dividido em ações, regendo-se pelas normas relativas à sociedade anônima, sem prejuízo das modificações constantes deste Capítulo (...)". A posição, contudo, não é pacífica na doutrina, sobretudo diante do que dispõe o artigo 2.037 do Código Civil.[63]

De todo o modo, da conjugação entre a lei especial e as regras gerais dispostas nos artigos 1.090 a 1.092 do Código Civil, é possível observar algumas particularidades da sociedade em comandita por ações, que a diferencia das sociedades anônimas.

Enquanto as sociedades anônimas se operam sob denominação (artigo 3º, Lei n. 6.404/76), as sociedades em comandita por ações poderão operar sob firma social ou denominação, seguida da expressão "Comandita por Ações", da qual só farão parte os nomes dos sócios que responderão pelas obrigações sociais de forma pessoal, ilimitada, solidária e subsidiária (artigo 281 da Lei n. 6.404/76 e artigo 1.161 do Código Civil).

Com relação à administração da sociedade, somente o sócio ou acionista poderá praticar os atos de gestão e representá-la perante terceiros e, como diretor, responde subsidiária e ilimitadamente pelas obrigações da sociedade. Os diretores serão nomeados no ato

---

62 CALÇAS, Manoel de Queiroz Pereira. *In*: NANNI, Giovanni Ettore (Coord.). *Comentários ao Direito Civil*: Direito Privado contemporâneo. São Paulo: Saraiva Educação, 2018, p. 1480.

63 Código Civil, artigo 2.037. Salvo disposição em contrário, aplicam-se aos empresários e sociedades empresárias as disposições de lei não revogadas por este Código, referentes a comerciantes, ou a sociedades comerciais, bem como a atividades mercantis.

constitutivo, sem limitação de tempo, e somente serão destituídos por deliberação dos acionistas que representem dois terços, no mínimo, do capital social, caso em que, de todo o modo, ainda que exonerados, continuarão responsáveis pelas obrigações sociais contraídas sob sua administração, pelo prazo de dois anos, contados do ato de sua destituição ou exoneração. Saliente-se que o período de dois anos é previsto apenas no Código Civil (artigo 1.091); na disciplina exclusiva da Lei n. 6.404/76 não havia limite temporal para a responsabilização, que poderia, então, se prolongar até a efetiva extinção das obrigações sociais contraídas sob a administração do acionista destituído ou exonerado.

Jarbas Andrade Machioni, seguindo a maioria da doutrina, destaca que o poder de destituição dos diretores pelos acionistas se trata de demissão *ad nutum*, ressalvando a posição contrária de Modesto Carvalhosa, para o qual deverá haver, neste caso, causa relevante para a destituição, como no caso de descumprimento dos deveres sociais, sob pena de se vulnerar a própria estrutura da sociedade em comandita por ações, em que o direito de exercer a função de diretor ou gerente decorre do estatuto, e não da Assembleia Geral.[64]

A Assembleia Geral da sociedade em comandita por ações não poderá, sem o consentimento dos diretores ou gerentes, mudar o objeto essencial da sociedade, prorrogar o prazo de duração, aumentar ou diminuir o capital social, emitir debêntures ou criar partes beneficiárias nem aprovar a participação em grupo de sociedade.

A estrutura das sociedades em comandita por ações, assim, assemelha-se à sociedade em comandita simples, na medida em que também possuem duas espécies de sócios ou acionistas: o sócio diretor ou gerente, responsável pela administração da sociedade e cuja responsabilidade pelas obrigações sociais é ilimitada e subsidiária e, em

---

64 MACHIONI, Jarbas Andrade. *In*: JORGE, André Guilherme Lemos *et al.* (Coord.). *Coletânea da atividade negocial*. São Paulo: Universidade Nove de Julho, 2019, pp. 270/271.

havendo mais de um diretor, será solidária entre eles (denominado, por alguns autores, de sócio comanditado), e os demais sócios, com responsabilidade limitada ao preço de emissão das ações subscritas ou adquiridas (chamados, por alguns autores, de comanditários).

Por ostentar elementos característicos de uma sociedade de pessoas, centrada na figura dos sócios diretores, e, ainda, assim, constituindo uma sociedade de capitais, a sociedade em comandita por ações tem sido classificada como uma espécie societária de natureza híbrida que, no entanto, não é comumente utilizada no Brasil.

Sociedades cooperativas. O sétimo tipo a integrar o grupo das sociedades personificadas é o das sociedades cooperativas, previsto nos artigos 1.093 a 1.096 do Código Civil. Ao longo desses dispositivos, o legislador ocupou-se apenas em definir as características genéricas das cooperativas, bem como tratou do regime de responsabilidade dos seus sócios (artigo 1.095 do CC), pontuando que nas hipóteses de omissão aplicam-se as regras das sociedades simples e fazendo remissão à legislação especial para as demais questões (Lei n. 5.764/1971).

Sociedades coligadas. O oitavo tipo a integrar o grupo das sociedades personificadas é o das sociedades coligadas, previsto nos artigos 1.097 a 1.101 do Código Civil. Sua principal característica está no fato de que o capital de tais sociedades, ou parte dele, pertence a uma outra sociedade, e a depender do grau dessa participação, a sociedade coligada poderá ser classificada como controlada, filiada ou de simples participação.

Sociedades dependentes de autorização. Por fim, o nono e último tipo societário que integra o grupo das sociedades personificadas é o das sociedades que dependem de autorização do Poder Executivo Federal para funcionar. Sua regulação está entre os artigos 1.123 a 1.140 do Código Civil, mas existem diversas outras leis especiais que também dispõe sobre a necessidade de autorização para funcionamento, tais como a Lei n. 4.728/65 que dispõe sobre o mercado de capitais e prevê a necessidade de autorização para funcionamento nos artigos 3°, II e III; 5°, IV; 12 e 49, I.

2.4 A tentativa de edição de um Novo Código Comercial

Não obstante o Código Civil tenha implementado uma minuciosa regulamentação de cada tipo societário e das consequências da inobservância de seus preceitos legais, garantindo a responsabilidade limitada dos sócios pelas dívidas contraídas pela sociedade com terceiros, é certo que sua aplicação, em certas ocasiões, gera o debate sobre a necessidade de edição, ou não, de um Novo Código Comercial.

Conforme explica Ricardo Negrão, a origem dessa discussão decorre das

> dificuldades na aplicação do Código Civil nas lides entre empresários, com princípios e regras que não são próprios do Direito Comercial, conduzindo os comercialistas a buscarem, nesse novo diploma legislativo, regras jurídicas aptas a consolidar um sistema tipicamente comercial e, com isso, solucionar conflitos interempresariais com maior eficiência e celeridade.[65]

Foi nesse contexto que, em 2011, o Deputado Vicente Cândido apresentou na Câmara dos Deputados o Projeto n. 1.572/2011, baseado na obra *O Futuro do Direito Comercial* do Professor Fábio Ulhoa Coelho, visando a instituição de um Novo Código Comercial. Em 2013, um projeto com o mesmo objetivo (Projeto de Lei do Senado

65 NEGRÃO, Ricardo. *Curso de Direito Comercial e de Empresa*: Teoria Geral da Empresa e Direito Societário. vol. I. 15ª ed. São Paulo: Saraiva, 2019, p. 38.

n. 487/2013) foi apresentado pelo Senador Renan Calheiros perante o Senado Federal.

Entretanto, fato é que não havia consenso sobre a necessidade de alterar todo conjunto de regras instituído com o Código Civil para uma tentativa de sistematização através de um Novo Código Comercial.[66]

O consenso, porém, que existia entre os comercialistas era de que algumas regras mereciam sim ser atualizadas, a fim de garantir maior segurança jurídica aos empresários e com isso promover uma melhora no ambiente de negócios brasileiro.

Daí que, em 2019, após amplo debate, foi editada a Lei n. 13.874/2019, que ficou conhecida como "Lei de Liberdade Econômica", com o objetivo de conceder "aos empresários e investidores uma norma mais visível e facilitadora do desenvolvimento da sua atividade quando da interpretação dos litígios naturais das empresas".[67]

Para tanto, a Lei de Liberdade Econômica

> alterou importantes institutos no ordenamento jurídico pátrio e introduziu ideias como a limitação de regulação pelo Estado, a flexibilização para se regularizar um negócio, entre outros, destacando-se aqui a delimitação das situações passiveis de permitir a desconsideração da personalidade jurídica, o que, por ser exceção, tende a fortalecer o princípio da autonomia patrimonial.[68]

---

66 MÜSSNICH, Francisco Antunes Maciel. "A quem interessa um Novo Código Comercial?" *Revista Relação com Investidores*, fev. 2014, p. 42.

67 MAIA DA CUNHA, Fernando Antonio. *Autonomia patrimonial das sociedades limitadas vs. Desconsideração da personalidade jurídica*: desafios e perspectivas da Lei de Liberdade Econômica. São Paulo: Contracorrente, 2021, p. 148.

68 MAIA DA CUNHA, Fernando Antonio. *Autonomia patrimonial das sociedades limitadas vs. Desconsideração da personalidade jurídica*:

Vê-se, assim, que o consenso dos comercialistas quanto à necessidade de reforma de determinadas regras e aprimoramento de princípios caros ao Direito Empresarial acabou por ser atendido anos mais tarde com a edição da Lei de Liberdade Econômica, que, apesar de suas limitações, representou uma importante sinalização ao mercado.

---

desafios e perspectivas da Lei de Liberdade Econômica. São Paulo: Contracorrente, 2021, p. 149.

CAPÍTULO III

O PROJETO DE REFORMA DO ATUAL CÓDIGO CIVIL

Recentemente, em setembro de 2023, o Senado Federal instituiu uma Comissão de Juristas com a finalidade de apresentar, no exíguo prazo de 180 dias, um anteprojeto de Lei para revisão e atualização do Código Civil.

A Comissão foi presidida pelo Ministro Luis Felipe Salomão e composta por 38 membros, todos juristas de elevada qualidade, que trabalharam sob a relatoria dos professores Rosa Maria de Andrade Nery e Flávio Tartuce. Na área do Direito Empresarial, participaram os professores Daniel Carnio Costa, Flávio Galdino, Marcus Vinícius Furtado Coêlho e Moacyr Lobato de Campos Filho.

No dia 17 de abril de 2024, a Comissão de Juristas responsável pela atualização do Código Civil apresentou as propostas de revisão ao plenário do Senado Federal. Diversas mudanças foram propostas, afetando não apenas matérias relativas ao Direito de família, herança, propriedade, direitos dos animais, Direito digital, mas também o Direito das empresas.

Contudo, o que inicialmente foi proposto como uma "atualização", mostrou-se muito mais profundo. Ao todo, a Comissão propôs a modificação de 842 artigos, a inclusão de outros 242 artigos em diversas matérias, e, ainda, mais 86 dispositivos no livro que regula o Direito digital, o que pode representar a mudança de quase 60% do atual Código Civil. O assunto merece especial atenção porque a proposta apresentada pela Comissão de Juristas certamente sofrerá alterações durante o processo legislativo.

O elevado percentual de mudanças também deve ser visto com cautela, a merecer ampla discussão não apenas por parte da academia e dos intérpretes do Direito, mas também pelas empresas e empresários que, na qualidade de destinatários dessas propostas de alterações, serão, se aprovadas, diretamente afetados

No que diz respeito ao Livro de Empresa, as justificativas da reforma destacam que foram introduzidas

> modificações pontuais na disciplina do Direito Empresarial, com o escopo de impulsionar o fluxo de negócios no País, a atração de investimentos, fomentando o empreendedorismo e a concorrência, essenciais à geração de riquezas para a sociedade brasileira.

As propostas de alterações visam impulsionar o fluxo de negócios no país e a atração de investimentos, fomentando o empreendedorismo e a concorrência, essenciais à geração de riqueza no território nacional. De acordo com o Relatório da Comissão, as propostas tiveram como alicerce dois objetivos precípuos:

> (i) assegurar segurança e previsibilidade para os agentes econômicos, seja ao trazer regras mais claras para o tratamento das sociedades, seja ao fincar princípios próprios, aplicáveis unicamente aos contratos entre empresas; e (ii) desburocratizar, fortalecer e facilitar o fluxo de relações econômicas e a fluidez dos negócios.

Não obstante as alterações propostas pela Comissão de Juristas ainda possam sofrer mudanças, inclusões e/ou exclusões durante a tramitação do projeto perante as casas legislativas, nas linhas abaixo, trataremos, brevemente, das principais propostas de alterações contidas no texto apresentado pela Comissão de Juristas no que concerne ao Livro do Direito de Empresa em geral, notadamente as que possam afetar o regime jurídico das Sociedades Limitadas.

As modificações em relação à atual redação do dispositivo estão negritadas para facilitar a visualização.

Livro II: Do Direito de Empresa
Título I: Do Empresário
Capítulo I: Da caracterização e da inscrição

No Capítulo I, o texto apresentado pela Comissão de Juristas responsável pela atualização do Código Civil propôs alterações no artigo 966, com o seguinte teor:

Art. 966. Considera-se empresa a organização profissional de fatores de produção que, no ambiente de mercado, exerce atividade de circulação de riquezas, com escopo de lucro, em prestígio aos valores sociais do trabalho e do capital humano.

§ 1º Exercem atividade empresarial o empresário e a sociedade empresária.

§ 2º Não se considera atividade empresarial o exercício de profissão intelectual, de natureza científica, literária ou artística, ainda que com o concurso de auxiliares ou colaboradores, salvo se requerida a sua inscrição no Registro Público de Empresas Mercantis, ressalvadas as obrigações assumidas perante terceiros antes de registrada a empresa.

A partir da alteração proposta, a Comissão de Juristas busca superar de vez o conceito de empresa inspirado no Código Civil Italiano de 1942, então focado na figura do empresário. Com a redação sugerida, o enfoque passa a ser a empresa, como uma "organização profissional de fatores de produção que, no ambiente de mercado, exerce atividade de circulação de riquezas, com escopo de lucro, em prestígio aos valores sociais do trabalho e do capital humano", independentemente de exercida pelo próprio empresário, ou pela sociedade empresária.

Ademais, na redação proposta, permite-se o requerimento de inscrição no Registro Público de Empresas Mercantis das atividades de natureza intelectual, de natureza científica, literária ou artística para fins de equiparação à empresa, ressalvadas as obrigações preteritamente assumidas perante terceiros.

A Comissão de Juristas também propôs a inclusão do artigo 966-A, cujo teor busca enumerar os princípios do Direito Empresarial, sistematizando a matéria através da indicação de vetores de funcionamento da ordem jurídica do mercado. Confira-se a inclusão proposta:

Art. 966-A. As disposições deste Livro devem ser interpretadas e aplicadas visando ao estímulo do empreendedorismo e ao incremento de um ambiente favorável ao desenvolvimento dos negócios no país, observados os seguintes princípios:

I – da liberdade de iniciativa e da valorização e aperfeiçoamento do capital humano;

II – da liberdade de organização e livre concorrência, da atividade empresarial, nos termos da lei;

III – da autonomia privada, que somente será afastada se houver violação de normas legais de ordem pública;

IV – da autonomia patrimonial, das pessoas jurídicas, conforme seu tipo societário;

V – da limitação da responsabilidade dos sócios, conforme o tipo societário adotado, nos termos legais;

VI – da deliberação majoritária do capital social, salvo se o contrário for previsto no contrato social;

VII – da força obrigatória das convenções, desde que não violem normas de ordem pública;

VIII – da preservação da empresa, de sua função social e de estímulo à atividade econômica;

IX – da observância dos usos, práticas e costumes quando a lei e os interessados se refiram a eles ou em situações não reguladas legalmente, sempre que não sejam contrários ao direito;

X – da simplicidade e instrumentalidade das formas.

Os incisos I e II têm por fundamento a liberdade econômica insculpida no artigo 170 da Constituição Federal, que norteia a interpretação das normas do Direito Empresarial e, na alteração proposta, as liberdades de iniciativa e da valorização e aperfeiçoamento do capital humano, e de organização e livre concorrência. Consagrando o entendimento já consolidado nos Tribunais, a proposta também destaca a importância da autonomia privada e da autonomia patrimonial das pessoas jurídicas, além da limitação da responsabilidade dos sócios e do princípio majoritário nas deliberações sociais, salvo disposição expressa no contrato social (incisos III, IV, V e VI).

Com relação à autonomia privada, o inciso VII estipula a força obrigatória das convenções, notadamente dos contratos empresariais, que envolvem, por sua natureza, agentes em situação de paridade, característica que requer intervenção mínima do Poder Judiciário. Consoante destacou a Comissão de Juristas, busca-se

> assegurar a força vinculante dos contratos entre empresas é forma de trazer segurança e previsibilidade para os agentes econômicos, de coibir o oportunismo prejudicial ao mercado e, uma vez mais, de atrair capitais e fomentar a atividade econômica.

Como reforço à ideia da força vinculante dos contratos entre empresas, a Comissão também propôs alterações no artigo 421 do

Código Civil, trazendo uma série de parâmetros para a interpretação de tais avenças.[69]

---

69 Código Civil (Redação Aprovada pela Comissão):

"*Artigo 421. A liberdade contratual será exercida nos limites da função social do contrato.*

§ 1º Nos contratos civis e empresariais, paritários, prevalecem o princípio da intervenção mínima e da excepcionalidade da revisão contratual.

§ 2º A cláusula contratual que violar a função social do contrato é nula de pleno direito.

Artigo 421-A. As regras deste Título a respeito dos contratos, não afastam o disposto em leis especiais e consideram as funções desempenhadas pelos tipos contratuais, cada um com suas peculiaridades.

Artigo 421-B. Deve-se levar em conta para o tratamento legal e para a identificação das funções realizadas pelos diversos tipos contratuais, a circunstância de disponibilizarem:

I – bens e serviços ligados à atividade de produção e de intermediação das cadeias produtivas, típicos dos contratos celebrados entre empresas;

II – bens e serviços terminais das cadeias produtivas ao consumidor final, marca dos contratos de consumo;

III – força de trabalho a uma cadeia produtiva, característica dos contratos de trabalho;

IV – bens e serviços independentemente de sua integração a qualquer cadeia produtiva, como se dá com os contratos civis.

Artigo 421-C. Os contratos civis e empresariais presumem-se paritários e simétricos, se não houver elementos concretos que justifiquem o afastamento desta presunção, e assim interpretam-se pelas regras deste Código, ressalvados os regimes jurídicos previstos em leis especiais.

§ 1º Para sua interpretação, os contratos empresariais exigem os seguintes parâmetros adicionais de consideração e análise:

I – os tipos contratuais que são naturalmente díspares ou assimétricos, próprios de algumas relações empresariais, devem receber o tratamento específico que consta de leis especiais, assim como os contratos que decorram da incidência e da funcionalidade de cláusulas gerais próprias de suas modalidades;

II – a boa-fé empresarial mede-se, também, pela expectativa comum que os agentes do setor econômico de atividade dos contratantes têm, quanto à natureza do negócio celebrado e quanto ao comportamento leal esperado de cada parte;

No mesmo sentido, no campo da recuperação de empresas em

III – na falta de redação específica de cláusulas necessárias à execução do contrato, o juiz valer-se-á dos usos e dos costumes do lugar de sua celebração e do modo comum adotado pelos empresários para a celebração e para a execução daquele específico tipo contratual;

IV – são lícitas em geral as cláusulas de não concorrência pós-contratual, desde que não violem a ordem econômica e sejam coerentemente limitadas no espaço e no tempo, por razoáveis e fundadas cláusulas contratuais;

V – a atipicidade natural dos contratos empresariais;

VI – o sigilo empresarial deve ser preservado.

§ 2º Nos contratos empresariais, quando houver flagrante disparidade econômica entre as partes, não se aplicará o disposto neste artigo.

Artigo 421-D. Salvo nos contratos de adesão ou por cláusulas predispostas em formulários, as partes podem, para a garantia da paridade contratual, sem prejuízo dos princípios e das normas de ordem pública, prever, fixar e dispor a respeito de:

I – parâmetros objetivos para a interpretação e para a revisão de cláusulas negociais;

II – hipóteses e pressupostos para a revisão ou resolução contratual;

III – alocação de riscos e seus critérios, definida pelas partes, que deve ser observada e respeitada;

IV – glossário com o significado de termos e de expressões utilizados pelas partes na redação do contrato;

V – interpretação de texto normativo.

Artigo 421-E. Devem ser interpretados, a partir do exame conjunto de suas cláusulas contratuais, de forma a privilegiar a finalidade negocial que lhes é comum, os contratos:

I – coligados;

II – firmados com unidade de interesses;

III – celebrados pelas partes de forma a torná-los estrutural e funcionalmente reunidos;

IV – cujos efeitos pretendidos pelas partes dependam da celebração de mais de um tipo contratual;

V – que se voltem ao fomento de vários negócios comuns às mesmas partes.

Artigo 421-F. Aos contratos empresariais aplicam-se os princípios que estão na descritos no artigo 966-A deste Código, no que couber".

situação de crise financeira, delimitou-se o princípio da preservação da empresa, de sua função social, e de estímulo à atividade econômica, reafirmando a importância da preservação da atividade empresarial para a geração de emprego e renda (inciso VIII).

Também foram propostas alterações no inciso I do artigo 968, que trata da inscrição do empresário, com o seguinte teor:

Art. 968. A inscrição do empresário far-se-á mediante requerimento que contenha:

I – o seu nome, nacionalidade, domicílio, dois endereços eletrônicos, estado civil e, se casado ou viver em união estável devidamente comprovada, o regime de bens; (...) (grifos nossos).

Acrescentou-se a exigência de indicação de dois endereços eletrônicos para fins de inscrição do empresário no Registro Público de Empresas Mercantis da respectiva sede e inseriu-se a figura do empresário convivente em união estável. Esse acréscimo seria até desnecessário diante do entendimento há muito consolidado a respeito da equiparação do casamento e da união estável.

A Comissão de Juristas também propôs a revogação do parágrafo único do artigo 971 do CC, que disciplina a inscrição, no Registro Público de Empresas Mercantis da respectiva sede, da associação que desenvolva atividade futebolística em caráter habitual e profissional, para o fim de que seja considerada empresária.

Livro II: Do Direito de Empresa
Título I: Do Empresário
Capítulo II: Da cap¨acidade

No Capítulo II do Título I, que trata da capacidade para ser empresário, a Comissão de Juristas propôs alterações nos artigos 972, 974, 976, 977, 978, 979 e 980.

A redação proposta no dispositivo inaugural apenas modifica o trecho "podem exercer a atividade empresária" para "podem ser empresário", nos seguintes termos:

Art. 972. Podem ser empresário os que estiverem em pleno gozo da capacidade civil e não forem legalmente impedidos. (grifo nosso)

Já a redação proposta para artigo 974 traz mudanças em seus parágrafos 1°, 2°, e no inciso I do parágrafo 3°, com o seguinte teor:

Art. 974. ....

§ 1º Nos casos deste artigo, precederá autorização judicial, após exame das circunstâncias e dos riscos da empresa, bem como da conveniência em continuá-la, podendo a autorização ser revogada pelo juiz, ouvidos os pais, tutores ou representantes legais da pessoa com menos de dezoito anos ou da pessoa sujeita à curatela, sem prejuízo dos direitos adquiridos por terceiros.

§ 2º Não ficam sujeitos ao resultado da empresa os bens que o incapaz já possuía, ao tempo da sucessão, da interdição ou da instituição da curatela, desde que estranhos ao acervo daquela, devendo tais fatos constar do alvará que conceder a autorização.

§ 3º ....

I – o sócio incapaz não pode exercer a administração da sociedade, mas fica ressalvada a hipótese de eventual cessação da incapacidade, nos termos e circunstâncias considerados no inciso III do parágrafo único do artigo 5º deste Código. (grifos nossos)

As alterações buscam compatibilizar a matéria da capacidade para ser empresário com as regras gerais atinentes à capacidade da pessoa natural, com as alterações promovidas pela Lei n. 13.146/2015, inserindo a figura da curatela que não está prevista na redação atual do dispositivo. Assim, a capacidade para exercer a atividade empresarial se estende aos relativamente incapazes (menores de dezoito anos ou pessoa sujeita à curatela), ressalvada a hipótese de eventual cessação da incapacidade, nos casos de emancipação dos menores de dezoito anos (art. 5°, CC).

Quanto ao artigo 976, a proposta é de revogação de seu parágrafo único, que na redação atual preconiza que, no caso de continuação da empresa pelo incapaz, "O uso da nova firma caberá, conforme o caso, ao gerente; ou ao representante do incapaz; ou a este, quando puder ser autorizado".

Na mesma linha da alteração inciso I do artigo 968, é a proposta para a nova redação dos artigos 977 e 978, inserindo o instituto na união estável, com o seguinte teor:

*Art. 977. Faculta-se aos cônjuges **ou conviventes em união estável** contratar sociedade, entre si ou com terceiros, independentemente do regime de bens adotado. (grifo nosso)*

*Art. 978. O empresário casado **ou que viva em união estável** pode, sem necessidade de outorga do cônjuge **ou do convivente**, qualquer que seja o regime de bens, alienar os imóveis que integrem o patrimônio da empresa ou gravá-los de ônus real. (grifos nossos)*

O artigo 979, que hoje trata do dever de arquivamento e averbação dos pactos e declarações antenupciais do empresário, o título de doação, herança, ou legado, de bens clausulados de incomunicabilidade ou inalienabilidade, tem proposta de alteração para também exigir a averbação da escritura de compra e venda entre cônjuges ou conviventes, de bens, excluídos da comunhão:

*Art. 979. Além de arquivados e averbados no Registro Civil das Pessoas Naturais, serão também arquivados e averbados no Registro Público de Empresas Mercantis, os pactos e declarações antenupciais do empresário, o título de doação, herança, ou legado de bens clausulados de incomunicabilidade ou inalienabilidade, **bem como a escritura de compra e venda entre cônjuges ou conviventes, de bens, excluídos da comunhão, conforme a permissão contida no artigo 499 deste Código**. (grifo nosso)*

A proposta de alteração do artigo 980 buscou apenas tornar mais clara e objetiva a redação, no sentido de que as alterações no estado de família do empresário que não forem arquivadas e averbadas no Registro Público de Empresas Mercantis não poderão ser opostas a terceiros que contrataram com a sociedade da qual ele faz parte:

Art. 980. A escritura pública ou a sentença que, levadas ao registro público das pessoas naturais, alterarem o estado de família do empresário não podem ser opostas a terceiros que contrataram com a sociedade de que ele faz parte, antes de arquivadas e averbadas no Registro Público de Empresas Mercantis.

Livro II: Do Direito De Empresa
Título II: Da Sociedade
Capítulo Único: Disposições Gerais

Também foram propostas mudanças significativas no Título II, Capítulo Único, do Livro do Direito de Empresa, que disciplina as disposições gerais das sociedades, nos artigos 982, 983 e 985. Em relação ao artigo 982, a Comissão de Juristas propôs nova redação, com o seguinte teor:

Art. 982. Salvo as exceções expressas neste Código ou em lei especial, considera-se empresária a sociedade que tem por objeto o exercício de atividade empresarial (artigo 966), e as demais, consideradas civis.

Parágrafo único. Independentemente de seu objeto, é empresária a sociedade por ações.

Note-se que, na redação atual do dispositivo, a sociedade empresária é aquela que "tem por objeto o exercício de atividade própria de empresário sujeito a registro". A proposta de alteração busca, assim, superar o conceito de empresa focado na figura do empresário, para enfatizar precipuamente a figura da empresa como organização de fatores de produção, exercida profissionalmente para a produção e circulação de riquezas, com intenção de lucro, independentemente de quem a exerce.

Não bastasse, a Comissão de Juristas também sugeriu uma mudança conceitual, para que as sociedades não empresárias sejam reconhecidas apenas como sociedades civis e não mais como sociedade simples, excluindo, desta forma, as cooperativas do parágrafo único do artigo 982. A proposta de alteração, contudo, não parece alterar a natureza não empresária das sociedades simples, sobretudo considerando a proposta de alteração do artigo 1.150:

Artigo 1.150. O empresário, a sociedade empresária e a sociedade cooperativa vinculam-se ao Registro Público de Empresas Mercantis a cargo das Juntas Comerciais, e a sociedade simples, ao Registro Civil das Pessoas Jurídicas.

Atendendo à alteração da sistemática das sociedades simples, a Comissão também propôs alteração do *caput* do artigo 983, com o seguinte teor:

> *A sociedade empresária deve constituir-se segundo um dos tipos regulados nos art.s 1.052 a 1.089 deste Código; a sociedade civil pode constituir-se de conformidade com um desses tipos, e, não o fazendo, subordina-se às normas da sociedade simples.*

Ademais, propôs que as normas atinentes às sociedades simples continuem a ter caráter supletivo, dispondo que as sociedades civis (não empresárias) possam se constituir em conformidade com um dos tipos societários previstos no Código Civil ou, não o fazendo expressamente, fiquem subordinadas às normas das sociedades simples.

Note-se que a alteração proposta parece permitir a possiblidade de as sociedades simples serem reconhecidas também como sociedades empresárias em determinados casos, desde que tenham por objeto o exercício de atividade empresarial, adquirindo personalidade jurídica com a inscrição no Registro Público de Empresas Mercantis. É o que se vê da proposta de alteração do artigo 985, que dispõe sobre a aquisição de personalidade jurídica das sociedades empresárias, nos seguintes termos:

*Art. 985. A sociedade adquire personalidade jurídica com a inscrição, **no Registro Público de Empresas Mercantis** e, na forma da lei, dos seus atos constitutivos (artigos 45 e 1.150).* (grifo nosso)

Título II: Da Sociedade
Subtítulo II: Da Sociedade Personificada
Capítulo I: Da Sociedade Simples

Seção I: Do Contrato Social

O texto apresentado pela Comissão de Juristas também possui proposta de alterações no Capítulo reservado às sociedades simples, no artigo 997, incisos I, II e parágrafo único, bem como a inclusão dos incisos IX a XI, com o seguinte teor:

Art. 997. ....

I – nome, nacionalidade, estado civil, profissão e residência dos sócios, se pessoas naturais ou jurídicas, e o nome empresarial, nacionalidade e sede dos sócios, se jurídicas, o método e os parâmetros de apuração de haveres, o prazo se demais condições de pagamento dos haveres;

II – nome empresarial, objeto, sede e prazo da sociedade;

....

IX – se as disputas entre sócios e entre sócios e a sociedade serão decididas por arbitragem;

X – endereços eletrônicos para efetivação das comunicações sociais, incluindo, mas não se limitando, às convocações para os atos societários, sendo certo que as comunicações efetuadas através desses endereços serão consideradas válidas e eficazes;

XI – se for o caso, sítio eletrônico da empresa no qual serão realizadas as publicações exigidas pela legislação, na forma do disposto no Artigo 1.152 deste Código.

Parágrafo único. Os órgãos de registro de sociedades não levarão a registro, na forma do disposto no artigo 35 da Lei nº 8.934, de 18 de novembro de 1994, os contratos sociais que não contenham os requisitos constantes dos incisos I, II, III, IV, VI, VII e X deste artigo. (grifos nossos)

De acordo com a proposta, o contrato social das sociedades simples deverá mencionar, além dos elementos atualmente obrigatórios, o método e os parâmetros de apuração, o prazo e as demais condições de pagamento dos haveres. Além disso, deve esclarecer se as disputas entre sócios e entre sócios e a sociedade serão decididas por arbitragem, bem como fornecer os endereços eletrônicos para efetivação das comunicações sociais e o sítio eletrônico da empresa no qual serão realizadas as publicações exigidas pela legislação.

A proposta para o parágrafo único do artigo 997 disciplina que na falta dos requisitos mencionados nos incisos I, II, III, IV, VI, VII e X do referido dispositivo, os órgãos de registro de sociedades deixarão de registrar os contratos sociais.

Note-se que, caso aprovada, a proposta suprime o atual parágrafo único do artigo 997, que dispõe sobre a ineficácia, em relação a terceiros, de "qualquer pacto separado, contrário ao disposto no instrumento do contrato". A alteração sugerida, porém, não parece permitir a interpretação de que eventual instrumento divergente ao contrato social seja considerado válido, sobretudo considerando a preocupação da Comissão de Juristas de tornar inquestionável, em outros dispositivos espalhados dentro do Livro do Direito de Empresa, a soberania do contrato social em relação a qualquer outra disposição negocial. Outrossim, levado a registro o contrato social, qualquer pacto separado que lhe seja contrário, obviamente, a ele não poderá se sobrepor.

Seção II: Dos Direitos e Obrigações dos Sócios

Em relação à cessão total ou parcial de quotas sociais na sociedade simples, a Comissão de Juristas propôs alterações no artigo 1.003 para disciplinar o procedimento de responsabilização do cedente por eventuais obrigações assumidas à época que ainda era sócio, quando há ajuizamento de ação contra ele, nos seguintes termos:

Art. 1.003. A cessão total ou parcial de quota, sem a correspondente modificação do contrato social com o consentimento dos demais sócios, não terá eficácia quanto a estes e à sociedade.

§ 1º Até dois anos depois de averbada a modificação do contrato ou até eventual citação do cedente em processo judicial ou arbitral, responde o cedente solidariamente com o cessionário, perante a sociedade e terceiros, pelas obrigações que tinha como sócio.

§ 2º A contagem do prazo, prevista no § 1º, não é suspensa nem interrompida pelo ajuizamento de ação em desfavor da pessoa jurídica.

§ 3º O prazo é contado da averbação da modificação do contrato social para a retirada do sócio até a efetiva citação do cedente, em processo judicial ou arbitral.

§ 4º Expirado o biênio sem que o cedente tenha sido citado, o credor decai do direito de exigir a corresponsabilidade do cedente.

§ 5º Em caso de óbito do cedente, o prazo se conta do falecimento e não da averbação superveniente a qualquer título. (grifos nossos)

Se aprovadas as alterações, na hipótese de cessão total ou parcial de quota social, se dentro de dois anos contados da averbação da modificação do contrato social, for ajuizada ação judicial ou arbitral contra o sócio cedente, este responderá solidariamente com o sócio cessionário pelas obrigações que tinha como sócio, perante a sociedade e perante terceiros. E tal prazo não sofrerá suspensão ou interrupção caso a ação judicial ou arbitral seja intentada contra a pessoa jurídica, apenas. Ou seja, para que haja responsabilização do cedente, a parte interessada deverá incluí-lo no polo passivo da ação, dentro do biênio previsto pela lei. Uma vez expirado sem que o cedente tenha sido citado, haverá decadência do direito do credor de exigir a corresponsabilidade do cedente.

Ademais, a proposta do artigo 1.003, §3º, é no sentido de que a contagem do prazo de dois anos se inicia da averbação da modificação do contrato social para a retirada do sócio até a efetiva citação do cedente, em processo judicial ou arbitral. E, em caso de óbito do cedente, o prazo se conta do falecimento, e não da averbação superveniente a qualquer título. Outrossim, falecido o cedente, o credor poderá ajuizar ação contra eventuais herdeiros, se o fizer dentro do biênio previsto pela lei.

A Comissão de Juristas também propôs alteração no artigo 1.008 para que conste que a estipulação contratual que exclua qualquer sócio de participar dos lucros e das perdas é nula de pleno direito:

*Art. 1.008. **É nula de pleno direito** a estipulação contratual que exclua qualquer sócio de participar dos lucros e das perdas. (grifo nosso)*

O objetivo do acréscimo parece ser o de que a nulidade não dependa de decisão judicial para ser reconhecida, podendo ser alegada a qualquer tempo e por qualquer interessado, tratando-se, pois, de nulidade absoluta.

Seção III: Da Administração

Igualmente foram propostas alterações no artigo 1.010, que dispõe sobre a regra geral do *quórum* de deliberação dos sócios nas decisões sobre os negócios da sociedade (maioria de votos, contados segundo o valor das quotas de cada um), com modificações em seu §2° e o acréscimo do §4°, com o seguinte teor:

Art. 1.010. ....

§ 2º No caso de empate, se o contrato social não estabelecer a solução que deva prevalecer nem indicar que o impasse seja superado por decisão arbitral, caberá ao Poder Judiciário decidir, sempre no interesse da sociedade.

....

§ 4º É anulável a deliberação aprovada por voto maculado por interesse contrário ao da sociedade, nos termos do parágrafo anterior, caso em que será de dois anos, a contar do registro da deliberação, ou de sua ciência, o que ocorrer primeiro, o prazo para ajuizamento de ação anulatória. (grifo nosso)

Na atual redação, o artigo 1.010, §2°, reza que, "Prevalece a decisão sufragada por maior número de sócios no caso de empate, e, se este persistir, decidirá o juiz". Na alteração proposta, a solução pelo Poder Judiciário prevalece sobre eventual decisão sufragada por maior número de sócios, caso o contrato social não estabeleça a solução que deva prevalecer, nem indique que o impasse seja superado por decisão arbitral, mas sempre respeitado o interesse da sociedade.

Ademais, a proposta do artigo 1.010, § 4° apenas disciplina o procedimento para ação anulatória em caso de voto maculado por interesse contrário ao da sociedade, nos termos do § 3° hoje vigente, que dispõe: "Responde por perdas e danos o sócio que, tendo em alguma operação interesse contrário ao da sociedade, participar da deliberação que a aprove graças a seu voto". Outrossim, na hipótese, o prazo para ajuizamento da respectiva ação anulatória será de dois anos, contados do registro da deliberação, ou de sua ciência, o que ocorrer primeiro.

Quanto ao artigo 1.011, que dispõe sobre os deveres do administrador da sociedade simples, propôs-se a alteração do § 2°, para dispor sobre a aplicação supletiva da Lei das Sociedades Anônimas (Lei n. 6.404/76), não mais admitindo, portanto, a aplicação das normas atinentes ao instituto do mantado (CC, artigo 653 a 666):

*Art. 1.011. **O administrador da sociedade deverá ter, no exercício de suas funções, o cuidado e a diligência que toda pessoa ativa e proba costuma empregar na administração de seus próprios negócios.***

....

***§ 2º Aplicam-se à atividade, deveres e responsabilidades dos administradores, no que couber, as disposições da Lei nº 6.404, de 15 de dezembro de 1976.** (grifos nossos)*

A modificação proposta tenta conciliar a corrente doutrinária que adota a teoria orgânica, rejeitando a ideia de que os administradores e diretores das sociedades atuam como representantes legais, mandatários ou procuradores (teoria da representação). Isso porque exercem poderes outorgados pelo contrato social, na condição de órgãos da pessoa jurídica e integrantes de sua própria estrutura, praticando atos em nome da sociedade, e não em seu próprio nome, atuando, pois, como seus presentantes (vide comentários ao artigo 1.060).

Também foi sugerida alteração no § 2º do artigo 1.013, que disciplina a responsabilização dos administradores da sociedade simples que realizar operações em ciente de estar em desacordo com a maioria:

Art. 1.013. ....

....

***§ 2º Responde por perdas e danos perante a sociedade o administrador que realizar operações, sabendo que estava agindo em desacordo com a maioria.** (grifo nosso).*

A nova redação proposta apenas modifica a expressão "sabendo ou devendo saber" para "sabendo", indicando que, para o legislador, não mais se admite a responsabilização do administrador na forma culposa. Deve ser comprovado o elemento subjetivo doloso, consubstanciado no conhecimento inequívoco do agente de que realizou operações sabendo estarem em desacordo com a maioria.

Ainda na seara da responsabilização dos administradores, a Comissão de Juristas também sugere alterações no artigo 1.017, com o seguinte teor:

Art. 1.017. O ***administrador que, sem consentimento escrito dos sócios, aplicar créditos ou bens sociais em proveito próprio ou de terceiros, terá de restituí-los à sociedade ou pagar o equivalente, com todos os lucros resultantes e, se houver prejuízo, por este também responderá.***

Parágrafo único. Fica sujeito às sanções previstas na Lei nº 6.404, de 15 de dezembro de 1976, bem como àquelas previstas no ***contrato social, o administrador que, tendo em qualquer operação interesse contrário ao da sociedade, participe do ato ou tome parte na correspondente deliberação.*** *(grifos nossos)*

A proposta dialoga com as mudanças sugeridas ao artigo 1.011, ao dispor sobre a aplicação supletiva da Lei das Sociedades Anônimas (Lei n. 6.404/76) em matéria de responsabilidade dos administradores.

Seção IV: Das Relações com Terceiros

Outra proposta de mudança vem na Seção IV, atinente à relação dos sócios com terceiros, com sugestão de alteração nos artigos 1.024, 1.026 e 1.027, nos seguintes termos:

Art. 1.024. Os bens particulares dos sócios não podem ser executados por dívidas da sociedade, senão depois de executados os bens sociais, ***salvo nos casos de aplicação da desconsideração da personalidade jurídica, nos termos previstos no artigo 50 deste Código e em leis especiais.*** *(grifo nosso)*

Art. 1.026. O credor particular de sócio pode, na insuficiência de outros bens do devedor, fazer recair a execução sobre o que a este couber nos lucros da sociedade ou na parte que lhe tocar em liquidação.

§ 1º Se a sociedade não estiver dissolvida, pode o credor requerer a liquidação da quota do devedor, mediante pedido de dissolução parcial, sub-rogando-se automaticamente e de pleno direito nos direitos do devedor, com todos os acessórios da dívida.

§ 2º O valor será apurado na forma do artigo 1.031 deste Código, e será depositado, em dinheiro, em até noventa dias após a liquidação. (grifo nosso)

Art. 1.027. Os herdeiros do cônjuge ou do convivente de sócio, ou o cônjuge ou convivente que dele se separou, divorciou, ou dissolveu a união estável, caso não venham a integrar a sociedade, concorrerão à divisão periódica dos lucros, até que se opere a dissolução parcial ou total da sociedade.

Parágrafo único. Os lucros recebidos não serão considerados adiantamento dos haveres correspondentes à sua participação na quota social, aplicando-se o artigo 1.031 para se proceder à determinação do valor das quotas por perícia, considerada a data da separação de fato. (grifos nossos)

Em relação ao artigo 1.024, a alteração apenas sedimenta o entendimento já consolidado nos tribunais e na doutrina a respeito da possibilidade de se afastar a regra geral da autonomia patrimonial das sociedades, excepcionalmente, nos casos de desconsideração da personalidade jurídica.

Quanto ao artigo 1.026, a proposta é de que a liquidação da quota social do devedor que não tiver outros bens pessoais para saldar sua dívida, se dê mediante pedido de dissolução parcial da sociedade, caso esta já não tenha sido dissolvida, com a automática sub-rogação do credor nos direitos do devedor, com todos os acessórios da dívida.

Por fim, a sugestão para o artigo 1.027 parece ter aperfeiçoado a compreensão e extensão do dispositivo, esclarecendo que eventuais herdeiros do cônjuge ou do convivente de sócio, ou o cônjuge ou convivente que dele se separou, divorciou, ou dissolveu a união estável poderão concorrer à divisão periódica dos lucros, até que se opere a dissolução parcial ou total da sociedade, caso não venham a integrá-la, e que esses lucros não se confundirão com os haveres correspondentes à participação da quota social e eventualmente adiantados aos interessados. Ou seja, o valor das quotas, para este fim, deverá ser apurado por perícia, nos termos do artigo 1.031, considerada a data da separação de fato.

Nas Justificativas da Reforma, a Comissão de Juristas apontou que as mudanças propostas buscaram compatibilizar as normas de Direito Societário com as disposições dos demais Livros, especialmente no atinente ao Direito de Família e Sucessões. Conforme exposto pela Comissão,

> Propôs-se que os herdeiros, meeiro, ou o cônjuge ou convivente que se separou, divorciou ou dissolveu união estável com o sócio, percebessem, enquanto não efetivada a liquidação das quotas, os lucros da participação que proporcionalmente lhes caberia em virtude do regime de bens adotado ou das regras sucessórias. A regra tem como objetivo impedir o enriquecimento sem causa da sociedade e prevenir os prejuízos causados em virtude da demora natural para a liquidação das quotas.

Seção V: Da Resolução da Sociedade em Relação a um Sócio

A Seção V, que disciplina a dissolução parcial da sociedade, teve consideráveis modificações, com as alterações propostas pela

Comissão de Juristas. A redação sugerida ao artigo 1.028, que disciplina a liquidação da quota do sócio falecido, teve o seguinte teor:

> *Art. 1.028. No caso de morte de sócio, observar-se-á, quanto à transmissão das quotas sociais, substituição do sócio e pagamento de haveres aos herdeiros, o que dispuser o contrato social.*
>
> *§ 1º Na ausência de previsão em contrário no contrato, podem os sócios remanescentes optar pela dissolução total ou parcial da sociedade, com o pagamento aos sucessores dos haveres que couberem ao falecido.*
>
> *§ 2º Podem os sócios remanescentes, por acordo com todos os herdeiros ou com aqueles a quem couber a quota social, como resultado da partilha, regular a substituição do sócio falecido.*
>
> *§ 3º Não havendo previsão no contrato social sobre o procedimento de avaliação e sobre as modalidades de pagamentos dos haveres, aplica-se o artigo 1.031, procedendo-se a determinação do valor das quotas por perícia feita com base na situação patrimonial da sociedade na data da abertura da sucessão.*
>
> *§ 4º A sucessão contratual dos sócios ou administradores, quando expressamente regulada nos instrumentos societários, far-se-á automaticamente após a abertura da sucessão, independentemente de autorização judicial. (grifo nosso)*

Os acréscimos sugeridos aprimoram a sistemática em comparação com a redação atual, regulamentando o procedimento de transmissão das quotas sociais do sócio falecido, sua eventual substituição e o pagamento de haveres aos seus herdeiros, além de conferir ao intérprete as diretrizes a observar no caso de morte de sócio. Na redação atual, destaca-se que a liquidação das quotas ocorrerá logo após o falecimento, exceto se o contrato social diversamente dispuser, se os sócios remanescentes optarem pela dissolução da sociedade ou se, por acordo com os herdeiros, regular-se a substituição do sócio falecido.

Na redação proposta para o artigo 1.028, também se prevê a prevalência do que dispuser o contrato social, à luz do princípio da autonomia privada, e a possibilidade de, na omissão deste, os sócios remanescentes optarem pela dissolução total ou parcial da sociedade, com o pagamento aos sucessores dos haveres que couberem ao falecido (§1°).

Também em consonância com a atual redação do dispositivo, o §2° dispõe que os sócios remanescentes poderão regular a substituição do sócio falecido por acordo com todos os herdeiros ou com aqueles a quem couber a quota social, como resultado da partilha.

Por sua vez, os §§ 3° e 4° disciplinam que a avaliação das quotas para pagamento dos haveres será realizada nos termos do artigo 1.031, caso o contrato social não disponha sobre a matéria, através de perícia feita com base na situação patrimonial da sociedade na data da abertura da sucessão. A sucessão dos sócios ou administradores será feita automaticamente após a abertura da sucessão, independentemente de autorização judicial, quando expressamente regulada nos instrumentos societários.

O artigo 1.029 também sofreu significativas alterações no texto final apresentado pela Comissão de Juristas ao Senado Federal, propondo-se a seguinte redação:

Art. 1.029. Além dos casos previstos na lei ou no contrato, para o exercício do direito de retirada, o sócio deve:

I – interpelar, judicial ou extrajudicialmente, os demais sócios, com antecedência mínima de sessenta dias, se a sociedade for constituída por tempo indeterminado;

II – provar justa causa, em processo judicial ou arbitral, se constituída por tempo determinado.

§ 1° Salvo outra disposição do contrato social, nos trinta dias subsequentes à interpelação judicial ou extrajudicial, os demais sócios podem optar pela dissolução da sociedade, ainda

que constituída por tempo determinado, ressalvados os direitos de terceiros.

§ 2º A declaração de vontade pela qual o sócio exerce o seu direito de retirada é eficaz e torna-se irrevogável e irretratável sessenta dias depois da ciência do primeiro sócio.

§ 3º Perante terceiros, a retirada do sócio opera seus efeitos a partir da averbação, no Registro Público empresarial, do contrato social refeito, mas a sociedade ou o sócio retirante podem solicitar que se averbem no mesmo registro, desde logo, os termos da interpelação para exercício do direito de retirada ou da existência de ação ajuizada para esse fim. (grifo nosso)

A proposta busca aperfeiçoar a redação atual do dispositivo, que apenas prevê no *caput*, de forma objetiva, que "Além dos casos previstos na lei ou no contrato, qualquer sócio pode retirar-se da sociedade; se de prazo indeterminado, mediante notificação aos demais sócios, com antecedência mínima de sessenta dias; se de prazo determinado, provando judicialmente justa causa", dispondo, no parágrafo único, a possibilidade de os demais sócios optarem pela dissolução da sociedade nos trinta dias subsequentes à notificação.

No texto proposto, não há propriamente alteração do conteúdo da norma vigente, mas o alargamento de seu sentido. O inciso I, por exemplo, dispõe que a notificação aos demais sócios, no caso de sociedade constituída por tempo determinado, será feita mediante interpelação judicial ou extrajudicial. De outro turno, prevê que a prova da justa causa, nas sociedades constituídas por tempo indeterminado, será feita mediante processo judicial ou arbitral. E o §1º esclarece que, em ambas, os demais sócios poderão, nos trinta dias subsequentes à interpelação, optar pela dissolução total da sociedade, exceto se diversamente dispuser o contrato social e ressalvados os direitos de terceiros.

Em complemento, o §2º propôs a irrevogabilidade e irretratabilidade da declaração de vontade pela qual o sócio exerce seu direito de retirada, após sessenta dias contados da ciência do primeiro sócio. E o §3º dispõe que a retirada do sócio opera seus efeitos perante terceiros somente a partir da averbação, no Registro Público empresarial, do contrato social refeito. Contudo, a sociedade ou o sócio retirante podem solicitar que se averbem no mesmo registro, desde logo, os termos da interpelação para exercício do direito de retirada ou da existência de ação ajuizada para esse fim.

Outra proposta de alteração relevante está na redação sugerida para o artigo 1.030, modificando o *quórum* necessário para a dissolução por exclusão judicial de sócio pela sociedade:

Art. 1.030. Ressalvado o disposto no artigo 1.004 e seu parágrafo único, pode o sócio ser excluído judicialmente, mediante ***iniciativa dos sócios que representem a maioria do capital social****, por falta grave no cumprimento de suas obrigações ou, ainda, por incapacidade superveniente.*

Parágrafo único. Será de pleno direito excluído da sociedade o sócio declarado falido ou aquele cuja quota tenha sido liquidada nos termos dos §§ 1º e 2º do artigo 1.026. (grifo nosso)

Na atual redação do artigo 1.030, exige-se a iniciativa da maioria dos demais sócios para a exclusão judicial de sócio pela sociedade, nas hipóteses de falta grave no cumprimento de suas obrigações ou de incapacidade superveniente. A proposta da Comissão altera este *quórum* para a maioria do capital social, possibilitando que a minoria numérica de sócios venha a implementar tal medida.

Importantes modificações também foram propostas para o artigo 1.031, que regulamenta o cálculo dos haveres do sócio no caso de dissolução parcial, com o seguinte teor:

Art. 1.031. Nos casos em que a sociedade se resolver em relação a um sócio, o valor da sua quota, considerada pelo montante efetivamente realizado, liquidar-se-á conforme determinado no contrato social.

§ 1º Os haveres serão calculados, em regra, de acordo com os critérios fixados no contrato social.

§ 2º Em caso de omissão do contrato social, o juiz observará, como critério de apuração de haveres, o valor apurado em balanço de determinação, tomando-se por referência a data da resolução e avaliando-se, a preço de saída, os bens e direitos do ativo, tangíveis e intangíveis, inclusive os gerados internamente, além do passivo, a ser apurado de igual forma.

§ 3º O critério de determinação do valor das quotas para fins de apuração de haveres estabelecidos no contrato social será observado, mesmo que resulte em valor inferior ao apurado em qualquer outro método de avaliação.

§ 4º A data da resolução da sociedade será:

I – no caso de falecimento do sócio, a do óbito;

II – no caso de divórcio ou de dissolução de união estável, a data da separação de fato;

III – na retirada imotivada, o sexagésimo dia seguinte ao do recebimento, pela sociedade, da notificação do sócio retirante;

IV – no caso de recesso, o dia do recebimento, pela sociedade, da notificação do sócio dissidente;

V – na retirada por justa causa de sociedade por tempo determinado e na exclusão judicial de sócio, a do trânsito em julgado da decisão que dissolver a sociedade; ou

VI – na exclusão extrajudicial, a data da reunião de sócios que a tiver deliberado.

§ 5º O capital social sofrerá a correspondente redução, salvo se os demais sócios suprirem o valor da quota.

§ 6º A quota liquidada será paga em conformidade com o disposto no contrato social e, sendo ele omisso, o pagamento será feito em dinheiro, no prazo de noventa dias contados a partir da liquidação.

A proposta da Comissão é compatibilizar o artigo 1.031 do Código Civil ao Código de Processo Civil de 2015, disciplinando que, em caso de omissão do contrato social,

> o juiz observará, como critério de apuração de haveres, o valor apurado em balanço de determinação, tomando-se por referência a data da resolução e avaliando-se, a preço de saída, os bens e direitos do ativo, tangíveis e intangíveis, inclusive os gerados internamente, além do passivo, a ser apurado de igual forma.

Confira-se a justificativa apresentada pela Comissão:

> Atendendo-se ao clamor social para a fixação de tais critérios, estabeleceu-se como regra a adoção do método previsto no contrato social, ou, em caso de omissão, o balanço de determinação, avaliando-se, a preço de saída e com base na data da resolução, o ativo e o passivo. A alteração tem por objetivo dirimir as controvérsias jurisprudenciais sobre qual seria o método adequado para a liquidação das quotas, atendendo às previsões do Código de Processo Civil e à jurisprudência recente do Superior Tribunal de Justiça sobre o tema.

Ademais, o dispositivo proposto também prevê que, caso a matéria esteja bem delimitada no contrato social, este deverá ser observado pelo juiz ainda que resulte em valor inferior ao apurado em qualquer outro método de avaliação. O destaque busca, mais uma vez, prestigiar um dos principais vetores interpretativos das relações empresariais, qual seja, a autonomia privada, que, consoante o artigo 966-A proposto pela Comissão, “somente será afastada se houver violação de normas legais de ordem pública”.

No que diz respeito à data de resolução da sociedade, ponto que é, muitas vezes, objeto de divergência, o § 4º proposto dispõe, em seis incisos, diversas hipóteses e as respectivas datas que deverão ser consideradas no cálculo dos haveres. Por fim, os §§ 5º e 6º do texto proposto apenas reproduzem os §§ 1º e 2º vigentes.

Encerrando a Seção V do Capítulo reservado às sociedades simples, o artigo 1.032, no texto proposto, não altera significativamente o conteúdo do dispositivo atual, mas busca tornar mais simples a compreensão de seu conteúdo:

Art. 1.032. A retirada, a exclusão ou a morte do sócio não o eximem a ele ou a seus herdeiros, até dois anos após averbada a resolução da sociedade, da responsabilidade pelas obrigações sociais anteriores; tampouco em caso de retirada ou de exclusão de sócio responde este pelas obrigações posteriores, em igual prazo, enquanto não se requerer a averbação.

A Comissão, todavia, propôs a inclusão de um novo dispositivo (artigo 1.032-A), para dispor sobre a obrigação do sócio que pretende o desligamento de averbar a interpelação judicial ou extrajudicial perante o Registro Público das Empresas Mercantis após a realização da notificação, facultando à sociedade essa possibilidade:

Art. 1.032-A. Após interpelação judicial ou extrajudicial dos demais sócios e da sociedade sobre a sua intenção de desligamento, deverá o sócio e poderá a sociedade requerer a averbação dessa interpelação perante o Registro Público das Empresas Mercantis.

Seção VI: Da Dissolução

Na Seção VI, que disciplina a dissolução total da sociedade, a Comissão de Juristas propôs a alteração de apenas uma palavra no artigo 1.034, com o seguinte teor:

Art. 1.034. A sociedade deve ser dissolvida judicialmente, a requerimento de qualquer dos sócios, quando:

I – anulada a sua constituição;

II – exaurido o fim social, ou verificada a sua inexequibilidade.

Na atual redação do dispositivo, o legislador previu que, nos casos dos incisos, a sociedade "pode" ser dissolvida judicialmente. A modificação ressalta a impossibilidade de se optar pela manutenção de sociedades que devem ser anuladas desde a sua constituição porque exaurido o seu fim social ou verificada a sua inexequibilidade.

Por fim, no artigo 1.038, a Comissão propôs que se introduzisse na lei a possibilidade de nomeação de qualquer pessoa, física ou jurídica, como liquidante da sociedade:

*Art. 1.038. Se não estiver designado, no contrato social, o liquidante será eleito por deliberação dos sócios, **podendo a escolha recair em pessoa física ou jurídica estranhas à sociedade**.*

§ 1º O liquidante pode ser destituído, a qualquer tempo: (...). (grifo nosso)

Capítulo II: Da Sociedade em Nome Coletivo

A Comissão de Juristas propôs a revogação dos artigos 1.039 a 1.044, que atualmente disciplinam as Sociedades em Nome Coletivo.

Capítulo III: Da Sociedade em Comandita Simples

A Comissão de Juristas sugeriu, ainda, a revogação dos artigos 1.045 a 1.051, que hoje disciplinam as Sociedades em Comandita Simples.

Também propôs a revogação dos artigos 1.091 e 1.092, para o fim de estabelecer que as sociedades em comandita por ações sejam integralmente regidas pelas normas relativas à sociedade anônima, a partir da sugestão da seguinte redação ao artigo 1.090:

Art. 1.090. A sociedade em comandita por ações tem o capital dividido em ações e rege-se e pelas normas relativas à sociedade anônima.

Capítulo IV: Da Sociedade Limitada

Seção I: Disposições Preliminares

No Capítulo IV, a Comissão de Juristas responsável pela revisão do Código Civil propôs um número significativo de mudanças. Dos 35 artigos que dispõem sobre as Sociedades Limitadas sugeriu-se a alteração em 17 artigos, além da inclusão de 8 novos (artigos 1.052-A, 1.072-A, 1.080-A, 1.085, A, B, C e D, e 1.086-A) e a revogação do artigo 1.061.

A Comissão de Juristas propôs inserção do artigo 1.052-A, que veda as pessoas jurídicas de constituírem sociedades limitadas unipessoais, de modo a garantir que o instituto seja permitido apenas às pessoas naturais. O objetivo parece ser impedir a criação de possíveis estruturas societárias com ânimo exclusivo de desvio de finalidade. Confira-se a redação proposta:

Art. 1052-A. A sociedade limitada, se unipessoal, será constituída por pessoa natural, com as mesmas vedações constitucionais e legais que a pessoa do sócio único tem contra si.

Parágrafo único. As decisões do sócio único serão tomadas a termo, em documento arquivado e divulgado física ou virtualmente, gerando documento com efeito de ata, para fins de registro.

Dessa forma, se aprovada, a proposta de inserção do artigo 1.052-A no Código Civil cria uma vedação que atualmente inexiste, já que é plenamente cabível a constituição de uma sociedade limitada unipessoal por pessoa jurídica. Todavia, há de se refletir se a inovação não significa uma intervenção exagerada no âmbito do Direito Privado, uma vez que impede a criação de novas estruturas societárias por pessoas jurídicas, sob a premissa de busca de maior segurança jurídica, ignorando a importante premissa de que a fraude não pode ser presumida.

A Comissão de Juristas também propôs a alteração do teor do artigo 1.053, nos seguintes termos:

Art. 1.053. O contrato social é o instrumento de regência da sociedade limitada cujo teor somente poderá ser afastado em caso de violação da lei.

§ 1º A sociedade limitada rege-se, nas omissões deste Capítulo, pelas normas da sociedade simples, ressalvada a restrição de que trata o caput do artigo 1052.

§ 2º O contrato social poderá prever que a sociedade limitada seja regida por, além das normas da sociedade simples, também pelas normas da sociedade anônima, naquilo que lhes for compatível.

§ 3º Não se aplica a regência das sociedades anônimas à sociedade unipessoal.

Com a proposta de alteração, a Comissão pretende deixar clara a autoridade do contrato social sobre qualquer outro instrumento legal ou convencional, à luz, repita-se, do princípio da autonomia privada. Prevê, assim, que a norma de regência das sociedades limitadas será aquela que dispuser o contrato social e que somente poderá ser afastada em caso de violação da lei que dispuser sobre normas de ordem pública.

Mantém-se, portanto, a essência do atual artigo 1.053, aplicando-se as normas da sociedade simples nos casos de omissão da lei, com a ressalva da limitação da responsabilidade de cada sócio ao valor de suas quotas, e a possibilidade de que o contrato social preveja a regência pelas normas da Lei n. 6.404/76, naquilo que for compatível.

Inova a Comissão, contudo, ao sugerir a inserção do §3º, proibindo que as sociedades unipessoais, compostas por pessoa natural, sejam regidas pelas normas das sociedades anônimas. Embora atualmente não haja previsão semelhante, a Lei n. 6.404/76 veda a existência de sociedades anônimas unipessoais, exceto na hipótese do artigo 206, I, d, e no caso das subsidiárias integrais (artigo 251), que admitem a sociedade anônima unipessoal.

No artigo 1.054, a Comissão de Juristas propôs a retirada do trecho final do atual dispositivo que prevê o contrato social mencionará as indicações do artigo 997 e, "se for o caso, a firma social". Além disso, se propôs a inclusão de um parágrafo único, com o seguinte teor:

Art. 1.054. O contrato mencionará, no que couber, as indicações do artigo 997 deste Código.

Parágrafo único. Os sócios poderão celebrar acordo de quotistas que será observado pela sociedade quando arquivado em sua sede; e será oponível a terceiros quando arquivado no Registro Público de Empresas Mercantis.

Caso aprovada, a proposta regulamenta o instituto do acordo de quotistas, há muito admitido no ordenamento brasileiro para as sociedades limitadas. O acordo de quotistas tem origem, precipuamente, na Lei das Sociedades Anônimas (artigo 118 da Lei n. 6.604/76), com a função de regular a compra e venda de ações, a preferência para adquiri-las, o exercício do direito a voto ou do poder de controle.

A extensão do instituto para as sociedades limitadas permitiu que os quotistas regulassem as relações internas entre eles, por disposições não previstas no contrato social. Cuida-se de acordo que pode criar regras, direitos e obrigações aos sócios, e que, caso não levado a registro na Junta Comercial, vincula apenas os sócios e pode ser alterado de forma mais simples e menos burocrática em relação ao ato constitutivo. A vantagem da celebração de acordo de quotistas pode ser percebida em relação às matérias que, por sua natureza, não podem ser tornadas públicas e, por isso, não podem ser disciplinadas no contrato social (*v.g.* regras de direito de voto, concorrência entre sócios, investimentos, regras de *tag along* etc.).

Assim, a alteração proposta busca prever expressamente a aplicação do instituto às limitadas, prevendo-se que vinculará apenas a sociedade quando arquivado em sua sede e será oponível a terceiros quando arquivado no Registro Público de Empresas Mercantis. Ressalve-se, contudo, a impossibilidade de que o acordo de quotistas preveja disposições contrárias ao contrato social.

Seção II: Das Quotas

A Comissão de Juristas também propôs a inclusão dos parágrafos 3º e 4º no artigo 1.055, nos seguintes termos:

Art. 1.055. Salvo nas sociedades limitadas unipessoais, o capital social divide-se em quotas, iguais ou desiguais, cabendo uma ou diversas a cada sócio.

§ 1º Pela exata estimação de bens conferidos ao capital social, respondem solidariamente todos os sócios, até o prazo de cinco anos da data do registro da sociedade. ....

....

§ 3º São admitidas quotas preferenciais, nas proporções e condições definidas no contrato social, que atribuam aos seus titulares direitos econômicos e políticos diversos, podendo ser suprimido ou delimitado o direito de voto pelo sócio titular de quota preferencial respectiva, observados os limites da Lei n. 6.404, de 15 de dezembro de 1976, ainda que o contrato social não preveja a sua aplicação.

§ 4º Consideram-se apenas as quotas com direito a voto, para os efeitos de cálculo dos quóruns de deliberação e instalação das reuniões que dizem respeito à sociedade.

A alteração busca encerrar quaisquer dúvidas a respeito da admissão das quotas preferenciais nas sociedades limitadas. Se aprovada, passará a prever, de forma expressa, a possibilidade de o capital social dividir-se em quotas preferenciais, mesmo que o contrato social não preveja a aplicação supletiva da Lei n. 6.404/76 e a sociedade seja regida, supletivamente, pelas normas das sociedades simples. Assim, o capital social poderá ser dividido, sem questionamentos sobre a omissão legal a respeito, em quotas que atribuam aos seus titulares direitos econômicos e políticos diversos, podendo ser suprimido ou delimitado o direito de voto pelo sócio titular de quota preferencial respectiva. De todo modo, somente as quotas preferenciais com direito de voto devem ser consideradas para fins de cálculo dos quóruns de deliberação e instalação das reuniões que dizem respeito à sociedade.

A Comissão de Juristas propôs a alteração do artigo 1.057 para fixar um prazo máximo de eventual oposição à transferência de quotas sociais a terceiros pelos sócios remanescentes. Ao que parece, o intuito da Comissão foi o de conferir maior celeridade e eficácia à transferência de quotas sociais a não sócios, evitando prolongamento indevido do procedimento de alteração societária. Confira-se:

*Art. 1.057. Na omissão do contrato, o sócio pode ceder sua quota, total ou parcialmente, a quem seja sócio, independentemente de audiência dos outros ou a estranho, **se não houver oposição de titulares de mais de um quarto do capital social, em até trinta dias depois de cientes da cessão.***

*Parágrafo único. **Independentemente de alteração contratual, a cessão terá eficácia quanto à sociedade e a terceiros, inclusive para os fins do parágrafo único do artigo 1.003 deste Código, a partir da averbação do respectivo instrumento, subscrito pelos sócios anuentes, no Registro Público de Empresas Mercantis.** (grifos nossos)*

Outrossim, os sócios remanescentes terão o prazo de até trinta dias para manifestar eventual discordância, contados da notificação, sob pena de se considerar a aquiescência tácita para a transferência. Caso aprovada, a redação do dispositivo passará a prever, ainda, a possibilidade de que a cessão de quotas sociais de uma sociedade limitada seja feita por instrumento próprio e separado do contrato social, tal como prevê o Enunciado 225 da III Jornada de Direito Civil.

Seção III: Da Administração

A Comissão de Juristas propôs a alteração do artigo 1.060, para permitir que a administração da sociedade limitada constituída por dois ou mais sócios seja realizada por pessoa jurídica (sócia ou não sócia). A proposta dialoga com a corrente doutrinária que questiona a atual restrição da lei a respeito, a qual impõe seja a administração de quaisquer sociedades limitadas desempenhada por pessoas naturais.

Art. 1.060. ***Salvo no caso de constituir-se por única pessoa,*** *a sociedade limitada é administrada por uma ou mais pessoas,* ***físicas ou jurídicas,*** *designadas no contrato social ou em ato separado averbado no Registro Público de Empresas Mercantis.*

Parágrafo único. A administração atribuída no contrato a todos os sócios não se estende automaticamente aos que posteriormente adquiram essa qualidade. (grifos nossos)

Assim, se aprovada a proposta, a interpretação doutrinária a respeito do tema (como o Enunciado 66 da I Jornada de Direito Civil do CJF: "A teor do § 2º do artigo 1.062 do Código Civil, o administrador só pode ser pessoa natural") não mais se justificará. Contudo, a exigência de que a administração deva ser desempenhada por pessoas naturais permaneceria para as sociedades unipessoais e sociedades simples (artigo 997, VI, Código Civil).

A Comissão de Juristas propôs também a revogação do artigo 1.061 que hoje prevê que

> a designação de administradores não sócios dependerá da aprovação de, no mínimo, 2/3 (dois terços) dos sócios, enquanto o capital não estiver integralizado, e da aprovação de titulares de quotas correspondentes a mais da metade do capital social, após a integralização.

A revogação, se aprovada, decorrerá do fato que o texto final apresentado ao Senado Federal sugere que toda e qualquer deliberação social seja tomada pelo *quórum* de mais da metade do capital social, salvo disposição contratual em sentido contrário (vide alterações propostas no artigo 1.076).

Em relação ao artigo 1.063, a Comissão de Juristas propôs a revogação do §1º, que disciplina o *quórum* para a destituição do administrador nomeado no ato constitutivo da sociedade, bem como alguns acréscimos nos §§ 2º e 3º, com o seguinte teor:

Art. 1.063. ***O exercício do cargo de administrador cessa pela destituição, em qualquer tempo, do titular ou pelo término do prazo se, fixado no contrato ou em ato separado, não houver recondução.***

§ 1º ***Revogado.***

§ 2º ***A cessação do exercício do cargo de administrador deve ser averbada no registro competente, mediante requerimento apresentado pelo administrador afastado ou por qualquer sócio, nos dez dias seguintes ao da ocorrência.***

§ 3º ***Independentemente de alteração contratual, a renúncia de administrador torna-se eficaz, em relação à sociedade, desde o momento em que esta toma conhecimento da comunicação escrita do renunciante, e, em relação a terceiros, após a averbação e publicação no Registro Público de Empresas Mercantis.***

Embora a atual redação do artigo 1.063, § 1º, já preveja que "tratando-se de sócio nomeado administrador no contrato, sua destituição somente se opera pela aprovação de titulares de quotas correspondentes a mais da metade do capital social, salvo disposição contratual diversa", a Comissão optou pela propositura de sua revogação para concentrar a unificação dos quóruns de deliberação de sócios no artigo 1.076, no qual se propôs que toda e qualquer deliberação, salvo disposição contratual diversa, seja tomada por votos correspondentes a mais da metade do capital social.

Por sua vez, no artigo 1.064, a Comissão de Juristas propôs as seguintes alterações:

Art. 1.064. ***A representação da sociedade limitada é privativa dos administradores que tenham os necessários poderes, na forma estabelecida no contrato social.***

A proposta não modifica de forma significativa o conteúdo da norma vigente, apenas substituindo a expressão "o uso da firma ou denominação social" por "a representação da sociedade limitada", conferindo maior generalidade aos limites da atuação do administrador.

Seção IV: Do Conselho Fiscal

Sobre o Conselho Fiscal, a Comissão de Juristas propôs algumas poucas alterações nos artigos 1.066 e 1.067, com o seguinte teor:

*Art. 1.066. Sem prejuízo dos poderes da reunião dos sócios, pode o contrato instituir conselho fiscal composto de três ou mais membros e respectivos suplentes, **pessoas físicas ou jurídicas**, sócios ou não, **residentes ou sediados no País**, eleitos na reunião anual prevista no artigo 1.078.*

§ 1º Não podem fazer parte do conselho fiscal, além dos inelegíveis enumerados no § 1º do artigo 1.011 deste Código, os membros dos demais órgãos da sociedade ou de outra por ela controlada, os empregados de quaisquer delas ou dos respectivos administradores, o cônjuge ou parente destes até o terceiro grau.

§ 2º É assegurado aos sócios minoritários, que representarem pelo menos um quinto do capital social, o direito de eleger, separadamente, um dos membros do conselho fiscal e o respectivo suplente.

Art. 1.067. O membro ou suplente eleitos, assinando termo de posse lavrado no livro de atas e pareceres do conselho fiscal, em que se mencionem o seu nome, nacionalidade, estado civil, residência ou sede e a data da escolha, ficarão investidos nas suas funções, que exercerão, salvo cessação anterior, até a subsequente reunião anual.

Parágrafo único. ....

O objeto da proposta é compatibilizar o dispositivo com a alteração sugerida aos administradores da sociedade limitada (art. 1.060), de modo que, também para o Conselho Fiscal, se eventualmente instituído, se permita a contratação ou eleição de pessoas jurídicas sediadas no país (sócias ou não).

Seção V: Das Deliberações dos Sócios

Adentrando ao importante tema das deliberações sociais, a Comissão de Juristas propôs pequena alteração nos incisos II e VIII do artigo 1.071, nos seguintes termos:

Art. 1.071. ....:

....

II – a designação dos administradores;

....

VIII – o pedido de recuperação judicial, homologação de recuperação extrajudicial ou autofalência.

A redação do inciso artigo 1.071, II, dispõe: "dependem da deliberação dos sócios, além de outras matérias indicadas na lei ou no contrato: II – a designação dos administradores, quando feita em ato separado". Assim, não há mudanças consideráveis ao atual sistema, uma vez que a designação de administradores no próprio contrato social, assim como em ato separado, sempre dependeu de deliberação social, seja no próprio ato constitutivo da sociedade (artigo 997, inciso VI), seja por meio da modificação do contrato social (artigo 1.071, inciso V) ou por meio de assembleia de sócios convocada para tal fim (artigo 1.078, inciso II).

Por sua vez, a alteração do inciso VIII, atualmente redigido como "o pedido de concordata", busca adequar a norma ao atual microssistema da recuperação judicial e falências, regido pela Lei n. 11.101/05. A redação também encerra de vez os questionamentos doutrinários e jurisprudenciais a respeito da necessidade ou não de deliberação societária para a recuperação extrajudicial e a autofalência. Caso aprovada, o pedido de recuperação judicial, a homologação de recuperação extrajudicial e a autofalência dependerão da deliberação dos sócios em reunião.

A Comissão de Juristas também propôs a alteração do artigo 1.072, com o seguinte teor:

Art. 1.072. As deliberações dos sócios, obedecido o disposto no artigo 1.010 deste Código, serão tomadas em reunião, conforme previsto no contrato social, devendo ser convocadas pelos sócios ou administradores nos casos previstos em lei ou no contrato social.

§ 1º O contrato social dispõe sobre a forma e a periodicidade de realização das reuniões e demais atos societários.

§ 2º Na ausência de disposição no contrato social, as reuniões e demais atos societários serão realizados preferencialmente em ambiente virtual, facultada a realização em formato híbrido, de modo síncrono ou assíncrono, sempre respeitados os direitos contratual ou legalmente previstos, de participação e de manifestação dos sócios.

§ 3º Ficam dispensadas as formalidades de convocação previstas no § 3º do artigo 1.152 deste Código, quando todos os sócios comparecerem ou quando se declararem, por escrito, cientes da forma de realização, local, data, hora e ordem do dia.

§ 4º Ressalvados os atos realizados com a finalidade de exclusão de sócio, a reunião torna-se dispensável quando os sócios representativos da maioria do capital social decidirem, por escrito, sobre a matéria que seria objeto dela.

§ 5º No caso do inciso VIII do artigo 1.071 deste Código, os administradores, se houver urgência e com autorização de sócios titulares de quotas com direito a voto correspondente a mais da metade do capital social, podem requerer a recuperação judicial da sociedade.

§ 6º As deliberações tomadas de conformidade com a lei e o contrato vinculam todos os sócios, ainda que ausentes ou dissidentes.

§ 7º Aplica-se às reuniões dos sócios, nos casos omissos no contrato social, o mesmo disposto que se aplica às reuniões.

As alterações propostas pela Comissão de Juristas em relação às modalidades de deliberação societária nas sociedades limitadas talvez sejam as mais profundas e significativas dentre as sugestões do Livro de Empresa, entregues ao Senado Federal.

Considerando as Justificativas apresentadas para a reforma do Direito de Empresa no Código Civil, sobretudo a promessa de "desburocratizar, fortalecer e facilitar o fluxo de relações econômicas e a fluidez dos negócios", bem como a inserção do princípio da "simplicidade e instrumentalidade das formas" como fundamental para o estímulo do empreendedorismo e o incremento de um ambiente favorável ao desenvolvimento dos negócios no país (artigo 966-A, inciso X), a leitura do artigo 1.072 parece evidenciar a opção da Comissão de Juristas de eliminar a figura da assembleia como forma de deliberação societária, mantendo apenas a reunião de sócios para o fim de desburocratizar, desonerar e conferir celeridade na tomada de decisões pertinentes à sociedade.

Outrossim, caso aprovada a proposta, mesmo nas sociedades limitadas com mais de dez sócios, não mais será impositiva a deliberação em assembleia, cabendo ao contrato social dispor sobre a forma e a periodicidade de realização das reuniões e demais atos societários. E, na omissão do ato constitutivo, a proposta é de que as deliberações sejam tomadas preferencialmente em reunião realizada em ambiente virtual (assim como atualmente prevê o artigo 1.080-A, CC), facultada sua realização na forma híbrida, simultaneamente ou não, desde que respeitado o contrato social e os direitos de participação e manifestação dos sócios.

Assim como a redação atual do artigo 1.072 prevê, na hipótese de todos os sócios comparecerem ou quando se declararem, por escrito, cientes da forma de realização, local, data, hora e ordem do dia da reunião, ficam dispensadas as formalidades para o anúncio de convocação da reunião. Ademais, a reunião de sócios poderá ser dispensada, quando os sócios representativos da maioria do capital social decidirem, por escrito, sobre a matéria que seria objeto dela, à exceção, apenas, das deliberações sobre os atos destinados à exclusão de sócio.

Além disso, a Comissão de Juristas também propôs a inserção do artigo 1.072-A, que parece regulamentar o dispositivo antecedente no que diz respeito ao procedimento de convocação da reunião de sócios:

*Art. 1072-A. **As convocações para as reuniões e demais atos societários serão dirigidas, por duas vezes, em dias sequenciais, para, ao menos, dois endereços, físicos ou eletrônicos, fornecidos pelos sócios e constantes do contrato social.***

*§ 1º **As comunicações efetuadas na forma do caput geram a presunção absoluta de validade e eficácia do ato.***

*§ 2º **O sócio poderá, a qualquer tempo, solicitar a alteração dos endereços para recebimento das comunicações societárias, devendo fazê-lo por escrito, sendo imperativo que tal alteração seja registrada em ata, para ciência de todos os administradores e sócios.***

§ 3º Até que a alteração prevista no § 2º deste artigo seja registrada em ata, as comunicações enviadas para os endereços constantes do contrato social serão consideradas válidas e eficazes.

§ 4º Os endereços fornecidos pelo sócio e constantes do contrato social também poderão ser utilizados, quando cabível, em conformidade com a legislação processual aplicável, para efetivação de citações ou interpelações judiciais, arbitrais ou extrajudiciais.

A inclusão do artigo 1.072-A dialoga com a proposta de alteração do artigo 1.152, com a inclusão dos parágrafos 4º a 6º, com o seguinte teor:

Art. 1.152. ....

..

§ 3º Os anúncios de convocação de reunião de sócios devem ser remetidos para os dois sítios eletrônicos, fornecidos pelo sócio empresário, por duas vezes, bem como colocados no sítio eletrônico da sociedade, constantes do contrato social.

§ 4º Os anúncios, publicados com antecedência mínima de oito dias, devem permanecer acessíveis e disponibilizados até o dia da realização da reunião.

§ 5º Caso a empresa não disponha de sítio eletrônico, as publicações poderão ser realizadas em repositório de acesso público irrestrito na internet, a ser também indicado pelo contrato social.

§ 6º Sem prejuízo das publicações efetuadas em consonância com o disposto neste artigo, as convocações para as reuniões e demais atos societários serão efetuadas através dos endereços eletrônicos constantes do contrato social, na forma do disposto no artigo 1.072-A deste Código.

Nesse sentido, vislumbra-se que, embora o texto final apresentado pela Comissão de Juristas tenha mantido certa formalidade no procedimento de convocação da reunião de sócios, preservando a exigência de que o anúncio seja enviado por duas vezes aos endereços físicos ou eletrônicos fornecidos pelos sócios ou indicados no contrato social, e aos sítios eletrônicos dos sócios e da sociedade, com uma antecedência mínima de oito dias, o procedimento acabou sendo simplificado pelas alterações propostas. Caso aprovadas, a tendência é a desburocratização na tomada de decisões societárias nas limitadas, não se podendo olvidar, entretanto, que a simplificação não ensejar eventuais defeitos na convocação dos sócios. Será preciso assegurar a efetiva ciência da sociedade e de todos os sócios a respeito da forma de realização, local, data, hora e ordem do dia.

Em relação ao *quórum* de instalação da assembleia, a Comissão de Juristas propôs a alteração do artigo 1.074, com o seguinte teor:

Art. 1.074. ***A reunião dos sócios instala-se com a presença, em primeira convocação, de titulares que representem, no mínimo, mais da metade do capital social e, em segunda convocação, com qualquer número.***

§ 1º O sócio pode ser representado na reunião mediante outorga de mandato a outro sócio ou a terceiro, ainda que não sócio, com especificação dos atos autorizados, devendo o instrumento ser levado a registro, juntamente com a ata.

§ 2º Nenhum sócio, por si ou na condição de mandatário, pode votar matéria que diretamente lhe diga respeito, ***ou votar diretamente matéria que diga respeito a seu representado.*** *(grifos nossos)*

A alteração mais significativa é a que diz respeito ao *quórum* de deliberação para a instalação da reunião de sócios em primeira convocação. A regra, caso aprovada, passará a ser a da maioria do capital social, tal como previsto para as deliberações societárias (artigo 1.076), em vez de ¾ do capital atualmente vigente. O acréscimo sugerido na parte final do § 2° busca deixar claro que nenhuma deliberação poderá ser tomada em conflito de interesses, seja pelo sócio representando a si mesmo, ou na condição de mandatário, nesse caso, em qualquer matéria que diga respeito ao mandante.

A Comissão de Juristas responsável pela revisão e atualização do Código Civil propôs mudanças no artigo 1.075, nos seguintes termos:

*Art. 1.075. **A reunião será presidida e secretariada por sócios, por seus procuradores ou por administradores da sociedade que, presentes à reunião, tenham sido escolhidos para esta função pelos sócios participantes da reunião, realizada sob quaisquer das formas autorizadas pelo artigo 1080-A deste Código.***

Parágrafo único. Cópia da ata, autenticada pelos administradores ou pela mesa, será apresentada para arquivo no Registro Público de Empresas Mercantis, nos trinta dias subsequentes à reunião.

Caso aprovada, a mudança dispensa a obrigatoriedade de manutenção, pela sociedade, do livro de atas da assembleia. Assim, após realizada a reunião de sócios, que será presidida e secretariada por sócios, seus procuradores ou por administradores escolhidos para esta função entre os participantes do ato, uma cópia da ata será apresentada para arquivo no Registro Público de Empresas Mercantis, nos trinta dias subsequentes à reunião, e autenticada pelos administradores ou pela mesa. Registre-se que o prazo atualmente vigente para a apresentação da ata autenticada no Registro de empresas (vinte dias) foi estendido para trinta dias no texto proposto pela Comissão.

No que tange ao *quórum* das deliberações sociais, a Comissão de Juristas propôs mudanças significativas no artigo 1.076, nos seguintes termos:

Art. 1.076. Todas as deliberações, salvo disposição contratual diversa, serão tomadas por votos correspondentes a mais da metade do capital social, impliquem ou não em alteração do contrato. (grifo nosso)

A alteração proposta altera sobremaneira o *quórum* deliberativo das sociedades limitadas. De fato, o texto final apresentado incluiu, como um dos princípios regentes do Direito de Empresa, o "da deliberação majoritária do capital social, salvo se o contrário for previsto no contrato social" (artigo 966-A, inciso VI). Se aprovada, haverá uma simplificação da tomada de decisão nas sociedades limitadas, no qual hoje vigoram diferentes quóruns de deliberação, a depender da matéria levada para votação. Será a vontade da maioria do capital social, salvo se o contrato social, sempre prevalecente nas matérias vinculadas à autonomia privada, disponha de *quórum* qualificado para deliberação de matérias específicas.

A respeito do direito de recesso, a Comissão de Juristas propôs mudanças no artigo 1.077, com o seguinte teor:

> *Art. 1.077. Sem prejuízo das hipóteses previstas no artigo 1.029 deste Código, o sócio que dissentiu quanto à modificação do contrato, fusão da sociedade, incorporação de outra por ela ou dela por outra, pode exercer o direito de retirar-se da sociedade, nos trinta dias subsequentes à reunião, aplicando-se, no silêncio do contrato social antes vigente, o disposto no artigo 1.031 deste Código.*
>
> ***Parágrafo único. A modificação do contrato social a respeito da apuração de haveres, das espécies e dos direitos das quotas, bem como da resolução da sociedade em relação aos sócios minoritários, dependerá da anuência de todos os sócios atingidos, se a possibilidade de modificação não estiver expressamente prevista e regulada no contrato social.*** *(grifos nossos)*

No texto apresentado pela Comissão, não há alteração do direito de recesso do sócio dissidente, mas a inclusão do parágrafo único, prevendo que, nas matérias atinentes à apuração de haveres, das espécies e dos direitos das quotas, bem como da resolução da sociedade em relação aos sócios minoritários, cuja possibilidade não esteja prevista originalmente no contrato social, a alteração do ato constitutivo dependerá da anuência de todos os sócios atingidos. A proposta busca reduzir o risco atinente à imposição da vontade de uma minoria de sócios com mais da metade do capital social, sobre a maioria dos sócios. Para a Comissão, a relevância das matérias concernentes à apuração de haveres, quotas sociais e dissolução parcial parece justificar a adoção de *quórum* distinto, impondo-se que todos os sócios atingidos pela deliberação aquiesçam com a modificação do contrato social.

A Comissão de Juristas propôs, ainda, pequena mudança no §4º do artigo 1.078, com o seguinte teor:

Art. 1.078. ....

....

§ 4º Extingue-se para o sócio, no prazo decadencial de dois anos, o direito de anular a aprovação a que se refere o parágrafo antecedente, contado o prazo, o que ocorrer primeiro, da publicação da deliberação ou de sua ciência.

....

A proposta preserva o direito dos sócios interessados em pleitear a anulação da aprovação das contas no prazo decadencial de dois anos, mas esclarece que o termo inicial do prazo será contado ou da data da publicação da ata da reunião em que houve aprovação das respectivas contas, ou da sua ciência pelo sócio, o que ocorrer primeiro, conferindo efetividade à teoria da *actio nata*.

A Comissão de Juristas propôs também a inclusão dos parágrafos 2º e 3º no artigo 1.080-A, com o seguinte teor:

Art. 1.080-A. ....

§ 1º ....

§ 2º A reunião poderá ser híbrida, com parte presencial realizada na sede social e parte realizada virtualmente, caso assim seja solicitado por qualquer sócio.

§ 3º A faculdade prevista no § 2º deste artigo deverá ser exercida pelos sócios, até cinco dias antes da instalação da reunião.

A proposta aperfeiçoa as alterações legislativas realizadas em 2020 durante a pandemia da Covid-19, e que passaram a admitir, desde então, a deliberação societária na modalidade digital. Se aprovadas, permitirão que as reuniões de sócios sejam feitas também na forma híbrida (parte presencial e parte virtual), caso solicitada por qualquer sócio interessado, no prazo de até cinco dias da instalação da reunião.

Seção VII: Da Resolução da Sociedade em Relação a Sócios Minoritários

A Comissão de Juristas propôs também importantes alterações no artigo 1.085, bem como a inclusão dos artigos 1.085-A a 1.085-D, com o seguinte teor:

Art. 1.085. Na sociedade limitada, a resolução em relação a um dos sócios se faz mediante a liquidação de quotas nos seguintes casos:

I – por morte de sócio, salvo disposição diversa no contrato social;

II – pelo exercício do direito de retirada; e

III – pela exclusão de sócio.

§ 1º A liquidação de quotas, por morte, retirada ou exclusão de sócio acarreta a redução do capital social, podendo os sócios remanescentes, se quiserem evitá-la, subscrever novas quotas, ou admitir o ingresso de novo sócio que as subscreva.

§ 2º Ressalvado o caso em que haja apenas dois sócios na sociedade, a exclusão de um sócio somente poderá ser determinada em reunião especialmente convocada para esse fim, notificado o

acusado de exclusão em tempo hábil para permitir seu comparecimento e o exercício do direito de defesa.

§ 3º Prevista no contrato social a possibilidade de exclusão do sócio minoritário por justa causa, os sócios com representação de mais da metade do capital social, por maioria, podem deliberar que um ou mais sócios colocam em risco a continuidade da empresa, em virtude de atos de inegável gravidade, e então excluí-los da sociedade, mediante a alteração do contrato social.

§ 4º O contrato social poderá prever as razões de justa causa para a exclusão do sócio minoritário.

Art. 1.085-A. Salvo disposição diversa no contrato social, o sócio retirante, o sócio excluído e o espólio do sócio falecido têm direito:

I – até a data de referência do balanço de determinação, à participação nos lucros apurados pela sociedade e, se for o caso, à remuneração como administrador, até a cessação de suas funções;

II – no decorrer do prazo de noventa dias previsto no artigo 1.086-A deste Código, apenas à correção monetária dos valores apurados e aos juros contratuais ou legais;

III – após o decurso do prazo de noventa dias previsto no artigo 1.086-A deste Código e até o efetivo recebimento de seus haveres, aos lucros apurados pela sociedade, calculados pro rata.

Art. 1.085-B. No caso de morte de sócio, liquida-se sua quota, salvo se:

I – o contrato social dispuser diferentemente;

II – os sócios remanescentes optarem pela dissolução da sociedade; ou

III – acordo entre sucessores e sócios remanescentes regular a substituição do falecido.

§ 1º No caso do inciso I, enquanto não realizada a partilha, as quotas passam à titularidade do espólio, independentemente de alteração contratual, cabendo ao inventariante o exercício dos direitos e deveres societários.

§ 2º Nos 30 dias seguintes ao término da partilha, o sucessor do sócio falecido pode optar por não ingressar na sociedade, mediante a liquidação da quota que lhe foi destinada a título de sucessão.

§ 3º Na hipótese do parágrafo anterior, a liquidação da quota rege-se pelas regras da retirada imotivada.

Art. 1.085-C. Na sociedade contratada por tempo indeterminado, o sócio pode retirar-se a qualquer tempo, imotivadamente, mediante notificação endereçada à sociedade.

§ 1º Na sociedade contratada por tempo determinado, o sócio só pode retirar-se nas hipóteses do artigo 1.077 deste Código;

§ 2º Se, nos trinta dias seguintes ao exercício do direito de retirada, for deliberada a dissolução da sociedade, por sócio ou sócios titulares de mais da metade do capital social, excluída a participação do retirante, torna-se ineficaz a retirada, motivada ou imotivada, para todos os fins de direito.

Art. 1.085-D. O instrumento de alteração contratual de formalização da retirada do sócio, assinado pela maioria dos sócios remanescentes, deve ser levado a registro no prazo legal, acompanhado da notificação do sócio retirante.

Parágrafo único. Se o arquivamento da alteração contratual no Registro Público de Empresa não for providenciado pelos sócios remanescentes no prazo legal, o sócio retirante pode requerer o arquivamento de cópia da notificação em que exerceu o direito de retirada, com a prova de sua entrega à sociedade, produzindo o arquivamento da notificação os mesmos efeitos da alteração contratual.

Com efeito, no Relatório Final em que foram apontadas as justificativas para a Reforma, a Comissão de Juristas destacou que:

> No campo das sociedades limitadas, sempre com o fim de trazer segurança e previsibilidade para os agentes econômicos, desburocratizando e impulsionando o fluxo de relações econômicas, especificaram-se as regras para apuração de haveres em caso de dissolução, exclusão ou qualquer caso de resolução da sociedade em relação a um sócio.

De fato, a redação atual do art. 1.085 não diz o procedimento a ser adotado para a resolução parcial da sociedade nos casos de morte do sócio ou de exercício do direito de retirada, de modo que nas sociedades limitadas, a matéria é regulada por dispositivos esparsos no Capítulo das sociedades simples, aplicado supletivamente em virtude das omissões em tópico próprio.

As modificações buscam regulamentar o procedimento específico para as limitadas e estabelecer as hipóteses de dissolução parcial, o procedimento de liquidação das respectivas quotas sociais e as regras para exclusão de sócio (artigo 1.085), o procedimento em caso de morte de sócio (artigo 1.085-B), do exercício do direito de retirada (art. 1.085-C) e da forma de registro do respectivo instrumento de alteração contratual (art. 1.085-D).

Por fim, a Comissão de Juristas propôs a inclusão do artigo 1.086-A, com o seguinte teor:

Art. 1.086-A. A sociedade deve proceder à apuração dos haveres nos 90 dias seguintes à data de referência da liquidação da quota, que será:

I – na data do óbito, no caso do falecimento do sócio;

II – na data de extinção do regime de bens, nos casos de divórcio ou separação de fato, dos sócios cônjuges ou conviventes;

III – na data do recebimento, pela sociedade, da notificação do sócio retirante, na hipótese de retirada imotivada;

IV – na data da alteração contratual ou da interpelação do ato que deu origem à dissidência, na hipótese de retirada motivada, ou

V – na data da reunião de sócios que a tiver deliberado, na hipótese de exclusão extrajudicial. Parágrafo único. Na exclusão do sócio remisso, o reembolso corresponderá à restituição das entradas feitas, devidamente atualizadas, deduzidos os juros de mora e, se previsto no contrato social, a multa e os honorários de advogado.

O artigo 1.086-A sugerido regulamenta o quanto disposto no atual artigo 1.031, § 2º ("A quota liquidada será paga em dinheiro, no prazo de noventa dias, a partir da liquidação, salvo acordo, ou estipulação contratual em contrário"), indicando expressamente o termo inicial a ser considerado para a contagem do prazo de 90 dias, a depender do modo como ocorrer a dissolução parcial da sociedade.

Título IV: Dos Institutos Complementares

Capítulo I: Do Nome Empresarial

Cumpre mencionar, ainda, as consideráveis alterações propostas pela Comissão no Capítulo atinente ao nome empresarial (artigos 1.155 a 1.168). A proposta parece afastar a distinção hoje existente entre firma e denominação, alterando ou revogando os dispositivos vigentes que tratam desses institutos e prevendo a possibilidade de livre formação do nome empresarial para o exercício da empresa:

Art. 1.155. O nome empresarial poderá ser formado com qualquer palavra ou expressão da língua portuguesa ou da estrangeira, de conformidade com este Capítulo deste Código, para o exercício de empresa.

Parágrafo único. Equipara-se ao nome empresarial, para os efeitos da proteção da lei, o nome das outras pessoas jurídicas, em conformidade com o disposto no artigo 17 deste Código.

No que diz respeito ao empresário e às sociedades com sócios de responsabilidade ilimitada não há grandes alterações. A restrição imposta pelo texto apresentado segue a atual, no sentido de que o nome empresarial corresponde ao próprio nome civil, completo ou abreviado, podendo optar por aditar designação mais precisa de sua pessoa ou do gênero de atividade:

Art. 1.156. O empresário e as sociedades em que houver sócios com responsabilidade ilimitada, devem utilizar o seu próprio nome civil como nome empresarial, completo ou abreviado, aditando-lhe, se quiser, designação mais precisa da sua pessoa ou do gênero de atividade.

Atualmente, o artigo 1.156 disciplina o uso da firma pelo empresário, enquanto o artigo 1.157 dispõe sobre o uso da firma pelas sociedades empresárias com sócios com responsabilidade ilimitada, indicando a natureza da responsabilidade daqueles que operam sob firma social. A proposta é aglutinar o empresário e a sociedade empresária no mesmo dispositivo, regulando a formação do nome empresarial para ambos.

No que diz respeito à sociedade limitada, a Comissão propõe a manutenção do nome empresarial composto, ao final, pela palavra "limitada" ou sua abreviatura, revogando, contudo, os §§ 1º e 3º, que especificam as regras caso a opção seja pela firma, e a responsabilidade pela omissão da palavra "limitada" no nome empresarial, além de tornar facultativo o emprego do objeto social na composição do nome empresarial:

Art. 1.158. O nome empresarial da sociedade limitada deve conter, ao final, a palavra "limitada" ou a sua abreviatura.

§ 1º Revogado.

§ 2º O nome empresarial pode designar o objeto da sociedade, sendo permitido nela figurar o nome de um ou mais sócios.

§ 3º Revogado.

No que diz respeito à cooperativa, à sociedade anônima, à sociedade em comandita por ações e à sociedade em conta de participação, o texto sugere também o abandono das distinções hoje existentes entre firma e denominação, empregando apenas o "nome empresarial", unificando a forma de identificação do empresário e da sociedade empresária:

Art. 1.159. O nome da sociedade cooperativa deve conter, ao final, o vocábulo "cooperativa".

Art. 1.160. O nome empresarial da sociedade anônima deve conter, ao final, as expressões "sociedade anônima" ou "companhia", por extenso ou abreviadamente.

Parágrafo único. Pode constar do nome empresarial o nome do fundador, acionista ou pessoa que haja concorrido para o bom êxito da formação da empresa.

Art. 1.161. O nome empresarial da sociedade em comandita por ações deve conter, ao final, a expressão "comandita por ações".

Art. 1.162. A sociedade em conta de participação não pode ter nem empregar nome empresarial.

A mudança proposta simplifica as exigências para registro da empresa e abandona os requisitos de hoje para cada tipo societário, no atinente às modalidades do nome empresarial (firma ou denominação).

A Comissão também propôs a inserção do parágrafo único no artigo 1.165, admitindo a possibilidade de autorização do nome empresarial do sócio que se retira ou falece, por ele próprio ou por seus herdeiros:

Art. 1.165. O nome sócio que vier a falecer, o nome daquele for excluído ou daquele que se retirar não poderão ser conservados no nome empresarial.

Parágrafo único. Os sócios poderão autorizar a manutenção dos seus nomes no nome empresarial, após o seu falecimento ou retirada, bem como podem os herdeiros autorizar a manutenção do nome do falecido no nome empresarial.

Por fim, se aprovada a proposta, o nome empresarial continuará tendo proteção e garantia de exclusividade apenas nos limites do Estado, do Distrito Federal ou Território em que registrada a inscrição do empresário ou dos atos constitutivos da sociedade empresária, com a possibilidade de extensão da proteção ao território nacional, na forma de lei especial:

Art. 1.166. A inscrição do empresário ou dos atos constitutivos das pessoas jurídicas ou as respectivas averbações no Registro Público de Empresas Mercantis asseguram o uso exclusivo do nome nos limites do respectivo Estado da Federação, do Distrito Federal ou do Território.

Parágrafo único. ....

PARTE II

COMENTÁRIOS ARTIGO POR ARTIGO

DA SOCIEDADE LIMITADA

Seção I – Disposições Preliminares

Art. 1.052. Na sociedade limitada, a responsabilidade de cada sócio é restrita ao valor de suas quotas, mas todos respondem solidariamente pela integralização do capital social.

§ 1º A sociedade limitada pode ser constituída por 1 (uma) ou mais pessoas.

§ 2º Se for unipessoal, aplicar-se-ão ao documento de constituição do sócio único, no que couber, as disposições sobre o contrato social.

Autonomia patrimonial das Sociedades Limitadas

A criação de personalidade jurídica distinta daquela de seus sócios foi uma das contribuições mais importantes do Direito Comercial. A partir da sua aquisição, a sociedade transforma-se em novo sujeito de direito, "estranho à individualidade das pessoas que participam da sua constituição, dominando um patrimônio próprio".[70]

A separação entre o patrimônio da sociedade empresária e o de seus sócios representa uma barreira – que comporta exceções, conforme se verá – entre os bens que constituem, exclusivamente, a garantia dos credores da sociedade e os que respondem apenas pelas obrigações dos sócios. Evidentemente, "nenhum deles pode utilizar em proveito próprio os bens sociais nem são obrigados a concorrer com as despesas necessárias para a sua conservação, nem lhes é permitir pedir arbitrariamente a divisão".[71]

O principal elemento da personalidade jurídica é a autonomia patrimonial, que é a habilidade da sociedade empresária de ser proprietária de ativos os quais são distintos das propriedades de outras pessoas, tais como de seus investidores, afastando os riscos de eventuais perdas ocorridas durante o exercício da atividade empresarial.

O intuito é garantir um ambiente de maior segurança, seja ao investidor, que muitas vezes destaca parte relevante de suas economias em um novo negócio e quer manter o restante de seu patrimônio alocado de forma segura, seja aos credores, que não querem ver os bens sociais respondendo por obrigações que não foram assumidas pela sociedade empresária.[72]

---

70 REQUIÃO, Rubens. *Curso de Direito Comercial*. vol. 1. 31ª ed. São Paulo: Saraiva 2012, p. 453.

71 CARVALHO DE MENDONÇA, José Xavier. *Tratado de Direito Comercial brasileiro*. vol. 2. Tomo II. Livro II. 1ª ed. Campinas: Bookseller, 2000, p. 121. *In*: CUNHA, Fernando Antonio Maia da. *Autonomia patrimonial das sociedades limitadas vs. desconsideração da personalidade jurídica*: desafios e perspectivas da lei de liberdade econômica (Lei n. 13.874 de 20 de setembro de 2019). São Paulo: Contracorrente, 2021, p. 28.

72 CUNHA, Fernando Antonio Maia da. *Autonomia patrimonial das sociedades limitadas vs. desconsideração da personalidade jurídica*: desafios e perspectivas da lei de liberdade econômica (Lei n. 13.874 de 20 de setembro de 2019). São Paulo: Contracorrente, 2021, pp. 27/28.

A autonomia patrimonial é, pois, "uma técnica de segregação de riscos",[73] porque separa os bens da sociedade empresária dos bens de seus sócios. Segundo Fábio Ulhoa Coelho, "a principal implicação deste princípio é a impossibilidade de cobrar, em regra, dos sócios uma obrigação que não é deles, mas de outra pessoa, a sociedade".[74] Além disso, o princípio da autonomia patrimonial tem como efeito o compartilhamento entre sócios e credores das perdas oriundas do fracasso da sociedade empresária.[75]

Ricardo Negrão, na mesma linha, afirma que "a pessoa jurídica possui patrimônio próprio, distinto do de seus sócios. É este patrimônio que se sujeita primariamente a responder pelas dívidas assumidas pelas pessoas jurídicas".[76] Segundo o autor, quando o contrato social previr a responsabilidade dos sócios por eventuais saldos, "esta será sempre de natureza subsidiária ou secundária, não se permitindo a execução de bens pessoais dos sócios antes dos bens da sociedade".[77]

Do princípio da autonomia patrimonial da sociedade empresária deriva a limitação da responsabilidade dos sócios, que constitui fonte de estímulo para desenvolvimento da atividade econômica.[78]

---

73 COELHO, Fábio Ulhoa. *Princípios do Direito Comercial*: com anotações ao projeto de código comercial. São Paulo: Saraiva, 2012, p. 41.

74 COELHO, Fábio Ulhoa. *Princípios do Direito Comercial*: com anotações ao projeto de código comercial. São Paulo: Saraiva, 2012.

75 COELHO, Fábio Ulhoa. *Princípios do Direito Comercial*: com anotações ao projeto de código comercial. São Paulo: Saraiva, 2012, p. 62.

76 NEGRÃO, Ricardo. *Manual de Direito Comercial e de Empresa*: Teoria Geral da Empresa e Direito Societário. vol. 1. 9ª ed. São Paulo: Saraiva, 2012, p. 269.

77 COELHO, Fábio Ulhoa. *Princípios do Direito Comercial*: com anotações ao projeto de código comercial. São Paulo: Saraiva, 2012, p. 269.

78 CUNHA, Fernando Antonio Maia da. *Autonomia patrimonial das sociedades limitadas vs. desconsideração da personalidade jurídica*: desafios e perspectivas da lei de liberdade econômica (Lei n. 13.874 de 20 de setembro de 2019). São Paulo: Contracorrente, 2021, pp. 36/37.

Sem essa limitação, os empresários se sentiriam desestimulados em razão do risco de ver seu patrimônio pessoal comprometido por consequência de eventual fracasso de seu negócio.[79]

No atinente à sociedade limitada, como os sócios e a sociedade são sujeitos distintos, a "regra é a da irresponsabilidade dos sócios da sociedade limitada pelas dívidas sociais. Isto é, os sócios respondem apenas pelo valor das quotas com que se comprometem, no contrato social (CC, artigo 1.052)".[80]

Os credores devem, antes de responsabilizar os sócios, buscar os bens da sociedade, já que a responsabilidade dos sócios é subsidiária. Como aponta Rubens Requião, "a sociedade limitada como pessoa jurídica, responde, com seu patrimônio, ilimitadamente pelas suas obrigações. Seu capital, seu patrimônio, é, naturalmente, a garantia de seus débitos".[81]

Essa regra surgiu como uma maneira de estimular o desenvolvimento de atividades econômicas, tendo em vista que poucas pessoas iriam investir em novas sociedades empresárias caso corressem o risco de perder todo o seu patrimônio.[82]

Caso não houvesse a limitação da responsabilidade dos sócios, "os novos produtos e serviços somente conseguiriam atrair o interesse de capitalistas se acenassem com altíssima rentabilidade,

---

79 COELHO, Fábio Ulhoa. *Curso de Direito Comercial*: Direito de Empresa. 16ª ed. São Paulo: Saraiva, 2012, p. 61.

80 COELHO, Fábio Ulhoa. *Curso de Direito Comercial*: Direito de Empresa. 16ª ed. São Paulo: Saraiva, 2012, p. 434.

81 REQUIÃO, Rubens. *Curso de Direito Comercial*. vol. 1. 31ª ed. São Paulo: Saraiva, 2012, p. 583.

82 CUNHA, Fernando Antonio Maia da. *Autonomia patrimonial das sociedades limitadas vs. desconsideração da personalidade jurídica*: desafios e perspectivas da lei de liberdade econômica (Lei n. 13.874 de 20 de setembro de 2019). São Paulo: Contracorrente, 2021, pp. 58/59.

compensatória do risco de perda de todos os bens".[83] Por esta razão, a tendência seria que os preços dos produtos fossem mais altos de forma a cobrir custos e riscos do negócio.

A regra de responsabilização dos sócios, em razão da autonomia patrimonial, é, portanto, subsidiária. Segundo Fábio Ulhoa Coelho, "a responsabilidade dos sócios pelas obrigações sociais, além de subsidiária, pode ser limitada ou ilimitada".[84] Assim, podem os sócios responder pelo valor total das dívidas da sociedade ou apenas de maneira limitada ao valor investido. Mais adiante, serão abordados os aspectos envolvendo a responsabilidade dos sócios na sociedade limitada pelas obrigações sociais.

Características das Sociedades Limitadas

A sociedade limitada é um tipo societário contratual cujos sócios respondem solidária e ilimitadamente pela integralização do capital social, participando dos lucros e das perdas na medida de sua participação para a formação do mesmo capital. A autonomia patrimonial da sociedade limitada está atrelada ao fato de que seu patrimônio responde, exclusivamente, pelas dívidas que contrair. Assim, a limitação da responsabilidade diz respeito aos sócios, e não à sociedade.[85]

Pode-se afirmar, portanto, que

---

83 COELHO, Fábio Ulhoa. *Curso de Direito Comercial*: Direito de Empresa. 16ª ed. São Paulo: Saraiva, 2012, p. 434.

84 COELHO, Fábio Ulhoa. *Curso de Direito Comercial*: Direito de Empresa. 16ª ed. São Paulo: Saraiva, 2012, p. 50.

85 CUNHA, Fernando Antonio Maia da. *Autonomia patrimonial das sociedades limitadas vs. desconsideração da personalidade jurídica*: desafios e perspectivas da lei de liberdade econômica (Lei n. 13.874 de 20 de setembro de 2019). São Paulo: Contracorrente, 2021, p. 43.

> o principal objetivo da constituição de uma sociedade limitada é a delimitação dos riscos no desenvolvimento de determinada atividade econômica, uma vez que os sócios separam parte do seu patrimônio para alocar à sociedade e garantir suas responsabilidades, e, assim, restringem a contribuição que dão à sociedade.[86]

Segundo Fábio Ulhoa Coelho, a restrição da responsabilidade dos sócios, principal característica das sociedades limitadas, é uma forma de socializar os riscos da sociedade empresária entre os agentes econômicos. É um direito-custo, pois permite reduzir os preços dos produtos ou serviços comercializados. Confira-se:

> A limitação da responsabilidade dos sócios é um mecanismo de socialização, entre os agentes econômicos, do risco do insucesso, presente em qualquer empresa. Trata-se de condição necessária ao desenvolvimento de atividades empresariais, no regime capitalista, pois a responsabilidade ilimitada desencorajaria investimentos em empresas menos conservadoras. Por fim, como direito-custo, a limitação possibilita a redução do processo de bens e serviços oferecidos no mercado.[87]

A regra acerca da responsabilidade dos sócios pelas obrigações sociais na sociedade limitada está prevista no artigo 1.052 do Código Civil, que repete a parte final do artigo 2º do Decreto n. 3.078/1919, dispondo que "na sociedade limitada, a responsabilidade de cada sócio é restrita ao valor de suas quotas, mas todos respondem solidariamente pela integralização do capital social".[88]

---

86 WALD, Arnoldo. *Comentários ao Novo Código Civil*, v. XIV: Livro II, do Direito de Empresa. Coordenador: Sálvio de Figueiredo Teixeira. Rio de Janeiro: Forense, 2005, p. 317.

87 COELHO, Fábio Ulhoa. *Curso de Direito Comercial*: Direito de Empresa. 16ª ed. São Paulo: Saraiva, 2012, p. 435.

88 CUNHA, Fernando Antonio Maia da. *Autonomia patrimonial das sociedades limitadas vs. desconsideração da personalidade jurídica*:

Ou seja, o referido dispositivo contém dois comandos distintos aos sócios das Sociedades Limitadas: um voltado à integralização das suas próprias quotas; e outro que determina a responsabilidade solidária em integralizar o capital social, em relação a terceiros.

Em outras palavras, cada sócio cotista responde, perante a sociedade, pela integralização das quotas subscritas. Cumprida esta obrigação, não poderá a sociedade demandá-lo com fundamento no inadimplemento das obrigações sociais. No entanto, perante terceiros, os sócios cotistas respondem, solidária e ilimitadamente, por eventuais quotas subscritas, mas ainda não integralizadas. Esta é a sistemática disciplinada pelo *caput* do artigo 1.052 do Código Civil.

É preciso, portanto, separar o estudo da sociedade limitada em dois grandes grupos, no que diz respeito às relações jurídicas interna e externas: (i) do sócio com a sociedade, e (ii) do sócio com terceiros que contratem com a sociedade.

No primeiro grupo, cada sócio será individualmente responsável pela integralização da respectiva cota social por ele subscrita, na forma e no prazo contratualmente previstos. No segundo grupo, entretanto, todos os sócios serão solidariamente responsáveis pelo total do capital subscrito e não integralizado, sem prejuízo, obviamente, de eventual direito de regresso em relação ao sócio faltante.

Nesta última hipótese, os credores poderão demandar a sociedade por eventual inadimplemento e, caso insuficientes os bens sociais para o cumprimento da prestação, poderão pedir que a execução recaia sobre o patrimônio pessoal de seus sócios, que responderão até o limite do capital subscrito e não integralizado.[89]

---

desafios e perspectivas da lei de liberdade econômica (Lei n. 13.874 de 20 de setembro de 2019). São Paulo: Contracorrente, 2021, p. 61.

89 CAMPINHO, Sérgio. *O Direito de Empresa à luz do Código Civil.* 12ª ed. revista e atualizada de acordo com as Leis n. 12.441/2011, 12.399/2011 e 13.375/2010. Rio de Janeiro: Renovar, 2011, pp. 142/143.

No entanto, como se verá, a doutrina diverge em relação aos pressupostos necessários para que o credor possa cobrar os sócios pela falta de integralização do capital social.

De todo modo, como já mencionado, embora os sócios respondam solidariamente pela integralização do capital social, sua responsabilidade será subsidiária, à luz do que dispõe o artigo 1.024 do Código Civil ("Os bens particulares dos sócios não podem ser executados por dívidas da sociedade, senão depois de executados os bens sociais"), norma geral aplicável às sociedades limitadas, em razão da incidência supletiva da disciplina legal das sociedades simples (CC, artigo 1.053).

Não se pode olvidar, ademais, da disciplina processual reservada à responsabilização patrimonial no processo de execução, com expressa previsão, no artigo 795, §1º do Código de processo Civil, de que "O sócio réu, quando responsável pelo pagamento da dívida da sociedade, tem o direito de exigir que primeiro sejam excutidos os bens da sociedade".

Para Fábio Ulhoa Coelho, caso não haja integralização do capital social, o direito de promover a responsabilidade dos sócios é da comunhão de credores, e não destes individualmente, tendo como pressuposto a decretação da falência da sociedade empresária.

> Se ABC Ltda., cujo capital social não está inteiramente integralizado, compra mercadorias de DEF Ltda., e não as paga no vencimento, esta última não tem ação contra os sócios da primeira. DEF não pode, individualmente, demandar a responsabilização dos sócios de ABC, pela realização do capital social subscrito. Sua alternativa é a de pedir a falência da sociedade devedora. Decretada esta, o administrador judicial, atuando em nome dos interesses da coletividade dos credores (massa falida), está legitimado a propor contra os sócios da falida a ação de integralização. Este é o único meio processual existente para impor aos sócios da sociedade

> limitada a responsabilidade pelo capital social subscrito e não integralizado.[90]

Porém, para outros autores, como Ricardo Negrão, a integralização do capital social pelos sócios pode ser exigida através do ajuizamento de execução individual, e não apenas na hipótese de falência. Referido autor defende que a

> lei nova, no que se refere à responsabilidade dos sócios, afasta-se da antiga redação do artigo 9º do primeiro diploma, dissipando todas as dúvidas em relação à obrigação do sócio cotista pela integralização de todo o capital social, independentemente do evento falimentar.[91]

Sérgio Campinho segue a mesma linha, ao defender que com o Código Civil, a falência deixou de ser condição para a concretização da responsabilidade dos sócios cujas quotas ainda não foram integralizadas, de modo que podem os credores, ao ajuizar execução judicial contra a sociedade, responsabilizar os sócios até a integralização do capital a que estão solidariamente obrigados, mas apenas no caso de ausência de patrimônio da sociedade (responsabilidade subsidiária). Assim, se um sócio for condenado a pagar quotas ainda não integralizadas da sociedade empresária, apesar de já ter integralizado sua parte, terá direito de ajuizar ação de regresso contra aqueles que não integralizaram suas respectivas quotas.[92]

---

90 COELHO, Fábio Ulhoa. *Curso de Direito Comercial*: Direito de Empresa. 16ª ed. São Paulo: Saraiva, 2012, p. 443.

91 NEGRÃO, Ricardo. *Manual de Direito Comercial e de Empresa*: Teoria Geral da Empresa e Direito Societário. vol. 1. 9ª ed. São Paulo: Saraiva, 2012, p. 394.

92 CAMPINHO, Sérgio. *O Direito de Empresa à luz do Código Civil*. 12ª ed. revista e atualizada de acordo com as Leis n. 12.441/2011, 12.399/2011 e 13.375/2010. Rio de Janeiro: Renovar, 2011, pp. 202/203.

A conclusão lógica é de que, caso haja integralização da totalidade do capital social subscrito, os terceiros credores da sociedade não poderão demandar qualquer sócio por eventual descumprimento das obrigações assumidas, salvo exceções expressamente previstas em lei, em que os sócios poderão ser responsabilizados particularmente por dívidas da sociedade, ainda que tenham cumprido integralmente a obrigação de integralização da respectiva cota.

O que se tem atualmente é a plena vigência do princípio da autonomia patrimonial para as sociedades limitadas, a significar que os sócios e a sociedade possuem personalidades jurídicas distintas, com patrimônio completamente independentes.

Não se pode chegar a outra conclusão, a não ser a ausência de responsabilidade dos sócios por dívidas da sociedade, que responderá com o seu patrimônio em caso de necessidade, sem afetar o patrimônio dos sócios que tiverem integralizado a sua parte no capital social. Em síntese, se o capital social estiver totalmente integralizado, o patrimônio dos sócios não responde pelas dívidas da sociedade, respondendo, no entanto, até o limite do capital não integralizado, o patrimônio pessoal dos sócios.

A responsabilidade dos sócios quotistas, portanto, possui como limite o que falta para o capital social ser integralizado, lembrando que, nesse caso, há solidariedade entre os sócios perante terceiros. Mas, ao integralizar o capital social, os sócios nada devem para a sociedade, nem podem ser cobrados com o seu patrimônio pessoal pelas dívidas sociais.[93]

Importante, no entanto, destacar a diferença existente entre o capital social e patrimônio social. Conforme a lição de Sylvio Marcondes:

93 CUNHA, Fernando Antonio Maia da. *Autonomia patrimonial das sociedades limitadas vs. desconsideração da personalidade jurídica*: desafios e perspectivas da lei de liberdade econômica (Lei n. 13.874 de 20 de setembro de 2019). São Paulo: Contracorrente, 2021, pp. 65/66.

> É oportuno, aqui, verificar o papel que cabe ao capital social, na formação do patrimônio social. O capital social é o fundo originário e essencial da sociedade, fixado pela vontade dos sócios e formado pelo conjunto das suas contribuições patrimoniais, para base das operações: o patrimônio social é a soma de todos os bens pertencentes à sociedade.[94]

Feitas tais considerações, contata-se que o capital social visa a limitação da responsabilidade dos sócios, mas esse não pode ser confundido com o patrimônio social, que costuma ser mais amplo, pois é fruto de todos os ativos e passivos, e que faz frente às suas obrigações da sociedade.

Sociedade de pessoas e/ou de capital

A sociedade limitada constitui o tipo societário mais comum e democrático no universo empresarial brasileiro, sobretudo porque a sociedade que opta por exercer suas atividades sob a forma da limitada restringe a responsabilidade do sócio e, consequentemente, resguarda o patrimônio das pessoas que compõem o seu quadro social, revelando-se em estímulo para que potenciais empreendedores constituam uma sociedade para o exercício de sua atividade empresarial, ante a redução dos riscos decorrentes da exploração da empresa.

Uma característica marcante das sociedades limitadas é a contratualidade, o que também contribuiu para a sua ampla utilização no meio empresarial, se comparada com outros tipos societários como a sociedade anônima, também constituída mediante a limitação da responsabilidade de seus sócios. Assim, sendo contratual e não institucional, a sociedade limitada por ser constituída com

---

94 MACHADO, Sylvio Marcondes. *Ensaio sobre a sociedade de responsabilidade limitada*. São Paulo: Faculdade de Direito da Universidade de São Paulo, 1940, pp. 121/122. (Dissertação de Livre Docência).

maior liberdade entre os seus integrantes e pautar-se nas disposições de vontade destes, sem os rigores legais impostos, por exemplo, às sociedades anônimas.[95]

Como ensina Jorge Lobo, a sociedade limitada tem como característica essencial ser *intuitu personae*, mormente porque, seja no momento de sua constituição, seja durante o seu funcionamento, os sócios possuem entre si relação de mútua confiança e afeição, priorizando mais as qualidades pessoais de cada um, do que o próprio contingente econômico-financeiro necessário para a formação do capital social.

Não obstante essas características aproximem as limitadas das sociedades de pessoas, é necessário pontuar que a sociedades limitada deve

> ser considerada um tipo intermediário entre as sociedades de capital e de pessoas, visto que possui normas que a aproximam das sociedades de capital, por cujo regime jurídico podem optar a modo supletivo (artigo 1.053, parágrafo único), sem perder o caráter *intuitu personae* que é próprio das sociedades contratuais.[96]

De fato, as sociedades limitadas são o tipo societário preferido entre os empreendedores. Consoante pesquisa extraída do website da Junta Comercial do Estado de São Paulo, entre 1º de janeiro de 2012 e 31 de dezembro de 2022, considerando as sociedades empresárias ativas, foram abertas 1.235.240 sociedades limitadas. No mesmo período, foram abertas, dentre as sociedades ativas, 12.721

---

95 CRUZ, André Luiz Santa. *Manual de Direito Empresarial* – volume único. 12ª ed. rev. atual. e ampl. São Paulo: JusPodivm, 2022, p. 376.

96 GONÇALVES NETO, Alfredo de Assis. *Direito de Empresa*. 7ª ed. São Paulo: Revista dos Tribunais, 2017, p. 380.

sociedades por ações, 8 sociedades em nome coletivo, 1 sociedade em comandita simples e zero sociedades em comandita por ações.[97]

Ademais, pesquisa realizada pela Faculdade Getúlio Vargas (FGV Direito SP), considerando sociedades limitadas ativas constituídas no Estado de São Paulo entre 10 de janeiro de 1993 e 10 de janeiro de 2012, através da análise das variáveis correspondentes ao número de sócios de cada sociedade, o status de tais sócios como administrador ou não, as alterações do contrato social e a distribuição do capital social entre os sócios de cada sociedade, constatou que o perfil típico das sociedades limitadas se caracteriza por duas combinações basilares:

(i) empresas com capital social que não ultrapassa os R$ 50 mil reais, dividido entre dois sócios, um controlador que detém 75% ou mais das quotas, e outro minoritário, titular de 25% ou menos das quotas, em que pelo menos um deles exerce a administração da empresa e não há terceiros contratados para cargos de gestão;

(ii) empresas com capital social que não ultrapassa os R$ 50 mil reais, dividido entre dois sócios, mas, diferentemente da primeira situação, a participação de ambos é dividida igualitariamente, em que pelo menos um deles exerce a administração da empresa e não há terceiros contratados para cargos de gestão.[98]

O resultado demonstra, portanto, que a grande maioria das sociedades limitadas se caracteriza como pequenas e médias empresas, sendo este tipo societário o preferido de empreendedores com menor envergadura, que buscam explorar a atividade econômica por

---

97 BRASIL. *Pesquisa realizada no site da Junta Comercial do Estado de São Paulo*. (JUCESP). Disponível em: https://www.jucesponline.sp.gov.br/BuscaAvancada.aspx?IDProduto=. Acessado em: 05.04.2023.

98 MATTOS FILHO, Ary Oswaldo; CHAVENCO, Maurício; HUBERT, Paulo; VILELA, Renato; HOLLOWAY RIBEIRO, Victor B. "Radiografia das Sociedades Limitadas". *Núcleo de Estudos em Mercados e Investimentos* – FGV Direito SP, ago. 2014.

si só, ou, no máximo, com mais uma pessoa, muitas vezes para simplesmente cumprir a exigência legal que vigorava até o ano de 2019, da pluralidade de sócios para a constituição da sociedade limitada.

Exceções à regra da limitação da responsabilidade

Apesar de a responsabilidade dos sócios pelas obrigações sociais ser limitada às suas quotas (após a integralização do capital social por todos os sócios), ou, até o limite do capital social, de maneira solidária (enquanto esse não esteja totalmente integralizado), não se trata de uma regra absoluta.

Existem hipóteses em que a lei admite, excepcionalmente, a responsabilização pessoal dos sócios pelas dívidas da sociedade, ainda que integralizadas as respectivas quotas sociais.

Como bem aponta Fábio Ulhoa Coelho, "a limitação de responsabilidade é preceito destinado ao estímulo de atividades econômicas, e não pode servir para viabilizar ou acobertar práticas irregulares".[99]

Considerando isso, para evitar condutas que violem a função do instituto por parte dos sócios, relativiza-se a limitação de sua responsabilidade. Assim, se algum sócio agir em desacordo com o contrato social ou com o disposto em lei, sua responsabilidade perante as obrigações sociais decorrentes do ilícito passa a ser ilimitada.[100]

Assim, por exemplo, se eventualmente os sócios e administradores aprovarem deliberações que infrinjam o contrato social ou a lei, responderão ilimitadamente por elas.

---

99 COELHO, Fábio Ulhoa. *Curso de Direito Comercial*: Direito de Empresa. 16ª ed. São Paulo: Saraiva, 2012, p. 441.

100 CUNHA, Fernando Antonio Maia da. *Autonomia patrimonial das sociedades limitadas vs. desconsideração da personalidade jurídica*: desafios e perspectivas da lei de liberdade econômica (Lei n. 13.874 de 20 de setembro de 2019). São Paulo: Contracorrente, 2021, p. 68.

Nesse sentido, Rubens Requião afirma que, "ultrapassando os preceitos da legalidade, praticando atos como sócio, contrários à lei ou ao contrato, torna-se pessoal e ilimitadamente responsável pelas consequências de tais atos".[101] É também o que preconiza o artigo 1.080 do Código Civil: "As deliberações infringentes do contrato ou da lei tornam ilimitada a responsabilidade dos que expressamente as aprovaram".

De mesmo modo, consoante dispõe o artigo 1.036 do Código Civil, em caso de dissolução da sociedade, incumbe aos administradores providenciarem, imediatamente, a investidura do liquidante com o fim de realização do ativo, pagamento do passivo e destinação do saldo que houver, mediante partilha, aos sócios. Incumbirá aos administradores, ainda, restringir a gestão própria aos negócios inadiáveis, vedadas novas operações, pelas quais responderão solidária e ilimitadamente.

O ordenamento jurídico estabeleceu ainda outras exceções à regra da autonomia patrimonial da pessoa jurídica, com o fim de coibir abusos na utilização da personalidade jurídica pelos sócios, com o fim precípuo da tutelar tanto os terceiros que contratem com a sociedade, quanto a própria pessoa jurídica.

Tais exceções são previstas tanto no Código Civil, como em legislações especiais, sendo a mais relevante delas, o instituto da desconsideração da personalidade jurídica. A doutrina ainda aponta outras exceções que envolvem relações jurídicas não negociais com a sociedade, como nos casos de débitos trabalhistas, tributários, da previdência social, do meio ambiente e do consumidor.

Segundo ensina Fábio Ulhoa Coelho, "credores não negociais (o fisco, empregados e titulares do direito à indenização) não têm

---

101 REQUIÃO, Rubens. *Manual de Direito Comercial e de Empresa*: Teoria Geral da Empresa e Direito Societário. vol. 1. 9ª ed. São Paulo: Saraiva, 2012, p. 589.

instrumentos para preservar seus interesses em face da separação patrimonial da sociedade e da limitação de responsabilidade dos sócios". Por essa razão, defende que "todos deveriam ter direito de responsabilizar os sócios empreendedores, de forma ilimitada, pelas obrigações sociais".[102]

Modesto Carvalhosa segue a mesma linha, afirmando que, nesses casos, considerados excepcionais, a responsabilidade dos sócios é ilimitada e é essencial a verificação da sua responsabilidade por meio de ação de conhecimento.[103]

Desconsideração da personalidade jurídica

A Lei da Liberdade Econômica (Lei n. 13.874/2019) veio para reforçar a autonomia patrimonial das pessoas jurídicas em geral, buscando consolidar a segurança jurídica com o escopo de dinamizar e potencializar a atividade econômica brasileira, positivando parâmetros que já se encontravam consolidados na doutrina e na jurisprudência. Assim, a Lei n. 13.874/2019 incluiu o artigo 49-A no Código Civil, dispondo que:

> A pessoa jurídica não se confunde com os seus sócios, associados, instituidores ou administradores.
>
> Parágrafo único. A autonomia patrimonial das pessoas jurídicas é um instrumento lícito de alocação e segregação de riscos, estabelecido pela lei com a finalidade de estimular empreendimentos, para a geração de empregos, tributo, renda e inovação em benefício de todos.

---

102 COELHO, Fábio Ulhoa. *Curso de Direito Empresarial*: Teoria Geral e Direito Societário. vol. 1. 6ª ed. São Paulo: Atlas, 2014, p. 439.

103 CARVALHOSA, Modesto; AZEVEDO, Antonio Junqueira (Coord.). *Comentários ao Código Civil*: parte especial do Direito de Empresa (artigos 1.052 a 1.195). vol. 13. 2ª ed. São Paulo: Saraiva, 2005, p. 17.

Cuidou a lei de estabelecer uma definição técnica do princípio da autonomia patrimonial, de modo a orientar o intérprete da norma no sentido da excepcionalidade da desconsideração da personalidade jurídica, disciplinada nos dispositivos seguintes.

A preocupação do legislador veio como resposta à prática jurídica dos tribunais que demonstravam, na verdade, verdadeiro desprestígio do princípio da autonomia patrimonial, ao admitir de forma ilimitada o instituto da desconsideração da personalidade jurídica.

Trata-se, pois, de disposição principiológica que deve ser utilizada como premissa no desenvolvimento do raciocínio jurídico para justificar o afastamento de instituto tão caro ao direito e à disciplina econômica, como o da autonomia patrimonial da pessoa jurídica.

Com relação à desconsideração da personalidade jurídica, cuida-se de instituto que encontra fundamento no uso da pessoa jurídica para fins diversos daqueles admitidos pelo ordenamento, permitindo que, frente a determinadas condições, possa ser desprezada a separação entre a pessoa jurídica e seus sócios, de modo que o patrimônio de ambos responderá pelas dívidas da pessoa jurídica.

Na lição de Fernando Rodrigues Martins,

> a independência jurídica não pode ser tida como absoluta, ocultando o sócio para malbaratar os rumos da sociedade. [A desconsideração da personalidade jurídica] autoriza o "levantamento do véu" de autonomia da pessoa jurídica para imputar responsabilidade patrimonial aos sócios, além das quotas sociais.[104]

---

104 MARTINS, Fernando Rodrigues. *In*: NANNI, Giovanni Ettore (Coord.). *Comentários ao Direito Civil*: Direito Privado contemporâneo. São Paulo: Saraiva Educação, 2018, p. 135.

Outrossim, também chamada de doutrina da penetração,[105] a desconsideração da personalidade jurídica tem por objetivo coibir fraudes perpetradas por meio da pessoa jurídica, valendo-se de sua autonomia patrimonial, sem que com isso se desvirtue a própria pessoa jurídica.

O instituto surgiu a partir de uma construção jurisprudencial nos Estados Unidos, de maneira mais genérica, e na Inglaterra, de maneira mais específica, envolvendo a prática de fraude sob a proteção da limitação da responsabilidade dos sócios. Diante desses casos em que os tribunais procuravam sancionar e impedir a prática de fraudes, a doutrina procurou traçar fundamentos para a correta aplicação da teoria da desconsideração da personalidade jurídica.[106]

Também chamada de *disregard of legal entity* ou *disregard doctrine*, a aludida teoria apenas veio a ser abordada no Brasil, pela primeira vez, por Rubens Requião na década de 1960.[107]

Para o autor, o instituto pode ser conceituado como "caso de declaração de ineficácia especial da personalidade jurídica, para determinados efeitos, prosseguindo, todavia, a mesma incólume para seus outros fins legítimos".[108]

---

105 REQUIÃO, Rubens. *Manual de Direito Comercial e de Empresa*: Teoria Geral da Empresa e Direito Societário. vol. 1. 9ª ed. São Paulo: Saraiva, 2012, p. 458.

106 CUNHA, Fernando Antonio Maia da. *Autonomia patrimonial das sociedades limitadas vs. desconsideração da personalidade jurídica*: desafios e perspectivas da lei de liberdade econômica (Lei n. 13.874 de 20 de setembro de 2019). São Paulo: Contracorrente, 2021, p. 81.

107 COELHO, Fábio Ulhoa. *Curso de Direito Comercial*: Direito de Empresa. 16ª ed. São Paulo: Saraiva, 2012, p. 60.

108 REQUIÃO, Rubens. "Abuso de direito e fraude através da personalidade jurídica". *Revista dos Tribunais*, vol. 410. São Paulo: Revista dos Tribunais, 1969. Republicado na *Revista dos Tribunais*, vol. 803, ano 91, setembro. São Paulo: Revista dos Tribunais, 2002, p. 753. *In*: CUNHA, Fernando Antonio Maia da. *Autonomia patrimonial das sociedades limitadas vs. desconsideração da personalidade jurídica*:

Rubens Requião ainda leciona que a personalidade jurídica é, antes de tudo, uma criação legal e uma de suas consequências é a autonomia patrimonial. Inicialmente, a personalidade jurídica foi considerada como um direito absoluto, de modo que não era possível "levantar o véu da sociedade empresária" para atingir os bens de seus sócios.

No entanto, com a teoria da desconsideração da personalidade jurídica, esse direito passou a ser relativizado sob o seguinte fundamento: se a personalidade jurídica é uma criação da lei, conferida pelo Estado, nada impede que o próprio Estado verifique se esse direito está sendo exercido de maneira adequada e determine seus limites. Desse modo, permite-se que o juiz desconsidere a personalidade jurídica da sociedade para sancionar abusos ou fraudes.[109]

Entretanto, o próprio autor já defendia que a teoria deveria ser admitida com certa cautela, apenas em casos excepcionais envolvendo fraude (negócio jurídico tramado para prejudicar credores em benefício do declarante ou de terceiros) e abuso de direito (uso inadequado de um direito, independentemente da intenção de prejudicar terceiros), sob pena de se vulnerar o próprio instituto da personalidade jurídica, tão caro ao direito.[110]

---

desafios e perspectivas da lei de liberdade econômica (Lei n. 13.874 de 20 de setembro de 2019). São Paulo: Contracorrente, 2021, pp. 84/85.

109 REQUIÃO, Rubens. "Abuso de direito e fraude através da personalidade jurídica". *Revista dos Tribunais*, vol. 410. São Paulo: Revista dos Tribunais, 1969. Republicado na *Revista dos Tribunais*, vol. 803, ano 91, setembro. São Paulo: Revista dos Tribunais, 2002, p. 753. *In*: CUNHA, Fernando Antonio Maia da. *Autonomia patrimonial das sociedades limitadas vs. desconsideração da personalidade jurídica*: desafios e perspectivas da lei de liberdade econômica (Lei n. 13.874 de 20 de setembro de 2019). São Paulo: Contracorrente, 2021.

110 REQUIÃO, Rubens. "Abuso de direito e fraude através da personalidade jurídica". *Revista dos Tribunais*, vol. 410. São Paulo: Revista dos Tribunais, 1969. Republicado na *Revista dos Tribunais*, vol. 803, ano 91, setembro. São Paulo: Revista dos Tribunais, 2002, p. 753. *In*: CUNHA, Fernando Antonio Maia da. *Autonomia patrimonial das*

Era vista com preocupação constante pelos operadores do direito, portanto, uma tendência antes recorrente dos tribunais, de ampliar significativamente a aplicação da *disregard doctrine*, muitas vezes sem a observância dos requisitos necessários.

A Lei n. 13.874, de 20 de setembro de 2019, denominada Lei da Liberdade Econômica, cuidou de alterar os dispositivos do Código Civil que disciplinavam o instituto. Assim, prevê a redação atual do artigo 50 do Código Civil que:

> Em caso de abuso da personalidade jurídica, caracterizado pelo desvio de finalidade ou pela confusão patrimonial, pode o juiz, a requerimento da parte, ou do Ministério Público quando lhe couber intervir no processo, desconsiderá-la para que os efeitos de certas e determinadas relações de obrigações sejam estendidos aos bens particulares de administradores ou de sócios da pessoa jurídica beneficiados direta ou indiretamente pelo abuso.

O Código Civil cuida da chamada Teoria Maior da desconsideração da personalidade Jurídica. Com efeito, somente pode ser superada a personalidade jurídica quando obedecidos rigorosamente os pressupostos previstos no referido dispositivo, o qual pressupõe desvio de finalidade ou confusão patrimonial, visando a reprimir o abuso ou fraude por parte dos sócios e administradores da sociedade empresarial.

A disciplina da Teoria Maior da desconsideração da personalidade jurídica foi significativamente alterada pela Lei n. 13.874/2019, no intuito de valorizar a autonomia patrimonial das sociedades limitadas. A importância da evolução legislativa é defendida por aqueles que criticavam a prática dos tribunais de admitir a desconsideração

---

sociedades limitadas vs. desconsideração da personalidade jurídica: desafios e perspectivas da lei de liberdade econômica (Lei n. 13.874 de 20 de setembro de 2019). São Paulo: Contracorrente, 2021.

pela simples inexistência de bens da pessoa jurídica para satisfazer as suas obrigações sociais, o que significava, para tais autores, verdadeiro desprestígio ao princípio da autonomia patrimonial.

Por isso é que os parágrafos do artigo 50 impõem parâmetros hermenêuticos objetivos e requisitos pragmáticos, cujo preenchimento é imprescindível para afastar a autonomia patrimonial da pessoa jurídica para atingir o patrimônio dos sócios. Assim, somente nos casos de desvio de finalidade ou confusão patrimonial é que poderá o juiz reconhecer que houve abuso da personalidade jurídica, com o intuito de desconsiderá-la.

O §1° esclarece que o desvio de finalidade é a utilização da pessoa jurídica com o propósito de lesar credores e para a prática de atos ilícitos de qualquer natureza, dispondo nos parágrafos seguintes, expressamente, que a mera expansão ou a alteração da finalidade original da atividade econômica específica da pessoa jurídica, ou mesmo a mera existência de grupo econômico sem a presença dos requisitos de que trata o *caput*, não poderão ser consideradas como desvio de finalidade (§§ 4° e 5°).

O §2° ainda enumera hipóteses em que poderá se caracterizar confusão patrimonial, entendida pela ausência de separação de fato entre os patrimônios, quando houver: (i) cumprimento repetitivo pela sociedade de obrigações do sócio ou do administrador ou vice-versa; (ii) transferência de ativos ou de passivos sem efetivas contraprestações, exceto os de valor proporcionalmente insignificante; ou (iii) outros atos de descumprimento da autonomia patrimonial (admitindo, aqui, hipóteses não descritas pela lei e não previstas pelo legislador).

Saliente-se haver críticas na doutrina a respeito do inciso I do §2°, que exige a característica da repetitividade para que o cumprimento de obrigações do sócio ou do administrador pela sociedade seja considerado como confusão patrimonial. Isso porque existe a possibilidade de constituir-se violação de finalidade da separação patrimonial mesmo que com a realização de um só ato de confusão patrimonial, especialmente quando os valores envolvidos são vultosos.[111]

De todo o modo, vislumbra-se certa alteração da orientação dos tribunais após a alteração promovida pela Lei da Liberdade Econômica, no sentido de tornar mais rigoroso o procedimento para a desconsideração da personalidade da pessoa jurídica, mediante prova, pelo interessado, da efetiva ocorrência de desvio de finalidade ou confusão patrimonial, de modo a consagrar o princípio da autonomia patrimonial.

A esse respeito, destaca-se o entendimento de que a mera dissolução irregular ou a simples ausência de bens da sociedade executada não são suficientes para justificar a responsabilização dos sócios. Nesse sentido:

> Agravo de instrumento. Cumprimento de sentença. Incidente de desconsideração da personalidade jurídica para que os sócios da executada respondam pela dívida. Improcedência. Inconformismo. Não acolhimento. <u>Dissolução irregular e ausência de bens da sociedade executada não são suficientes para justificar a responsabilização dos sócios. Entendimento pacificado pela 2a Seção do C. STJ</u>. Pretensa interpretação sistemática do Código Civil, considerando os artigos 1.023, 1.024, 1.033, 1.053 e 1.080, não se sustenta. Os dois primeiros não são aplicáveis às sociedades limitadas, e o último não se aplica à hipótese, o que se evidencia considerando o que dispõem os artigos 1.033 e 1.110. Ausência de prova de que, paralisada a atividade social (fato incontroverso), a sociedade tinha bens ou recursos e estes foram desviados aos sócios, em

---

111 FRAZÃO, Ana. "Lei de Liberdade Econômica e seus impactos sobre a desconsideração da personalidade jurídica". *In*: SALOMÃO, Luis Felipe; CUEVA, Ricardi Villas Bôas; FRAZÃO, Ana (Coord.). *Lei de Liberdade Econômica e seus impactos no Direito brasileiro*. 1ª ed. São Paulo: Thomson Reuters Brasil, 2020, p. 473.

prejuízo do pagamento dos credores sociais. Artigo 1059, do CC, tampouco socorre a pretensão, porque não há prova de que tenha distribuição de lucros ou retiradas a outro título, em benefício de sócios, em prejuízo do capital social. Pretensão que deve ser examinada à luz do artigo 50, do CC. Requisitos deste também não comprovados no caso. Situação de insolvência, paralisação das atividades e identidade de endereço da sociedade e de sócio não comprovam confusão patrimonial e desvio de finalidade com intuito fraudulento. Requerente não se desincumbiu de seu ônus probatório (artigo 373, I, do CPC). Decisão agravada mantida. Recurso desprovido.[112] (grifos nossos)

Agravo de instrumento – Ação cominatória cumulada com indenização por perdas e danos e pedido de tutela de urgência – Cumprimento de sentença – Incidente de desconsideração da personalidade jurídica – Decisão recorrida que rejeitou o pedido de desconsideração da personalidade jurídica – Pretensão da exequente de redirecionamento da execução em face dos sócios da sociedade executada – Ausência de bens penhoráveis que não induz, por si só, à conclusão de que houve abuso da personalidade jurídica – Precedentes do C. Superior Tribunal de Justiça e desta Câmara Reservada de Direito Empresarial – Ônus de provar a presença dos requisitos necessários para a concessão da desconsideração da personalidade jurídica é de quem a requereu (CPC, artigo 373, inc. I) – Desvio de finalidade e confusão patrimonial não demonstrados – Violação da Lei de propriedade industrial reconhecida na ação principal que não é suficiente para caracterizar o desvio de finalidade – Decisão de indeferimento mantida – Recurso desprovido.[113] (grifos nossos)

---

112 SÃO PAULO. TJSP, 2ª Câmara Reservada de Direito Empresarial, AI n. 2252632-19.2022.8.26.0000, Rel. Des. Grava Brazil, DJe 05/04/2023.

113 SÃO PAULO. TJSP, 2ª Câmara Reservada de Direito Empresarial, AI n. 2236410-73.2022.8.26.0000, Rel. Des. Maurício Pessoa, DJe 19/12/2022.

> AGRAVO DE INSTRUMENTO. Pedido de desconsideração da personalidade jurídica. Indeferimento. Decisão escorreita. Ausência de localização de bens penhoráveis e suposto encerramento irregular não justificam a drástica medida da desconsideração da personalidade jurídica da executada. Precedentes. RECURSO DESPROVIDO.[114]

O entendimento segue a mesma linha já pacificada no Superior Tribunal de Justiça:

> A teoria da desconsideração da personalidade jurídica, medida excepcional prevista no artigo 50 do Código Civil, pressupõe a ocorrência de abusos da sociedade, advindos do desvio de finalidade ou da demonstração de confusão patrimonial. A mera inexistência de bens penhoráveis ou eventual encerramento irregular das atividades da empresa não enseja a desconsideração da personalidade jurídica.[115]

Outra novidade trazida pela Lei da Liberdade Econômica está na previsão explícita da possibilidade de desconsideração inversa da personalidade jurídica, preconizada no §3º do artigo 50 do Código Civil.

A possibilidade já era admitida pela doutrina[116] e pela jurisprudência, tendo sido positivada pelo legislador como forma de conferir segurança jurídica às relações contratuais.[117] A respeito da

---

114 SÃO PAULO. TJSP, 1ª Câmara Reservada de Direito Empresarial, AI n. 2279337-88.2021.8.26.0000, Rel. Des. Azuma Nishi, DJe 04/03/2022.

115 STJ, AgInt no AREsp 924641/SP, Ministro Marco Buzzi, Quarta Turma, DJe 12/11/2019.

116 Enunciado n. 283, IV Jornada de Direito Civil: "É cabível a desconsideração da personalidade jurídica denominada 'inversa' para alcançar bens de sócio que se valeu da pessoa jurídica para ocultar ou desviar bens pessoais, com prejuízo a terceiros".

117 CUNHA, Fernando Antonio Maia da. *Autonomia patrimonial das sociedades limitadas vs. desconsideração da personalidade jurídica*:

desconsideração inversa da personalidade jurídica, muito antes da alteração legislativa, o Superior Tribunal de Justiça já pontuava seu cabimento:

> (...) A desconsideração inversa da personalidade jurídica caracteriza-se pelo afastamento da autonomia patrimonial da sociedade, para, contrariamente do que ocorre na desconsideração da personalidade propriamente dita, atingir o ente coletivo e seu patrimônio social, de modo a responsabilizar a pessoa jurídica por obrigações do sócio controlador.
>
> (...) Considerando-se que a finalidade da *disregard doctrine* é combater a utilização indevida do ente societário por seus sócios, o que pode ocorrer também nos casos em que o sócio controlador esvazia o seu patrimônio pessoal e o integraliza na pessoa jurídica, conclui-se, de uma interpretação teleológica do artigo 50 do CC/02, ser possível a desconsideração inversa da personalidade jurídica, de modo a atingir bens da sociedade em razão de dívidas contraídas pelo sócio controlador, conquanto preenchidos os requisitos previstos na norma.[118]

Destaque-se a lição de Ana Frazão, no sentido de que a Lei de Liberdade Econômica falhou ao não dispor sobre a responsabilidade direta de controladores por atos das controladas.[119] Isso porque, manteve o vácuo normativo que permite o uso indiscriminado das controladas sem um sistema efetivo de responsabilização das controladoras.

---

desafios e perspectivas da lei de liberdade econômica (Lei n. 13.874 de 20 de setembro de 2019). São Paulo: Contracorrente, 2021, p. 168.

118 STJ, REsp 948117/MS, Ministra Nancy Andrighi, Terceira Turma, DJe 03/08/2010.

119 CUNHA, Fernando Antonio Maia da. *Autonomia patrimonial das sociedades limitadas vs. desconsideração da personalidade jurídica*: desafios e perspectivas da lei de liberdade econômica (Lei n. 13.874 de 20 de setembro de 2019). São Paulo: Contracorrente, 2021, p. 169.

A jurista reconhece que há grandes controvérsias em torno da imposição de uma regra geral e inflexível de responsabilidade de sociedades-mãe pelas dívidas da sociedade-filha, mas adverte que a norma contida no §4º do artigo 50 pode servir de blindagem às controladoras e deturpação da personalidade jurídica em sentido contrário do que se pretendia tutelar.[120]

Direito do consumidor

Outra exceção à regra da limitação da responsabilidade dos sócios é a prevista na legislação consumerista, que também admite a desconsideração da personalidade jurídica, embora com requisitos menos rigorosos do que aqueles previstos no Código Civil (Teoria Menor).

Nesse sentido, prevê o *caput* do artigo 28 do CDC que

> O juiz poderá desconsiderar a personalidade jurídica da sociedade quando, em detrimento do consumidor, houver abuso de direito, excesso de poder, infração da lei, fato ou ato ilícito ou violação dos estatutos ou contrato social. A desconsideração também será efetivada quando houver falência, estado de insolvência, encerramento ou inatividade da pessoa jurídica provocados por má administração.

O §5º do mesmo artigo, ademais, prevê que "Também poderá ser desconsiderada a pessoa jurídica sempre que sua personalidade for, de alguma forma, obstáculo ao ressarcimento de prejuízos causados aos consumidores".

---

120 FRAZÃO, Ana. "Lei de Liberdade Econômica e seus impactos sobre a desconsideração da personalidade jurídica". *In*: SALOMÃO, Luis Felipe; CUEVA, Ricardi Villas Bôas; FRAZÃO, Ana (Coord.). *Lei de Liberdade Econômica e seus impactos no Direito brasileiro*. 1ª ed. São Paulo: Thomson Reuters Brasil, 2020, p. 482.

Outrossim, a mitigação do princípio da autonomia patrimonial, no caso das relações de consumo, possui como base fática, atos que genericamente possam constituir fraude, como o abuso de direito, excesso de poder, infração à lei, ato ilícito ou violação ao contrato ou estatutos, mas também, de forma residual, por qualquer situação que demonstre o mero fato de a personalidade jurídica representar um obstáculo ao ressarcimento de prejuízos causados aos consumidores.

Consoante a Teoria Menor da desconsideração da personalidade jurídica, a sua incidência se justifica quando: (i) há prova da insolvência da pessoa jurídica para o pagamento de suas obrigações, somada à má administração da empresa (artigo 28, *caput*, do CDC) e (ii) pelo mero fato de a personalidade jurídica representar um obstáculo ao ressarcimento de prejuízos causados aos consumidores, nos termos do § 5º do artigo 28 do CDC.[121]

Nesse sentido, no âmbito do direito do consumidor, desnecessária a prova de configuração de desvio de finalidade ou de confusão patrimonial, bastando, simplesmente, que a personalidade jurídica obste o ressarcimento de prejuízos causados aos consumidores.

A regra emanada da legislação consumerista, no entanto, não é isenta de críticas pela doutrina, havendo autores que defendem que a ampliação ilimitada da desconsideração da personalidade jurídica, prevista no §5º do artigo 28 do CDC, implica verdadeira revogação da autonomia patrimonial no âmbito do direito do consumidor, tornando, inclusive, letra morta o disposto no *caput* do mesmo dispositivo legal.[122]

---

121 STJ, REsp 1.735.004/SP, Rel. Ministra Nancy Andrighi, Terceira Turma, DJe de 29/06/2018.

122 TOMAZETTE, Marlon. *Curso de Direito Empresarial*: Teoria Geral e Direito Societário. vol. 1. 6ª ed. São Paulo: Atlas, 2014, p. 261; COELHO, Fábio Ulhoa. *Curso de Direito Empresarial*: Teoria Geral e Direito Societário. vol. 1. 6ª ed. São Paulo: Atlas, 2014, p. 75.

A esse respeito, inclusive, já decidiu a Quarta Turma do Superior Tribunal de Justiça:

> (...) O parágrafo 5º do artigo 28 do Código de Defesa do Consumidor, lastreado na teoria menor, é autônomo em relação ao *caput* e incide em hipóteses mais amplas/flexíveis, isto é, sem a necessidade de observância aos requisitos como abuso da personalidade jurídica, prática de ato ilícito ou infração à lei ou estatuto social; aplica-se, portanto, em casos de mero inadimplemento em que se observe, por exemplo, a ausência de bens de titularidade da pessoa jurídica, hábeis a saldar o débito. Com efeito, dada especificidade do parágrafo em questão, e as consequências decorrentes de sua aplicação – extensão da responsabilidade obrigacional –, afigura-se inviável a adoção de uma interpretação extensiva, com a atribuição da abrangência apenas prevista no artigo 50 do Código Civil, mormente no que concerne à responsabilização de administrador não sócio.
>
> (...) O artigo 50 do CC, que adota a teoria maior e permite a responsabilização do administrador não-sócio, não pode ser analisado em conjunto com o parágrafo 5º do artigo 28 do CDC, que adota a teoria menor, pois este exclui a necessidade de preenchimento dos requisitos previstos no *caput* do artigo 28 do CDC permitindo a desconsideração da personalidade jurídica, por exemplo, pelo simples inadimplemento ou pela ausência de bens suficientes para a satisfação do débito. Microssistemas independentes. (REsp n. 1.658.648/SP, relator Ministro Moura Ribeiro, Terceira Turma, julgado em 7/11/2017, DJe de 20/11/2017).[123]

---

123 STJ, REsp 1860333/DF, Ministro Marco Buzzi, Quarta Turma, DJe 27/10/2022.

Lei antitruste

Ademais, também há outra hipótese de desconsideração da personalidade jurídica, prevista na legislação concorrencial. Consoante prevê o artigo 34 da Lei n. 12.529/2011:

> A personalidade jurídica do responsável por infração da ordem econômica poderá ser desconsiderada quando houver da parte deste abuso de direito, excesso de poder, infração da lei, fato ou ato ilícito ou violação dos estatutos ou contrato social.
>
> Parágrafo único – A desconsideração também será efetivada quando houver falência, estado de insolvência, encerramento ou inatividade da pessoa jurídica provocados por má administração.

A legislação antitruste segue o mesmo raciocínio do CDC, ao admitir a desconsideração da personalidade jurídica nas hipóteses de fraude, como o abuso de direito, excesso de poder, infração à lei, ato ilícito ou violação ao contrato social ou estatutos, prevendo também esta possibilidade nos casos de falência ou insolvência, encerramento ou inatividade da pessoa jurídica provocados por má administração. As críticas doutrinárias ao regime do CDC, portanto, permanecem as mesmas no sistema concorrencial.

Legislação trabalhista

Não bastasse, ainda há outra exceção à regra geral da autonomia patrimonial das sociedades limitadas, disposta na legislação trabalhista, também com possibilidade de desconsideração da personalidade jurídica.

A disciplina trazida pelo Código de Processo Civil de 2015 para o incidente de desconsideração da personalidade jurídica (artigos 133 a 137 do CPC) é agora aplicável também nos processos trabalhistas, em razão da inclusão do artigo 855-A na CLT, pela Lei n. 13.467/17, popularmente denominada de "Reforma Trabalhista".

Nesse sentido, o incidente de desconsideração será cabível em todas as fases do processo de conhecimento, no cumprimento de sentença e na execução fundada em título executivo extrajudicial (CPC, artigo 134, *caput*), e terá o condão de suspender o processo trabalhista, sem prejuízo de concessão da tutela de urgência de natureza cautelar prevista no artigo 301 do CPC (CLT, artigo 855-A, §2°).

Instaurado o incidente, o sócio ou a pessoa jurídica serão citados para manifestar-se e requerer as provas cabíveis no prazo de 15 (quinze) dias (CPC, artigo 135). Concluída a instrução, se necessária, o incidente será resolvido por decisão interlocutória, caso em que somente será passível de recurso se for proferida na fase de execução, mediante agravo de petição, independentemente de garantia do juízo; ou mediante agravo interno se proferida pelo relator em incidente instaurado originariamente no tribunal (CLT, artigo 855-A, §1°).

A posição majoritária na doutrina, entretanto, é a de que na seara trabalhista adotar-se-á sempre a Teoria Menor na desconsideração da personalidade jurídica, não se exigindo do trabalhador, outrossim, a prova da fraude e dos requisitos previstos no artigo 50 do Código Civil.[124]

O regramento, na visão trabalhista, justificar-se-ia pela noção de que o processo do trabalho tem princípio inquisitivo, na forma do artigo 878 da CLT, com o intuito de garantir o adimplemento das obrigações trabalhistas mesmo em caso de insolvência da sociedade, ou dissolução ou extinção irregular.

Nesse sentido, o §1° do artigo 8° da CLT, alterado pela Lei n. 13.467/2017, orienta à aplicação subsidiária do direito comum, o que

---

124 CAVALCANTE, Jouberto de Quadros Pessoa; JORGE NETO, Francisco Ferreira. *Direito do Trabalho*. 9ª ed. São Paulo: Atlas, 2019, p. 463.

permite a aplicação das disposições contidas no §5° do artigo 28 do CDC, a fim de ressarcir os prejuízos causados aos trabalhadores.[125]

Direito ambiental

A desconsideração da personalidade jurídica também tem ampla aplicação na disciplina do Direito Ambiental, orientada pelos princípios da proteção integral, da prevenção, da precaução e da responsabilidade civil objetiva.

Segundo o artigo 4° da Lei n. 9.605/98, "Poderá ser desconsiderada a pessoa jurídica sempre que sua personalidade for obstáculo ao ressarcimento de prejuízos causados à qualidade do meio ambiente".

Desnecessária, portanto, a prova de fraude, abuso de direito ou mesmo ato ilícito, quando se tratar de reparação de danos ambientais pela pessoa jurídica, bastando que, assim como na sistemática consumerista, sua personalidade seja obstáculo ao ressarcimento integral dos danos causados ao meio ambiente.

Note-se que o comando legislativo, no caso do dano ambiental, foi ainda mais objetivo que o Código de Defesa do Consumidor, deixando de aludir ao que consta no *caput* do artigo 28 do CDC, e preferindo a genérica possibilidade de desconsideração da personalidade jurídica sempre que a autonomia patrimonial própria da personalidade da pessoa jurídica for óbice ao ressarcimento do prejuízo à qualidade do meio ambiente. Assim, aplicam-se aqui as mesmas críticas feitas ao §5° do artigo 28 do CDC, quando examinada a responsabilidade dos sócios no âmbito do direito do consumidor.[126]

---

125 CUNHA, Fernando Antonio Maia da. *Autonomia patrimonial das sociedades limitadas vs. desconsideração da personalidade jurídica*: desafios e perspectivas da lei de liberdade econômica (Lei n. 13.874 de 20 de setembro de 2019). São Paulo: Contracorrente, 2021, p. 133.

126 CUNHA, Fernando Antonio Maia da. *Autonomia patrimonial das sociedades limitadas vs. desconsideração da personalidade jurídica*: desafios

Aliás, o Superior Tribunal de Justiça já admitiu a aplicação da Teoria Menor da desconsideração da personalidade jurídica em matéria ambiental, ressaltando que, "*à luz do princípio poluidor-pagador e do princípio da reparação in integrum*, inadmissível que a personalidade jurídica funcione como muro intransponível para execução de obrigação ambiental do degradador".[127]

Legislação tributária

Outra exceção à regra da autonomia patrimonial, e que diverge de todas as outras em razão da desnecessidade de utilização do instituto da desconsideração da personalidade jurídica para atingir o patrimônio pessoal dos sócios, é a dos débitos tributários.

Não se pode olvidar do que dispõe a legislação tributária, no sentido de responsabilizar solidariamente todos os interessados no fato gerador da obrigação tributária (CTN, artigo 124, inciso I), e pessoalmente os responsáveis pelos créditos correspondentes a obrigações tributárias resultantes de atos praticados com excesso de poderes ou infração de lei, contrato social ou estatutos (CTN, artigo 135).

Assim, em caso de efetiva ocorrência de atos praticados com excesso de poderes ou infração de lei, contrato social ou estatuto, admite-se o redirecionamento da execução fiscal contra os sócios, sem necessidade de desconsideração da personalidade jurídica. Para tanto, serão responsabilizados apenas os sócios que exercerem a administração da sociedade, sendo imprescindível a prova de ato de infração à lei praticado por eles.

---

e perspectivas da lei de liberdade econômica (Lei n. 13.874 de 20 de setembro de 2019). São Paulo: Contracorrente, 2021, pp. 140/141.

127 STJ, AgRg no AREsp 324781/ES, Ministro Herman Benjamin, Segunda Turma, DJe 28/08/2020.

De todo o modo, caso tenha havido a dissolução irregular da sociedade, o Superior Tribunal de Justiça entende suficiente que o sócio exerça a gerência/administração da sociedade quando de sua dissolução irregular, sendo irrelevante se o sócio integrava a sociedade ou exercia atos de gerência na data da ocorrência do fato gerador da obrigação tributária. Nesse sentido:

> 1. Não obstante o entendimento que prevalecia no âmbito das Turmas que integram a Primeira Seção/STJ, a Segunda Turma/STJ, em recentes julgados, passou a entender que é suficiente que o sócio exerça a gerência/administração da sociedade quando de sua dissolução irregular, de modo que é irrelevante se o sócio integrava a sociedade ou exercia atos de gerência na data da ocorrência do fato gerador da obrigação tributária (REsp 1.520.257/SP, Rel. Ministro OG FERNANDES, SEGUNDA TURMA, julgado em 16/06/2015, DJe 23/06/2015). 2. Conforme constou do voto do Ministro OG Fernandes, "propôs-se a mudança de orientação jurisprudencial para definir que o redirecionamento da execução fiscal, na hipótese de dissolução irregular da sociedade ou de sua presunção, deve recair sobre o sócio-gerente que se encontrava no comando da entidade quando da dissolução irregular ou da ocorrência de ato que presume a sua materialização, nos termos da Súmula 435/STJ, sendo irrelevantes a data do surgimento da obrigação tributária (fato gerador) bem como o vencimento do respectivo débito fiscal".[128]

A Sociedade Limitada Unipessoal

A Lei n. 13.874, de 20 de setembro de 2019, originada pela conversão da Medida Provisória n. 881 de 2019, denominada de "Lei da Liberdade Econômica" inovou no ordenamento jurídico brasileiro

---

128 STJ, EDv nos EREsp 1530483/SP. Ministro Mauro Campbell Marques, Primeira Seção. DJe 30/06/2022.

ao inserir os §§ 1º e 2º no artigo 1.052 do Código Civil, admitindo a constituição da sociedade limitada com apenas um sócio.

Antes da alteração legislativa, o empreendedor que pretendesse, sozinho, constituir uma empresa, deveria fazê-lo na forma de empresário individual, hipótese em que não haveria separação entre o patrimônio da pessoa física e o da pessoa jurídica, respondendo de forma ilimitada pelas obrigações sociais. Também era possível constituir uma EIRELI (Empresa Individual de Responsabilidade Limitada), figura jurídica criada pela Lei n. 12.441/2011, que incluiu o artigo 980-A no Código Civil.

Conforme destaca José Edwaldo Tavares Borba, "a exigência da pluralidade de sócios correspondia, com efeito, a um resquício de épocas passadas, quando a sociedade era eminentemente contratual",[129] o que, inclusive, se extrai do artigo 981 do Código Civil: ao pontuar que "celebram contrato de sociedade as pessoas que reciprocamente se obrigam a contribuir, com bens ou serviços, para o exercício de atividade econômica e a partilha, entre si, dos resultados".

Assim, a EIRELI teve por escopo solucionar um problema recorrente no meio empresarial, e que decorria da regra legal que, até 2011, exigia a pluralidade de sócios para a constituição da sociedade limitada: o registro de sociedade por empreendedores que emprestavam o nome de parentes e conhecidos para registrá-los como sócios minoritários, tão somente para cumprir o requisito imposto pela lei para fazer jus à limitação da responsabilidade, sem que tais sócios tivessem efetivamente qualquer relação com o negócio ou com a atividade desempenhada.

Embora o legislador houvesse tentado solucionar este inconveniente por meio da EIRELI, tal figura jurídica não esteve imune de críticas pela doutrina, sobretudo porque a lei que a criou, embora previsse a aplicação supletiva das normas da sociedade limitada,

---

129 BORBA, José Edwaldo Tavares. *Direito Societário*. 19ª ed. Barueri (SP): Atlas, 2022, p. 54.

impôs, dentre as exigências para a sua constituição, o capital social mínimo de cem vezes o salário-mínimo no momento da constituição, o qual deveria ser imediatamente integralizado, além da limitação da existência de apenas uma EIRELI por pessoa física.[130]

Destaque-se que mesmo com a criação da EIRELI, as sociedades limitadas continuavam a exigir a pluralidade de sócios para a sua constituição. Aliás, o inciso IV do artigo 1.033 do Código Civil previa que a falta de pluralidade de sócios seria causa de dissolução da sociedade, quando não reconstituída no prazo de cento e oitenta dias, contados a partir do ato que teria reduzido o quadro societário.

Analisando esse cenário, percebe-se com facilidade que a constituição de uma sociedade limitada unipessoal é mais vantajosa para o empreendedor que pretenda, sozinho, desenvolver a atividade

130 Código Civil, artigo 980-A (revogado pela Lei n. 14.382/2022). A empresa individual de responsabilidade limitada será constituída por uma única pessoa titular da totalidade do capital social, devidamente integralizado, que não será inferior a 100 (cem) vezes o maior salário-mínimo vigente no País.

§ 1º O nome empresarial deverá ser formado pela inclusão da expressão “EIRELI” após a firma ou a denominação social da empresa individual de responsabilidade limitada.

§ 2º A pessoa natural que constituir empresa individual de responsabilidade limitada somente poderá figurar em uma única empresa dessa modalidade.

§ 3º A empresa individual de responsabilidade limitada também poderá resultar da concentração das quotas de outra modalidade societária num único sócio, independentemente das razões que motivaram tal concentração.

§ 4º (VETADO).

§ 5º Poderá ser atribuída à empresa individual de responsabilidade limitada constituída para a prestação de serviços de qualquer natureza a remuneração decorrente da cessão de direitos patrimoniais de autor ou de imagem, nome, marca ou voz de que seja detentor o titular da pessoa jurídica, vinculados à atividade profissional.

§ 6º Aplicam-se à empresa individual de responsabilidade limitada, no que couber, as regras previstas para as sociedades limitadas.

empresarial através de sociedade sob a forma de responsabilidade limitada.[131] Sobretudo porque, o sócio fica totalmente livre para estabelecer o respectivo capital social, que consoante já analisado não costuma ultrapassar os R$ 50 mil reais.

Todas essas alterações legislativas significaram não apenas a perda de importância da figura da EIRELI, mas também a sua revogação, ocasionada pela ulterior criação das sociedades limitadas unipessoais pelo legislador ordinário.

A esse respeito, a promulgação da Lei n. 14.195, de 26 de agosto de 2021, denominada "Lei do Ambiente de Negócios", estabeleceu em seu artigo 41 que

> As empresas individuais de responsabilidade limitada existentes na data da entrada em vigor desta Lei serão transformadas em sociedades limitadas unipessoais independentemente de qualquer alteração em seu ato constitutivo.

Tal diploma normativo ainda revogou o inciso IV do artigo 1.033 do Código Civil, que antes previa como causa de dissolução da sociedade a falta de pluralidade de sócios, quando não reconstituída no prazo de cento e oitenta dias. Assim, já em 2021, a doutrina majoritária e a jurisprudência entendiam ter se operado a revogação tácita das EIRELIs, ante da transformação automática, *ex lege*, das EIRELIs já constituídas em sociedades limitadas unipessoais.

Posteriormente, a Lei n. 14.382, de 27 de junho de 2022, expressamente revogou o inciso VI do artigo 44 do Código Civil, que elencava a EIRELI como uma das pessoas jurídicas de Direito

131 SILVEIRA, Marcelo Matos Amaro da. "A responsabilidade patrimonial do titular da EIRELI após a Lei da Liberdade Econômica". *Migalhas*, 11 mar. 2021. Disponível em: https://www.migalhas.com.br/coluna/migalhas-de-responsabilidade-civil/341513/a-responsabilidade-patrimonial-do-titular-da-eireli. Acessado em: 17.10.2024.

Privado, bem como o artigo 980-A do Código Civil, que disciplinava o regime jurídico das EIRELIs.

Atualmente, pois, não há mais dúvida de que a sociedade limitada unipessoal veio a substituir definitivamente as Empresas Individuais de Responsabilidade Limitada, extintas pelas alterações legislativas posteriores à promulgação da Lei da Liberdade Econômica.

Destaque-se que o Tribunal de Justiça de São Paulo tem enfrentado com frequência a questão atinente à possibilidade de penhora de quotas sociais do devedor titular único do capital social de sociedades limitadas unipessoais. Isso porque, muitos credores têm pleiteado a inclusão direta (sem a instauração do incidente de desconsideração da personalidade jurídica) do sócio e/ou da sociedade unipessoal no polo passivo da execução, sob a alegação de que tais sociedades servem como forma de blindagem patrimonial.

Entretanto, a jurisprudência tem rejeitado tais pedidos, sob o argumento de que é impositiva a instauração do incidente de desconsideração da personalidade jurídica, para que se comprove a ocorrência de alguma das hipóteses que autoriza a mitigação da autonomia patrimonial das sociedades limitadas unipessoais. Confira-se:

> Execução de Título Extrajudicial – Inclusão no polo passivo da execução – Agravante que pretende a inclusão da titular da EIRELI agravada no polo passivo da execução – Descabimento – Autonomia patrimonial entre a pessoa jurídica e a sócia/titular existente tanto para a EIRELI quanto para a sociedade limitada unipessoal, na qual a agravada se transformou – Tese recursal de que a dissolução irregular da agravada justifica a imediata responsabilidade dos sócios – Rejeição – Ausência de extinção da personalidade jurídica que impõe a manutenção da divisão patrimonial entre a sociedade e seus sócios – Necessidade de instauração de incidente de desconsideração da personalidade jurídica para sujeição da esfera jurídica da

> sócia – Orientação jurisprudencial dominante deste E. TJSP – Decisão mantida – Recurso Desprovido.[132]
>
> Agravo de instrumento – execução de título extrajudicial – pedido de inclusão de empresa onde o sócio da devedora principal figura no quadro societário – pedido inviável – necessidade de eventual acolhimento de incidente de desconsideração inversa da personalidade jurídica da empresa indicada – transformação da sociedade EIRELI em sociedade limitada unipessoal (SLU) por força do artigo 41 da Lei nº 14.195/2021 que não alterou a responsabilidade limitada prevista na legislação anterior – autonomia da personalidade jurídica prevalecente até prova de desvio da finalidade e abuso da personalidade jurídica – agravo improvido.[133]

Assim, a sociedade limitada unipessoal pode ser constituída por pessoa natural ou jurídica, domiciliada no Brasil ou no exterior, como também pode admitir administrador não sócio no contrato social ou em ato separado. Da mesma forma, a sociedade unipessoal pode ser sócia ou acionista de outras pessoas jurídicas. Sendo composta por uma só pessoa, o contrato social de uma sociedade limitada unipessoal é bem mais simples do que o da sociedade com dois ou mais sócios, já que não é necessário dispor sobre reuniões de sócios, direito de preferência, exclusão, *quórum* e diversos outros assuntos próprios de uma sociedade plural.

Não obstante o avanço promovido pela inclusão da figura sociedade limitada unipessoal no Código Civil, são dignas de nota as críticas feitas por Alfredo de Assis Gonçalves Neto quanto a ausência de mecanismos que regulem a

---

132 SÃO PAULO. TJSP, 28ª Câmara de Direito Privado, AI n. 2264699-16.2022.8.26.0000, Rel. Des. Angela Lopes, DJe 21/03/2023.

133 SÃO PAULO. TJSP, 16ª Câmara de Direito Privado, AI n. 2193287-25.2022.8.26.0000, Rel. Des. Coutinho de Arruda, DJe 16/04/2023.

> situação peculiar que decorre do fato que a sociedade unipessoal ser, em sua essência, um artifício legal – *rectus*, uma ficção legal – destinada (i) a permitir a limitação da responsabilidade do empresário individual e (ii) assegurar, nas mãos de um único sócio, a manutenção em funcionamento de uma empresa economicamente viável.[134]

O referido autor pontua, nesse sentido, que embora também não haja previsão de capital social mínimo para as sociedades limitadas tradicionais, o legislador

> não previu, como se deu em relação à empresa individual de responsabilidade limitada, um capital mínimo ou um mínimo a ser atingido, como prevê a lei alemã, para que a sociedade não se resuma a um papel ou a uma simples declaração por escrito, sem qualquer concretude indicativa de sua existência material para agir no mercado.[135]

Certamente, os argumentos são relevantes e demonstram uma preocupação legítima com as possíveis situações nas quais a figura sociedade limitada unipessoal será utilizada como forma de blindagem patrimonial, ou mesmo com a dificuldade de garantir uma segurança jurídica adequada aos seus credores. A questão, entretanto, é que a prática já demonstrou que a fixação de um capital mínimo acaba por gerar um efeito reverso, como ocorria nas EIRELIs, causando um cenário ainda pior, com as simulações feitas para atender ao requisito da pluralidade de sócios.

---

134 GONÇALVES NETO, Alfredo de Assis. *Empresa individual de responsabilidade limitada e sociedades de pessoas*. São Paulo: Revista dos Tribunais, 2023, p. 355.

135 GONÇALVES NETO, Alfredo de Assis. *Empresa individual de responsabilidade limitada e sociedades de pessoas*. São Paulo: Revista dos Tribunais, 2023, p. 354.

Cumpre agora à doutrina e à jurisprudência acompanhar o caminho que será trilhado pela sociedade limitada unipessoal, garantindo que seus fins sejam alcançados, sem permitir a ocorrência de desvios do objeto do legislador.

A respeito, questão interessante foi decidida, recentemente, pelo Colendo Superior Tribunal de Justiça. Em execução extrajudicial confirmou decisão que havia determinado a penhora de quotas sociais de sociedade unipessoal, ao fundamento principal de que se o executado transfere seu patrimônio para a sociedade, é possível a penhora das quotas mesmo não sendo elas divisíveis nesse tipo societário. A resposta da Corte Superior, em voto proferido pelo Ministro Marco Aurélio Bellizze, foi no sentido de que não há vedação legal e as quotas integram o patrimônio do sócio unipessoal, pessoa física ou jurídica, devendo a penhora, no entanto, ser precedida de desconsideração da personalidade jurídica, a qual, no caso em julgamento, era a inversa.[136]

Colhe-se, da ementa do julgado mencionado, os seguintes ensinamentos:

> 2. Na sociedade limitada unipessoal, os direitos e obrigações provenientes do capital social (ou seja, a participação societária) concentrar-se-ão todos na pessoa do único sócio, integrando o patrimônio deste. A despeito de a divisão do capital social em quotas pressupor, a princípio, a pluralidade de sócios, inexiste vedação legal a que igualmente se proceda em relação à sociedade limitada unipessoal, afigurando-se cabível, em tese, esse fracionamento. 3. É possível a penhora, no todo ou em parte, da participação societária do devedor sócio de sociedade limitada unipessoal (independentemente de o capital social estar dividido ou não em quotas) para o adimplemento de seus credores particulares, mediante a liquidação parcial, com a correspondente redução do capital

136 Recurso Especial n. 1.982.730, Rel. Ministro Marco Aurélio Bellizze, em 21.03.2023, DJE 23/03/2023.

> social, ou total da sociedade (artigos 1.026 e 1.031 do CC e 861 a 865 do CPC/2015), desde que mantida a unipessoalidade societária constante do respectivo ato constitutivo e a subsidiariedade dessa espécie de penhora disposta nos artigos 835, IX, e 865 do CPC/2015.4. A coexistência da penhora de quotas sociais (isto é, da participação societária do sócio da sociedade unipessoal) e da desconsideração inversa da personalidade jurídica afigura-se salutar ao procedimento executivo, pois apresenta meios alternativos – atendidos os respectivos pressupostos legais – de satisfação do direito do credor, que é o fim precípuo da execução positivado no artigo 797 do CPC/2015.

Em suma, a preocupação com a malícia de quem pretender transferir patrimônio pessoal para sociedade unipessoal, com intuito de esquivar-se do pagamento de obrigação contraída em nome da pessoa física do sócio, será certamente rejeitada pela jurisprudência, como no caso da ementa acima transcrita.[137]

Art. 1.053. A sociedade limitada rege-se, nas omissões deste Capítulo, pelas normas da sociedade simples.

Parágrafo único. O contrato social poderá prever a regência supletiva da sociedade limitada pelas normas da sociedade anônima.

Regramento Jurídico e Normas Supletivas

Arnoldo Wald escreve que,

> o grande sucesso das sociedades limitadas dentre todos os outros tipos associativos previstos na legislação brasileira, deu-se justamente pelo fato de possibilitar a limitação da responsabilidade dos sócios e trazer várias normas dispositivas, deixando ao cargo dos sócios, ao formar a sociedade, o

---

137 Recurso Especial n. 1.982.730, Rel. Ministro Marco Aurélio Bellizze, em 21.03.2023, DJE 23/03/2023.

> estabelecimento de regras que nortearão as relações durante a vida societária.[138]

De fato, a anotação feita pelo autor resume muito bem a percepção da doutrina acerca do regime jurídico das sociedades limitadas.

O antigo Decreto Lei n. 3.708/1919 previa em seu artigo 18, a aplicação das disposições da Lei das Sociedades Anônimas, no que não fosse regulado no estatuto social.[139] O dispositivo gerava controvérsia na doutrina, pois enquanto alguns autores entendiam que a Lei das Sociedades Anônimas somente se aplicava às omissões do contrato social, outros sustentavam que suas disposições incidiam, supletivamente, apenas nas lacunas do Decreto n. 3.708/1919.[140]

O Código Civil de 2002, então, optou por adotar as disposições das sociedades simples como diploma supletivo à disciplina das sociedades limitadas, sem prejuízo, porém, de o contrato social dispor diferentemente, com a regência supletiva da Lei das Sociedades Anônimas, no que couber.

Nesse sentido, Fábio Ulhoa Coelho[141] anota que a sociedade simples possui importantes funções de acordo com a disciplina regulada pelo Código Reale. Uma delas é a de constituir um dos vários tipos societários que a lei disponibiliza para as pessoas que pretendem explorar atividade econômica conjuntamente (sentido

---

138 WALD, Arnoldo. *Comentários ao Novo Código Civil – do Direito de Empresa*. vol. XIV. Rio de Janeiro: Forense, 2005, p. 332.

139 Decreto n. 3.708, de 10 de janeiro de 1919 – Artigo 18. *Serão observadas quanto ás sociedades por quotas, de responsabilidade limitada, no que não for regulado no estatuto social, e na parte applicavel, as disposições da lei das sociedades anonymas* ("in verbis").

140 CALÇAS, Manoel de Queiroz Pereira. *In*: NANNI, Giovanni Ettore (Coord.). *Comentários ao Direito Civil*: Direito Privado contemporâneo. São Paulo: Saraiva Educação, 2018, p. 1434.

141 COELHO, Fábio Ulhoa. *Comentários à Lei de Falências e de Recuperação de Empresas*: Lei n. 14.112/20, Nova Lei de Falências. 15ª ed. São Paulo: Revista dos Tribunais, 2021, pp. 48/49.

estrito). Outra é a de caracterizar-se como um modelo genérico para os demais tipos societários contratuais, aplicando-se, subsidiariamente, à sociedade em nome coletivo (artigo 1.040, CC), à sociedade em comandita simples (artigo 1.040 c.c. artigo 1.046, CC), à sociedade limitada (artigo 1.053, *caput*, CC) e à sociedade cooperativa (artigo 1.096, CC).

Interpretando-se o artigo 1.053; *caput* e o parágrafo único, é possível extrair que, nos casos de omissão no capítulo próprio das sociedades limitadas, serão, via de regra, regidas pelo regime jurídico das sociedades simples. O contrato social pode, no entanto, prever a aplicação supletiva da disciplina das sociedades anônimas nos casos de omissão do regramento próprio das sociedades limitadas, o que afastaria, assim, a aplicação das regras das sociedades simples.

Essa regra, como se verá, comporta dúvida e divergência na doutrina sobre a sequência de aplicação supletiva às omissões eventualmente existentes nos dispositivos específicos das sociedades limitadas.

Um posicionamento mais corrente é no sentido de que, havendo omissões e prevendo o contrato a aplicação supletiva das sociedades anônimas, esta é que se aplica e não as regras da sociedade simples. Outro vai à direção de que as omissões serão sempre supridas pelas regras da sociedade simples, e, depois, supletivamente, se sobejarem dúvidas, se aplicariam as das sociedades anônimas.

Alfredo de Assis Gonçalves Neto, por exemplo, opta pela segunda hipótese, ou seja, a de que "as regras das sociedades limitadas devem ser completadas sempre com aquelas gerais postas na disciplina das sociedades simples, vindo somente depois a regência supletiva das sociedades anônimas".[142]

142 GONÇALVES NETO, Alfredo de Assis. *Empresa individual de responsabilidade limitada e sociedades de pessoas*. São Paulo: Revista dos Tribunais, 2023, p. 355.

No entanto, a ordem de aplicação do regramento jurídico das sociedades limitadas que melhor atende ao objetivo do legislador é a que interpreta o artigo e seu parágrafo como tendo sido dada às sociedades limitadas a faculdade de optar acerca de qual regra supletiva aplicará, isto é, das sociedades simples ou das sociedades anônimas. Assim, valem as normas específicas das sociedades limitadas e as que forem determinadas no contrato social, e, supletivamente, as normas das sociedades anônimas se houver expressa menção no contrato. Não havendo, supletivamente se aplicará a regra das sociedades simples.

Assim sendo, aplicam-se: primeiro, as normas especificas das sociedades limitadas; segundo, as regras do contrato social, aplicando-se a norma geral caso o contrato não disponha sobre elas; terceiro, no caso de omissão das normas especificas das sociedades limitadas, e não havendo previsão de aplicação supletiva das sociedades anônimas, aplica-se o disposto às sociedades simples; q1.061uarto, o regramento das sociedades anônimas, caso assim os sócios estabeleçam no contrato social.

Esse entendimento acima deduzido está, essencialmente, contido nas observações de José Waldecy Lucena, ao pontuar que, com as duas possibilidades de regência supletiva estabelecidas pelo Código Civil de 2002, o legislador quis

> possibilitar aos sócios a seguinte opção de supletividade, a ser escolhida segundo seus interesses e conveniências: a) a adoção de um modelo supletivo mais simples, quando reportado às pequenas e médias empresas (estas quando de poucos sócios), reservando-lhes então o tipo da sociedade simples ("*caput*"); b) a adoção de um modelo supletivo mais complexo, quando referido às médias empresas (estas quando de muitos sócios) e às grandes empresas, reservando-lhes então o tipo da sociedade anônima (parágrafo único).[143]

---

143 LUCENA, José Waldecy. *Das Sociedades Limitadas*. 5ª ed. Rio de Janeiro: Renovar, 2003, p. 99.

Logo, incumbe aos sócios, diante da natureza contratual da sociedade, estipular no contrato social, um perfil mais personalista à sociedade limitada (sem previsão de aplicação das normas das Sociedades Anônimas), ou um perfil mais capitalista (com previsão de aplicação das normas das Sociedades Anônimas).[144]

É preciso ressalvar, porém, que a aplicação da Lei das Sociedades Anônimas não pode ser feita irrestritamente, sob pena de se vulnerar a natureza da sociedade contratual limitada. Para Sergio Campinho, a utilização supletiva das regras da Lei n. 6.404/76 às sociedades limitadas deve observar quatro condições: a) omissão das normas gerais do Código Civil, aplicáveis às sociedades simples; b) omissão no contrato social; c) previsão expressa no contrato social autorizando a regência supletiva pelas normas das sociedades anônimas; d) ausência de violação à natureza contratual da sociedade limitada.[145]

Deste modo, questões atinentes à formação, dissolução e liquidação da sociedade limitada serão sempre regidas pelas normas gerais das sociedades simples, no caso de omissão na disciplina específica das limitadas. Isso porque, não possuindo a sociedade limitada natureza institucional, não podem as regras das sociedades anônimas servirem de respaldo à disciplina desses temas.

O ideal é que as sociedades limitadas tenham em seus contratos sociais o máximo de informações a respeito das regras que os sócios deverão aplicar no futuro, especialmente nas suas divergências, de modo a que, apenas supletivamente, sejam regidas segundo as gerais estipuladas para as sociedades simples ou para as sociedades anônimas, se por ela optarem.

---

144 CRUZ, André Luiz Santa. *Manual de Direito Empresarial* – volume único. 12ª ed. rev. atual. e ampl. São Paulo: JusPodivm, 2022, p. 381.

145 CAMPINHO, Sérgio. *O Direito de Empresa à luz do Código Civil*. 12ª ed. revista e atualizada de acordo com as Leis n. 12.441/2011, 12.399/2011 e 13.375/2010. Rio de Janeiro: Renovar, 2011, pp. 162.

Não há mais espaço, nem mesmo dentre as empresas de pequeno porte, para que os contratos das sociedades limitadas sejam feitos sem a preocupação jurídica das regras que permitirão a solução dos seus problemas futuros, inclusive supletivamente nos casos de omissões da legislação específica.

Art. 1.054. O contrato mencionará, no que couber, as indicações do artigo 997, e, se for o caso, a firma social.

Contrato Social

A celebração do contrato social está sujeita à observância dos mesmos requisitos de validade de qualquer outro contrato, sendo necessário, portanto, que os sócios sejam agentes capazes e manifestem livremente a vontade de contrair a sociedade, que o objeto do contrato social seja lícito, possível, determinado ou determinável, e que se revista da forma prescrita ou não defesa em lei, nos termos do artigo 104 do Código Civil.

O contrato social das sociedades limitadas deverá ser elaborado por instrumento escrito, público ou particular, e conter o mesmo conteúdo mínimo que o Código Civil exige para as sociedades simples (artigo 997). Ressalve-se que o próprio dispositivo dispõe que o artigo 997 se aplicará às sociedades limitadas, "no que couber", deixando claro que nem todas as matérias ali relacionadas precisam estar necessariamente presentes no contrato social da limitada.

Também é oportuno destacar que os elementos previstos no artigo 997 não são taxativos, constituindo apenas o conteúdo mínimo a ser disciplinado no contrato social, podendo a própria lei exigir a presença de outras cláusulas obrigatórias, ou os sócios estipularem livremente outras matérias, que não aquelas disciplinadas no aludido dispositivo. De todo modo, se os sócios pactuarem quaisquer disposições contrárias ao contrato social, em documento separado, não poderão usá-las em relação a terceiros (parágrafo único, artigo 997).

O contrato social deverá mencionar, portanto, sem prejuízo de outros elementos facultativos, (1) a qualificação dos sócios, sejam pessoas físicas ou jurídicas; (2) o nome empresarial (firma social ou denominação); (3) o objeto social; (4) a sede, ou seja, o domicílio da pessoa jurídica, onde se encontram concentrados os atos de gestão empresarial; (5) prazo de duração (se houver); (6) o capital da sociedade expresso em moeda corrente, podendo compreender qualquer espécie de bens suscetíveis de avaliação pecuniária, bem como o prazo e forma de sua integralização; (7) a quota distribuída a cada sócio, e o modo de realizá-la; (8) as pessoas naturais incumbidas da administração da sociedade, e seus poderes e atribuições; (9) a participação de cada sócio nos lucros e nas perdas – nesse caso, omisso o contrato, presume-se que cada sócio participa na proporção das respectivas quotas, consoante artigo 1.007, sendo vedada a exclusão de qualquer sócio nesta distribuição (artigo 1.008); (10) e a declaração de que a responsabilidade dos sócios é limitada ao valor da respectiva quota.

No que pertine ao nome empresarial, a sociedade limitada poderá operar sob firma ou denominação, integradas pela palavra final "Limitada" ou a sua abreviatura, "Ltda.", conforme disposto no artigo 1.155 do Código Civil. E é importante anotar que, na forma do artigo 1158, a não observância dessa regra transforma a responsabilidade em solidária e ilimitada dos administradores (§3º). O mesmo dispositivo dispõe que, caso a opção seja pela firma social, o nome empresarial da sociedade limitada deverá ser composto com o nome de um ou mais sócios, desde que pessoas físicas, de modo indicativo da relação social (§1º). Se, de outro turno, optar pela denominação, esta deverá designar o objeto da sociedade, sendo permitido nela figurar o nome de um ou mais sócios (§2º).

Incumbe à autoridade competente para proceder ao registro do contrato social, a fiscalização do preenchimento de tais formalidades legais, bem como a verificação da autenticidade e a legitimidade do signatário do requerimento, nos termos do artigo 1.153 do Código Civil, e eventuais irregularidades deverão ser informadas ao requerente do registro, mediante notificação, para o fim de saná-las (parágrafo único).

No que diz respeito ao inciso VI do artigo 997 ("as pessoas naturais incumbidas da administração da sociedade, e seus poderes e atribuições"), importa destacar que os administradores poderão ser designados por ato em separado, caso em que serão investidos no cargo por assinatura do termo de posse no livro de atas da administração (artigos 1.060 e 1.062). O Código Civil estipula, ainda, que se o contrato nada dispuser a respeito da administração, esta competirá, separadamente, a cada um dos sócios (artigo 1.013). Assim, a omissão do contrato social a respeito das pessoas naturais incumbidas da administração não importa vício insanável capaz de, por si só, invalidar o ato constitutivo da sociedade.

Ressalve-se que, na sociedade limitada, diferentemente das sociedades simples, é vedada a contribuição ao capital social que consista em prestação de serviços (artigo 1.055, §2º). Assim, diante da vedação legal, não se aplica às sociedades limitadas a exigência do inciso V do artigo 997 ("as prestações a que se obriga o sócio, cuja contribuição consista em serviços"). Nesse sentido, aliás, o Enunciado nº 222 da III Jornada de Direito Civil: "Não se aplica o artigo 997, V, à sociedade limitada na hipótese de regência supletiva pelas regras das sociedades simples".

Também não é pertinente às sociedades limitadas a menção sobre "se os sócios respondem, ou não, subsidiariamente, pelas obrigações sociais" (inciso VIII, artigo 997), já que a característica precípua desta espécie societária é de que a responsabilidade de cada sócio é restrita ao valor de suas quotas, mas todos respondem solidariamente pela integralização do capital social.

Para conferir regularidade à sociedade, o contrato social deve ser levado a registro perante o Registro Público de Empresas Mercantis, a cargo das Juntas Comerciais, no prazo de trinta dias contados da sua assinatura, caso em que seus efeitos retroagirão à data do protocolo. Ultrapassado o prazo legal, o registro somente produzirá efeitos a partir da data de sua concessão (artigo 1.151, §§ 1º e 2º).

Seção II – Das quotas

Artigo 1.055. O capital social divide-se em quotas, iguais ou desiguais, cabendo uma ou diversas a cada sócio.

§ 1º Pela exata estimação de bens conferidos ao capital social respondem solidariamente todos os sócios, até o prazo de cinco anos da data do registro da sociedade.

§ 2º É vedada contribuição que consista em prestação de serviços.

Capital Social

Estabelecidas as características da sociedade limitada e esclarecido que nesse tipo societário, a responsabilidade dos sócios é limitada ao valor de sua respectiva quota social e solidária apenas em relação à integralização do capital social, incumbe definir o conceito de capital social e discorrer sobre suas características e importância no funcionamento das limitadas.

Na definição da obra clássica de Carlos Fulgêncio da Cunha Peixoto, o autor pontua que "o capital representa, pois, a soma das contribuições, fixada pelo contrato, a qual os sócios levam para a sociedade, ou com ela se obrigar a pôr à sua disposição tão logo seja exigida".[146]

Assim, o capital social é a soma da contribuição dos sócios ou, em outros termos, dos valores nominais de suas participações na sociedade, constituídas por qualquer quantia em espécie, ou

---

146 PEIXOTO, Carlos Fulgêncio da Cunha. *A sociedade por cota de responsabilidade limitada*. vol. I. Rio de Janeiro: Forense, 1956, p. 122.

bens suscetíveis de avaliação econômica, e que sejam suficientes à realização do objeto social.[147]

Corresponde, portanto, a um valor abstrato a partir do qual os sócios consideram ser possível exercer a atividade social a que se propuseram no contrato de formação da sociedade, servindo, dentre outras relevantes finalidades, como parâmetro de responsabilidade dos sócios por dívidas da sociedade. Em regra, significa o valor, em dinheiro ou bens, que os sócios colocaram inicialmente na sociedade para vê-la em funcionamento.

O capital social não se confunde com o patrimônio social, embora no início possam ser equivalentes. Isso porque este último correspondente a um conjunto tangível e concreto de bens, continuamente variável porque integrado pelos ativos e passivos da sociedade, incluindo as obrigações com terceiros. Já o capital social é um valor fixo porque não sujeito às variações do patrimônio social, podendo ser alterado mediante vontade dos sócios refletida no contrato social.

Haroldo Malheiros Duclerc Verçosa leciona que o capital social desempenha, dentre outras, três importantes funções no funcionamento de uma sociedade: (i) proporciona a realização do objeto social; (ii) serve como base para a organização intrassocietária, constituindo elemento essencial para determinar a posição jurídica dos sócios na sociedade (controlador e minoritários), moderando e regulando os respectivos direitos e deveres, como o direito de voto e o direito ao lucro; e (iii) a função de garantia, que lhe atribui a natureza de instrumento jurídico voltado à defesa e tutela dos interesses dos credores.[148]

Jorge Lobo, em termos de características, aponta quatro predicados essenciais do capital social: (i) constitui cifra invariável, lançada

---

147 LOBO, Jorge. *Sociedades Limitadas* (artigos 1.052 a 1.059 e 1.071 a 1.086 do Código Civil). vol. I. Rio de Janeiro: Forense, 2004, p. 108.

148 VERÇOSA, Haroldo Malheiros Duclerc. *Direito Comercial*. vol. 2. 3ª ed. São Paulo: Revista dos Tribunais, 2014, p. 393.

no balanço patrimonial da sociedade como passivo não exigível; (ii) divide-se em partes, iguais ou desiguais, denominadas quotas, que se distribuem entre os sócios na proporção de suas contribuições para a formação do capital social; (iii) é um cifra ou contingente de retenção, servindo como parâmetro para a distribuição dos lucros do exercício social; e (iv) é a derradeira garantia dos credores, assegurada pelos princípios da realidade e intangibilidade.[149]

Modesto Carvalhosa faz preciosa síntese a respeito do capital social e sua importância interna e externa:

> Não representando montante separado do patrimônio ou parte do ativo, o capital social configura-se como um débito da sociedade perante seus sócios, constando do passivo não exigível no balanço. O capital social "*éfictio iuris*" criada para a proteção dos credores sociais contra eventuais fraudes. Dessa forma, deve permanecer imutável, somente podendo ser modificado se obedecidos rigorosamente todos os procedimentos legais. Em virtude da imutabilidade do capital, os lucros e os prejuízos da limitada durante o exercício social não são contabilizados na conta do capital, mas em posição especial no balanço. A preservação da integridade do capital representa, de um lado, forma de manter a estabilidade da sociedade, e, de outro, a garantia dos credores relativamente ao cumprimento das obrigações assumidas.[150]

O capital social deve estar obrigatoriamente previsto no contrato social, conforme prevê o artigo 977, III do Código Civil, dividindo-se em quotas iguais ou desiguais aos sócios. A quota de cada sócio também será descrita no contrato social, assim como seu modo de realizá-la (artigo 997, IV, Código Civil). Sua natureza

---

149 LOBO, Jorge. *Sociedades Limitadas* (artigos 1.052 a 1.059 e 1.071 a 1.086 do Código Civil). vol. I. Rio de Janeiro: Forense, 2004, p. 109.

150 CARVALHOSA, Modesto. *Comentários ao Código Civil*. vol. 13. São Paulo: Saraiva, 2003, p. 293.

jurídica é de bem móvel, já que constitui direito pessoal de caráter patrimonial (artigo 83, III, Código Civil).

Saliente-se que, a despeito de o Código Civil admitir a divisão do capital social em quotas iguais ou desiguais, não estipulou um valor mínimo ou máximo para as quotas, tampouco dispôs a respeito de um capital social mínimo para a constituição de uma sociedade. O que importa é que as quotas sejam divididas entre os sócios de forma a representar o que percentualmente cada um possui em relação ao valor total do capital social.

No que tange ao momento da integralização do capital social, a regra geral prevista no Código Civil prevê, salvo disposição expressa em contrário, que a integralização deve ocorrer logo na constituição da sociedade, podendo a sociedade apresentar notificação para que o sócio remisso o faça "nos trinta dias seguintes ao da notificação pela sociedade", sob pena de responder "perante esta pelo dano emergente da mora", conforme dispõe o artigo 1.004 do Código Civil.

Caso o sócio remisso não proceda com a integralização de suas quotas, os demais sócios poderão "tomá-la para si ou transferi-la a terceiros, excluindo o primitivo titular e devolvendo-lhe o que houver pagado, deduzidos os juros da mora, as prestações estabelecidas no contrato mais as despesas", conforme será detalhado nos comentários ao artigo 1.058 do Código Civil.

O §1º do artigo 1.055 elucida o princípio da realidade do capital, segundo o qual os bens transferidos pelos sócios à sociedade, "a título de integralização do capital social, devem representar exatamente os valores que foram por eles declarados",[151] sob pena de responderem todos solidariamente, até o prazo de cinco anos da data do registro da sociedade. O dispositivo, de fato, estabelece uma nova modalidade de responsabilização solidária dos sócios,

---

151 EIZIRIK, Nelson. *A Lei das S/A Comentada*. vol. II. São Paulo: Quartier Latin, 2021, p. 136.

para além daquela existente em relação à integralização do capital social (artigo 1.052, Código Civil).

Ademais, a solidariedade atinente à exata estimação dos bens conferidos ao capital social, prevista no §1º, abrange não apenas os casos de constituição, mas também de aumento do capital social,[152] de sorte que toda alteração deverá ser legalmente permitida e observar fielmente o princípio da realidade. O intuito do legislador foi o de evitar a fraude baseada em eventual superestimação do valor dos bens conferidos à formação do capital social. Não bastasse a fixação do prazo de cinco anos para a cessação da solidariedade dos sócios no atinente à correta estimação dos bens, ainda impõe a todos o dever de zelar pelo cumprimento, fiscalizando e exigindo que todos os bens incorporados ao capital social sejam corretamente avaliados.[153]

Não por outro motivo, dispõe o Enunciado n. 18 da I Jornada de Direito Civil que

> O capital social da sociedade limitada poderá ser integralizado, no todo ou em parte, com quotas ou ações de outra sociedade, cabendo aos sócios a escolha do critério de avaliação das respectivas participações societárias, diante da responsabilidade solidária pela exata estimação dos bens conferidos ao capital social, nos termos do artigo 1.055, § 1º, do Código Civil.

Diante da relevância do artigo 1.055, §1º, com a hipótese de solidariedade na responsabilidade limitada, em caso de discordância a respeito da correta avaliação dos bens que serviram para constituir o capital social, é de boa cautela, para evitar futuro reconhecimento

---

152 Enunciado 224, III Jornada de Direito Civil: "A solidariedade entre os sócios da sociedade limitada pela exata estimação dos bens conferidos ao capital social abrange os casos de constituição e aumento do capital e cessa após cinco anos da data do respectivo registro".

153 CALÇAS, Manoel de Queiroz Pereira. *In*: NANNI, Giovanni Ettore (Coord.). *Comentários ao Direito Civil*: Direito Privado contemporâneo. São Paulo: Saraiva Educação, 2018, p. 1436.

de responsabilidade por incorreção do valor dos bens integrados ao capital, que os sócios realizem perícias prévias e idôneas de avaliação, por três peritos ou por empresa especializada, de modo a que possam, no futuro, com base em laudo técnico e indicação dos critérios de avalição, resguardar-se de questionamentos acerca dos valores (a exemplo do artigo 8°, §1° da Lei das Sociedades Anônimas). Nesse contexto de prevenção, os sócios somente responderão solidariamente pela exata estimação dos bens se tiverem sido coniventes com a avaliação fraudulenta, ou tiverem agido com dolo ou culpa ao examinarem e decidirem sobre o laudo pericial.[154]

No mais, conforme preceitua o §2° do artigo 1.055, o capital social não poderá ser formado por contribuição que consista em prestação de serviços, mas apenas em bens que sejam suscetíveis de avaliação em dinheiro. Portanto, como já consignado nos comentários ao artigo 1.054, às sociedades limitadas não se aplica o disposto no inciso V do artigo 997, que obriga a menção, no contrato social das sociedades simples, das prestações que se obriga o sócio cuja participação social consista em serviços. Ressalve-se que a proibição legal do §2° incide tanto para as sociedades empresárias, quanto para as sociedades simples que optem pela constituição na forma da limitada (artigo 983, *caput*. Código Civil).

A esse respeito, ao julgar uma ação de dissolução de sociedade cumulada com indenização por perdas e danos, a 2ª Câmara de Direito Empresarial do Tribunal de Justiça de São Paulo manteve a condenação de um sócio ao pagamento de importância em pecúnia, devida pela não integralização do capital social, rejeitando o argumento de que o réu teria constituído a sociedade e efetivamente contribuído com sua "experiência e know-how", à luz do §2° do artigo 1.055 do Código Civil.[155]

---

154 LOBO, Jorge. *Sociedades Limitadas* (artigos 1.052 a 1.059 e 1.071 a 1.086 do Código Civil). vol. I. Rio de Janeiro: Forense, 2004, p. 120.

155 Tribunal de Justiça de São Paulo. 2ª Câmara Empresarial. Apelação Cível n. 0004135-87.2010.8.26.0072, Desembargador Grava Brazil,

Em outro precedente semelhante, a mesma Câmara rejeitou apelação interposta contra sentença que julgou improcedente ação intentada com o fim de reconhecer a existência de sociedade de fato, sob o argumento de que o autor contribuiu para a empresa com "trabalho e conhecimento", participando ativamente "no empreendimento, adquirindo insumos, deliberando sobre associações e opinando em questões administrativas".[156] O relator, Desembargador Ricardo Negrão, destacou:

> Não se pode perder de vista, no caso em questão, que empresa demandada a qual o autor pretende ver declarada a existência de uma relação de sociedade de fato com ele, já existia regularmente antes mesmo dele prestar seus serviços ela.
>
> Nesse compasso em que pese os documentos juntados nos autos, não é mesmo possível reconhecer a existência de sociedade de fato entre o autor e a demandada, porque a lei é expressa no sentindo de que a admissão, em se tratando de sociedade limitada, deve ocorrer pelo ingresso na sociedade mediante a alteração do contrato social, com distribuição de quotas sociais e investimento (aportamento) em dinheiro ou bens, não sendo permitido a mera prestação de serviços.

Uma última observação comporta breve menção: a possibilidade ou não de quotas preferenciais. Ainda que não haja disposição legal específica, boa parte da doutrina interpretou que, por quotas "iguais ou desiguais" não se deveria entender apenas quanto poderem ser de valores diferentes, mas também que poderiam ser preferenciais ou ordinárias, a exemplo do que ocorre nas sociedades por ações.

Se se considerar a autonomia da vontade e a possibilidade de os sócios estabelecerem a aplicação supletiva da LSA, bem como que

---

J. 15/06/2022.

156 Tribunal de Justiça de São Paulo. 2ª Câmara Empresarial. Apelação Cível n. 1009058-15.2021.8.26.0506, Desembargador Ricardo Negrão, J. 26/04/2022.

pode haver sócios com interesses distintos (investidores e administradores), seria razoável entender que não há óbice legal para que assim contratem os sócios.

Ocksandro Gonçalves, comentando o assunto, após lembrar que alguns sócios investidores não têm interesse na administração, outros sim pelo compromisso com a gestão e administração, conclui que:

> Assim, de um lado, a instituição de quotas desiguais, em que se ajustam os interesses de investidores por meio de quotas preferenciais que lhes confiram algum privilégio, e, de outro lado, sócios com quotas ordinárias que possam exercer o direito de voto não se afigura incompatível com o regime das sociedades limitadas.[157]

Art. 1.056. A quota é indivisível em relação à sociedade, salvo para efeito de transferência, caso em que se observará o disposto no artigo seguinte.

§ 1º No caso de condomínio de quota, os direitos a ela inerentes somente podem ser exercidos pelo condômino representante, ou pelo inventariante do espólio de sócio falecido.

§ 2º Sem prejuízo do disposto no artigo 1.052, os condôminos de quota indivisa respondem solidariamente pelas prestações necessárias à sua integralização.

A indivisibilidade das quotas sociais

A regra da indivisibilidade das quotas sociais, em relação à sociedade, já vinha prevista no Decreto Lei n. 3.708/19, que disciplinava, no artigo 8º, a possibilidade de aquisição de quotas sociais pela sociedade ("*É* lícito *às* sociedades a que se refere esta lei adquirir

157 Sociedades. Coordenação Fábio Ulhoa Coelho. Editora RT, Vol.1, Ed. 2023, Comentário ao artigo 1055, p. 328.

quotas liberadas, desde que o façam com fundos disponiveis e sem offensa do capital estipulado no contracto"). A mesma regra também é aplicável às sociedades anônimas por força do artigo 28 da Lei 6.404/1976 ("A ação é indivisível em relação à companhia").

As quotas sociais são indivisíveis em relação à sociedade, sem prejuízo de que possam ser transferidas a terceiros, sócios ou não, através de ato *inter vivos* ou em virtude da sucessão hereditária, pela morte de um dos sócios, conforme já autorizava o artigo 6° do Decreto Lei n. 3.708/19 ("devem exercer em commum os direitos respectivos os co-propietários da quota indivisa, que designarão entre si um que os represente no exercicio dos direitos de socio").

Assim, por exemplo, se uma sociedade limitada é constituída por dois sócios, com capital social composto por 1.000 quotas no valor de R$ 1,00 cada, sendo distribuídas 500 quotas para cada sócio, não é permitido que estes dividam a unidade de suas quotas. Assim se dá a indivisibilidade das quotas. Portanto, caso um dos sócios queira alienar parcela de sua participação no capital social, deverá fazê-lo mediante a alienação das quotas em unidades, sendo vedado, por exemplo, a alienação de meia quota, já que, em relação à sociedade, as quotas sociais permanecem indivisas.

Ademais, a indivisibilidade das quotas não tem relação com o seu titular, mas sim com os direitos que são conferidos a quem as detém. Ainda que se admita que uma única quota seja de mais de um proprietário, em condomínio, aquela quota permitirá o exercício do direito de um único voto.

Condomínio de quotas sociais

O ordenamento jurídico não obsta que uma única quota social pertença, em condomínio, a mais de um titular. Nesse caso, os direitos a ela inerentes somente poderão ser exercidos pelo condômino representante, que deverá ser nomeado pelos demais coproprietários (em caso de transferência por ato *inter vivos*), ou pelo inventariante do espólio, no caso de sucessão hereditária, até que as quotas sejam atribuídas aos herdeiros através do formal de partilha levado a registro.

No primeiro caso, a eventual ausência de nomeação do representante não pode prejudicar os atos que a sociedade deva celebrar em relação aos sócios condôminos, admitindo, pois, que ela os realize em face de qualquer deles, com eficácia extensível a todos.[158]

Saliente-se, em relação à legitimidade do espólio para representar os direitos correspondentes à quota social em caso de sucessão hereditária, que a 1ª Câmara Reservada de Direito Empresarial do Tribunal de Justiça de São Paulo, já concedeu liminar solicitada por inventariante para suspender deliberação aprovada em AGE, com o intuito de destituí-la da representação das quotas do espólio, nomeando outra herdeira para representá-las em seu lugar.[159]

A mesma 1ª Câmara de Direito Empresarial, anteriormente e em outro caso, já havia concedido tutela de urgência para suspender a eficácia de ata de reunião de sócios que, em descumprimento ao disposto no artigo 1.056, §1º, do Código Civil, havia elegido pessoa diversa da inventariante para representar as quotas sociais do espólio. Confira-se:

> As diversas deliberações societárias precisam ser praticadas por quem detenha legalidade explícita, com dever de prestar contas aos demais herdeiros sobre o que se fez ou deixou de fazer no período da administração dos bens comuns.[160]

---

158 CAMPINHO, Sérgio. *O Direito de Empresa à luz do Código Civil.* 12ª ed. revista e atualizada de acordo com as Leis n. 12.441/2011, 12.399/2011 e 13.375/2010. Rio de Janeiro: Renovar, 2011, p. 167.

159 Tribunal de Justiça de São Paulo. Agravo de Instrumento n. 2109810-46.2018.8.26.0000, Desembargador Fortes Barbosa, J. 19/09/2018.

160 Tribunal de Justiça de São Paulo. 1ª Câmara de Direito Empresarial. Agravo de Instrumento n. 0190024-68.2012.8.26.0000, Desembargador Maia da Cunha, J. 11/12/2012.

Consoante dispõe o §2° do artigo 1.056, independentemente da nomeação de condômino representante, a sociedade poderá exigir de quaisquer dos coproprietários em condomínio, solidariamente, realizem a respectiva integralização da quota indivisa, por força da regra prevista no artigo 1.052 do Código Civil.

Note-se, portanto, que quando há condomínio de quotas sociais, dois tipos de responsabilidade solidária serão observados: (i) perante a sociedade, os sócios condôminos respondem solidariamente pela integralização da respectiva quota social, e (ii) perante os credores da sociedade, os sócios condôminos respondem solidariamente com os demais sócios pela integralização das quotas sociais restantes, subscritas e não integralizadas.

Art. 1.057. Na omissão do contrato, o sócio pode ceder sua quota, total ou parcialmente, a quem seja sócio, independentemente de audiência dos outros, ou a estranho, se não houver oposição de titulares de mais de um quarto do capital social.

Parágrafo único. A cessão terá eficácia quanto à sociedade e terceiros, inclusive para os fins do parágrafo único do artigo 1.003, a partir da averbação do respectivo instrumento, subscrito pelos sócios anuentes.

A cessão de quotas sociais

A cessão de quotas sociais é o negócio jurídico que implica transferência integral ou parcial da participação social do sócio cedente a qualquer pessoa, seja sócio ou terceiro, a título oneroso ou gratuito.

O contrato social poderá dispor a respeito da possibilidade de cessão de quotas sociais, ou da restrição dessa prerrogativa, condicionando-a à deliberação unânime dos demais sócios, ou através de *quórum* especial, por maioria absoluta ou qualificada, facultando-se previsão a respeito do direito de preferência dos sócios à aquisição das quotas que se pretende alienar.[161]

Se, contudo, o contrato social for omisso a respeito da matéria, incide a regra geral prevista no artigo 1.057, que admite a cessão total ou parcial de quota social a qualquer sócio, seja pessoa física ou jurídica, independentemente da anuência dos demais. Tal disposição não é isenta de críticas, sobretudo considerando que a aludida cessão poderá implicar no desequilíbrio da participação inicial no capital dos cotistas, podendo causar abalos e dissenções nas relações internas dos sócios.

Por isso, é extremamente oportuno que o contrato social seja expresso e claro a respeito dos requisitos necessários à cessão de quotas, ainda mais, repita-se para destacar a relevância, quando o *caput* do artigo 1.057 do Código Civil permite a cessão a outros sócios "independentemente de audiência dos outros". Como o Código Civil não dispôs sobre o direito de preferência nos casos de cessão de quotas (ao contrário do direito de preferência para participar do aumento de capital, previsto no artigo 1.081, §1°), esse direito só existirá se previsto contratualmente. Apenas por disposição contratual é que não haverá livre disposição das quotas e se garantirá aos demais sócios a preferência na aquisição das quotas ofertadas por outros sócios. E, não exercida, aí sim poderão as quotas ser cedidas a estranhos.

Diferentemente, se o cessionário for pessoa estranha à sociedade, o negócio jurídico deverá ser informado aos demais sócios, mediante notificação, para que manifestem eventual oposição à transferência, ou seja deliberado em assembleia, devendo de todo o modo, aprovado por *quórum* de, no mínimo, 75% do capital social (isso pelo fato de a lei permitir a oposição por quem detenha 1/4, ou 25% do capital social). A exigência legal é oportuna porque o

161 CALÇAS, Manoel de Queiroz Pereira. *In*: NANNI, Giovanni Ettore (Coord.). *Comentários ao Direito Civil*: Direito Privado contemporâneo. São Paulo: Saraiva Educação, 2018, p. 1439.

ingresso de pessoa estranha à sociedade não pode ser aceito sem a aquiescência expressa ou tácita dos demais sócios, sob pena de atritos e frustração do objeto social.

É de se destacar que a cessão de quotas sociais é ato solene que deve ser realizado através de instrumento escrito ou de alteração do contrato social, subscrito pelos sócios anuentes, e averbado perante o Registro Público de Empresas Mercantis competente, sob pena de ineficácia perante a sociedade e terceiros, por inobservância da forma prescrita pela lei (artigo 1.057, parágrafo único).

Se o negócio jurídico de cessão de quotas sociais não se revestir das formalidades legais será declarado nulo, com o retorno das partes à situação jurídica imediatamente anterior à celebração da avença (*statu quo ante*).[162]

Nos termos dos parágrafos 1º e 2º do artigo 1.151 do Código Civil, caso o instrumento de transferência de quotas sociais seja levado a registro dentro do prazo de trinta dias, contado de sua elaboração, a eficácia do ato perante a sociedade e terceiros retroagirá à data do protocolo do pedido de averbação. Se, contudo, o protocolo for solicitado após o aludido prazo, o registro somente produzirá efeitos a partir da data de sua concessão.

A despeito de a lei exigir documento escrito para a cessão total ou parcial de quotas sociais, se o contrato social nada dispuser em sentido contrário, não há vedação para que os contratantes o façam mediante documento escrito separado, averbando-o no registro mercantil competente, sem necessidade de alteração do contrato social, como se exige para as sociedades simples (artigo 1.003, CC). Nesse sentido, dispõe o Enunciado 225 da III Jornada de Direito Civil que

---

162 Nesse sentido: Tribunal de Justiça do Estado de São Paulo. 1ª Câmara Reservada de Direito Empresarial. Apelação Cível n. 1102344-14.2015.8.26.0100, Desembargador Gilson Delgado Miranda, J. 17/06/2020.

> Na omissão do contrato social, a cessão de quotas sociais de uma sociedade limitada pode ser feita por instrumento próprio, averbado no registro da sociedade, independentemente de alteração contratual, nos termos do artigo 1.057 e parágrafo único do Código Civil.

Em síntese, o consentimento dos sócios ao ato de cessão de quotas sociais pode se dar através de (i) ata de reunião ou Assembleia Geral de sócios; (ii) instrumento de alteração do contrato social; ou (iii) contrato autônomo de cessão de quotas, que registre a saída do cedente e ingresso do cessionário.[163]

Averbado o instrumento de cessão de quotas sociais perante o registro competente, subscrito pelos sócios anuentes, o cedente responderá solidariamente com o cessionário, perante a sociedade e terceiros, pelas obrigações que tinha como sócio antes da transferência da participação societária, dentro do prazo de dois anos a partir do ato de averbação, consoante prevê o parágrafo único do artigo 1.003. A responsabilidade, porém, se limita à realização das quotas transferidas e à respectiva integralização do capital social.

Art. 1.058. Não integralizada a quota de sócio remisso, os outros sócios podem, sem prejuízo do disposto no artigo 1.004 e seu parágrafo único, tomá-la para si ou transferi-la a terceiros, excluindo o primitivo titular e devolvendo-lhe o que houver pagado, deduzidos os juros da mora, as prestações estabelecidas no contrato mais as despesas.

Sócio remisso

Ao constituir uma sociedade limitada, os sócios assumem perante a sociedade a obrigação de integralizar as respectivas quotas sociais, sob pena de responsabilidade solidária de todos eles pelo

---

163 LOBO, Jorge. *Sociedades Limitadas* (artigos 1.052 a 1.059 e 1.071 a 1.086 do Código Civil). vol. I. Rio de Janeiro: Forense, 2004, p. 151.

capital não integralizado (artigo 1.052, Código Civil). Por essa razão, é de interesse de todos os sócios que a totalidade do capital social seja efetivamente integralizada, incumbindo a cada um deles zelar pelo cumprimento dessa providência, bem como pela correta avaliação dos bens conferidos ao capital social.

Aquele que deixa de cumprir a obrigação assumida de integralizar as quotas subscritas é chamado de sócio remisso.

Nesse caso, terá a sociedade três alternativas em relação ao sócio inadimplente:

(i) notificá-lo para cumprimento da obrigação, no prazo de trinta dias, constituindo-o em mora, sem prejuízo de exigir dele indenização pelos danos emergentes decorrentes da não integralização;

(ii) em caso de não cumprimento, demandá-lo judicialmente, através de ação de conhecimento ou de execução (caso preenchidos os requisitos do artigo 784, III do CPC), com o fim de compeli-lo ao pagamento do capital social por ele subscrito, através da transferência de valor em pecúnia, bens ou direitos, a depender do quanto pactuado no contrato social, sem prejuízo da pretensão indenizatória;

(iii) excluí-lo da sociedade, devolvendo-lhe o que houver eventualmente pago, deduzidos os juros da mora, as prestações estabelecidas no contrato mais as despesas. Nesse caso, o valor da sua quota, considerando o montante efetivamente realizado, será liquidado com base na situação patrimonial da sociedade à data da resolução, verificada em balanço especialmente levantado, salvo se o contrato social estipular de forma diversa (artigo 1.031, CC);

(iv) reduzir-lhe a quota ao montante já realizado, caso o remisso tenha cumprido parcialmente a obrigação de integralização, com a correspondente redução proporcional do capital social, exceto se os demais sócios decidirem suprir o valor das quotas em aberto (artigo 1.004, parágrafo único e artigo 1.031, §1°).

Caso a sociedade opte por excluir o sócio remisso, os demais sócios poderão tomar para si as quotas sociais subscritas e não integralizadas, ou mesmo transferi-las a terceiros através de cessão. Se, contudo, os sócios não quiserem suprir o valor da quota do remisso, poderão optar por reduzir proporcionalmente o capital social, nos termos do §1º do artigo 1.031.

A exclusão do sócio remisso pode, inclusive, ser realizada pela via extrajudicial, através da deliberação dos sócios em assembleia especialmente convocada para tal finalidade, dando-se ciência ao inadimplente para que, em tempo hábil, possa providenciar o seu comparecimento e o exercício do direito de defesa, consoante a redação do artigo 1.085, do Código Civil.[164]

Anote-se também que, a despeito da falta de previsão expressa no Código Civil, as quotas sociais do sócio excluído poderão ainda ser adquiridas pela própria sociedade limitada, desde que o contrato social preveja esta possibilidade, ou preveja a regência supletiva das normas das Sociedades Anônimas. Para tanto, as quotas deverão estar efetivamente integralizadas, a aquisição deverá ocorrer com ativos disponíveis (fundo de reserva), e não poderá haver redução do capital social.[165] Nesse sentido, a orientação prevista no Enunciado n. 391 da IV Jornada de Direito Civil do CJF, "A sociedade limitada

---

164 Nesse sentido: Tribunal de Justiça do Estado de São Paulo. 2ª Câmara Reservada de Direito Empresarial. Agravo de Instrumento n. 2077542-65.2020.8.26.0000, Desembargador Sérgio Shimura, J. 28/01/2021.

165 Nesse sentido: CALÇAS, Manoel de Queiroz Pereira. *In*: NANNI, Giovanni Ettore (Coord.). *Comentários ao Direito Civil*: Direito Privado contemporâneo. São Paulo: Saraiva Educação, 2018, p. 1439.

Se a sociedade pudesse se tornar titular das quotas pertencentes ao sócio retirante, excluído ou falecido, nada impediria que, tomando ditas quotas para si, e fazendo uso de reservas especiais ou lucros acumulados, evitasse a redução do capital social, solução esta, entretanto, não tutelada pela lei" (CAMPINHO, Sérgio. *O Direito de Empresa à luz do Código Civil*. 12ª ed. revista e atualizada de acordo com as Leis n. 12.441/2011, 12.399/2011 e 13.375/2010. Rio de Janeiro: Renovar, 2011, pp. 176/177).

pode adquirir suas próprias quotas, observadas as condições estabelecidas na Lei das Sociedades por Ações".

A possibilidade de aquisição de quotas sociais pela própria sociedade era prevista expressamente no artigo 8° do Decreto Lei n. 3.708/1919.[166] Ressalve-se que, nesse caso, a sociedade não se tornava sócia dela mesma. As quotas sociais por ela adquiridas ficavam reservadas em tesouraria para ulterior transferência a terceiros interessados, ou para cancelamento, com a suspensão dos direitos e deveres a elas inerentes, nos termos do artigo 30, §1° da LSA.[167]

Em sentido contrário, Sérgio Campinho leciona que o silêncio do legislador foi proposital, vedando a possiblidade de aquisição das quotas sociais pela própria sociedade:

> Pela sistemática do Código, vedou-se à sociedade limitada adquirir suas próprias quotas. O silêncio da lei foi proposital, vindo corroborado pelos artigos 1.057 e 1.058. No primeiro, tem-se que o sócio está autorizado a ceder sua quota a quem seja sócio ou a estranho ao corpo social; no segundo resulta que as cotas do sócio remisso podem ser tomadas para si pelos sócios ou transferidas a terceiros não sócios. Excluiu-se, pois, a possibilidade de a sociedade adquirir as suas próprias cotas. Não fossem tais dispositivos suficientes para arrimar o entendimento, contam eles com decisivo reforço da regra

---

166 Decreto Lei n. 3.708/1919 – Artigo 8°. É licito às sociedades a que se refere esta lei adquirir quotas liberadas, desde que o façam com fundos *disponiveis e sem offensa do capital estipulado no contracto. A acquisição dar-se-ha por accôrdo dos socios, ou verificada a exclusão de algum socio remisso, mantendo-se intacto o capital durante o prazo da sociedade – in verbis.*

167 Lei n. 6.404/1976 – Artigo 30. *A companhia não poderá negociar com as próprias ações. § 1° Nessa proibição não se compreendem: (...) b) a aquisição, para permanência em tesouraria ou cancelamento, desde que até o valor do saldo de lucros ou reservas, exceto a legal, e sem diminuição do capital social, ou por doação; c) a alienação das ações adquiridas nos termos da alínea b e mantidas em tesouraria.*

> estatuída pelo §1º do artigo 1.031 do mesmo Código, o qual, ao regular os efeitos da resolução da sociedade em relação a um sócio, no que se refere especificamente ao pagamento de seus haveres, estabelece que "o capital social sofrerá a correspondente redução, salvo se os demais sócios suprirem o valor da quota". Ora, quem paga o valor do reembolso do sócio que se despede da sociedade é a própria pessoa jurídica, que fica desfalcada em seu patrimônio, razão pela qual prevê a lei a correspondente redução do capital social. Contudo, permite seja mantido o referido capital na hipótese de os demais sócios suprirem o valor da quota, e somente eles. Daí se tem que a razão da regra é o fato de a sociedade não poder se tornar titular das quotas, mas, no caso em foco, somente os sócios, os quais, suprindo o respectivo valor, evitariam a diminuição do capital social. Se a sociedade pudesse se tornar titular das quotas pertencentes ao sócio retirante, excluído ou falecido, nada impediria que, tomando ditas quotas para si, e fazendo uso de reservas especiais ou lucros acumulados, evitasse a redução do capital social, solução esta, entretanto, não tutelada pela lei.[168]

Respeitado esse entendimento, a melhor solução é a possibilidade de aquisição de quotas sociais pela própria sociedade,[169] o que é corroborado pela opção do legislador na elaboração do Código de Processo Civil de 2015, em que se dispôs expressamente sobre a possibilidade (vide artigo 861, §1º, dispositivo atinente à penhora de quotas sociais nas sociedades simples ou empresárias).[170]

---

168 CAMPINHO, Sérgio. *O Direito de Empresa à luz do Código Civil*. 12ª ed. revista e atualizada de acordo com as Leis n. 12.441/2011, 12.399/2011 e 13.375/2010. Rio de Janeiro: Renovar, 2011, pp. 176/177.

169 No mesmo sentido ver: BORBA, José Edwaldo Tavares. *Direito Societário*. 19ª ed. Barueri (SP): Atlas, 2022, pp. 141/142.

170 Código de Processo Civil (Lei 13.105/2015) – artigo 861. Penhoradas as quotas ou as ações de sócio em sociedade simples ou empresária, o juiz assinará prazo razoável, não superior a 3 (três) meses, para que a sociedade: I – apresente balanço especial, na forma da lei; II – ofereça as

Art. 1.059. Os sócios serão obrigados à reposição dos lucros e das quantias retiradas, a qualquer título, ainda que autorizados pelo contrato, quando tais lucros ou quantia se distribuírem com prejuízo do capital.

Retiradas com prejuízo do Capital Social

Dispõe o artigo 1.009 do Código Civil (aplicável à sociedade simples, à sociedade em nome coletivo e à sociedade em comandita simples): "A distribuição de lucros ilícitos ou fictícios acarreta responsabilidade solidária dos administradores que a realizarem e dos sócios que os receberem, conhecendo ou devendo conhecer-lhes a ilegitimidade".

Por sua vez, o artigo 1.059 do Código Civil, aplicável às limitadas, tem uma dinâmica diversa. Não há menção à responsabilidade solidária, mas é vedada a distribuição de lucros ou dividendos, pelos sócios, de qualquer quantia que implique prejuízo ao capital social, ainda que assim autorizados pelo contrato e realizada de boa-fé, gerando, por conseguinte, a obrigação de reposição pelos sócios beneficiados.

Em suma, não pode haver distribuição de lucros ou dividendos em prejuízo do capital social.

Entretanto, na interpretação da expressão "das quantias retiradas" não pode chegar ao impedimento da retirada de pró-labore

quotas ou as ações aos demais sócios, observado o direito de preferência legal ou contratual; III – não havendo interesse dos sócios na aquisição das ações, proceda à liquidação das quotas ou das ações, depositando em juízo o valor apurado, em dinheiro. § 1º Para evitar a liquidação das quotas ou das ações, a sociedade poderá adquiri-las sem redução do capital social e com utilização de reservas, para manutenção em tesouraria (...).

pelos sócios que efetivamente prestem serviços à sociedade, na qualidade de administradores.[171]

Em suma, o artigo 1.059 do Código Civil tutela a integridade e a intangibilidade do capital social, resguarda os interesses dos credores e da própria sociedade, e dispensa a análise do elemento subjetivo na distribuição dos lucros inexistentes ou fictícios, ou seja, se sócio conhecia ou devia conhecer a ilegitimidade dos lucros distribuídos, ou se estaria de boa-fé ou má-fé.[172]

Por fim, cumpre lembrar que "a pretensão de restituição dos lucros ou dividendos recebidos de má-fé" prescreve em três anos, contados "da data em que foi deliberada a distribuição", nos termos do artigo 206, §3°, VI, do Código Civil.

Seção III – Da Administração

Art. 1.060. A sociedade limitada é administrada por uma ou mais pessoas designadas no contrato social ou em ato separado.

Parágrafo único. A administração atribuída no contrato a todos os sócios não se estende de pleno direito aos que posteriormente adquiram essa qualidade.

Administração da sociedade

Os administradores da sociedade compõem o órgão responsável por sua gestão. Na qualidade de pessoa jurídica, a sociedade possui capacidade para ser sujeito de direitos e obrigações. No entanto, sem que possua vontade, necessita nomear alguém para agir em seu

---

171 GONÇALVES NETO, Alfredo de Assis. *Direito de Empresa*. 7ª ed. São Paulo: Revista dos Tribunais, 2017, p. 410.

172 CALÇAS, Manoel de Queiroz Pereira. *In*: NANNI, Giovanni Ettore (Coord.). *Comentários ao Direito Civil*: Direito Privado contemporâneo. São Paulo: Saraiva Educação, 2018, pp. 1441/1442.

nome, contraindo obrigações com terceiros e celebrando negócios jurídicos para consecução do objeto social.

O órgão de administração pode, também, ser denominado de diretoria, devendo os seus integrantes ser designados no contrato social ou em ato separado, e, nesse caso, registrado no órgão de comércio para valer em relação a terceiros (artigo 1062, § 2º, do CC), e deverá também exprimir os poderes específicos que lhes foram conferidos e as suas respectivas atribuições, admitindo-se que mais de uma pessoa natural exerça o cargo de administrador.

Todavia, caso a administração seja conferida a mais de uma pessoa, é crucial que o contrato social especifique se os atos de gestão serão necessariamente realizados em conjunto (hipótese em que eventual ato praticado por apenas uma delas implicará ineficácia perante a sociedade) ou se cada um dos designados para integrar o órgão de administração poderá exercê-los isoladamente. Na omissão do contrato, presume-se que a administração incumbe individualmente a cada administrador, nos termos do artigo 1.013,[173] aplicável às sociedades limitadas por força do artigo 1.053,[174] ambos do Código Civil.

Cuida-se de atividade personalíssima que não pode ser transferida a terceiro, sobretudo considerando que o administrador deve ser pessoa íntegra, proba, honesta e designada pela sociedade. Todavia, admite-se a delegação de atos específicos a mandatários, descritos e especificados no respectivo instrumento de mandato, no limite dos poderes do administrador, consoante prevê o artigo 1.018.[175] Even-

---

173 Artigo 1.013. A administração da sociedade, nada dispondo o contrato social, compete separadamente a cada um dos sócios.

174 Artigo 1.053 – A sociedade limitada rege-se, nas omissões deste Capítulo, pelas normas da sociedade simples.

175 Código Civil, artigo 1.018. Ao administrador é vedado fazer-se substituir no exercício de suas funções, sendo-lhe facultado, nos limites de seus poderes, constituir mandatários da sociedade, especificados no instrumento os atos e operações que poderão praticar.

tual instrumento que delegue poderes amplos para administração da empresa será inválido, diante da irregularidade de sua outorga.[176]

Saliente-se que, adotando-se a teoria orgânica, rejeita-se a ideia de que os administradores e diretores atuem como representantes legais, mandatários ou procuradores da sociedade (teoria da representação). Isso porque exercem poderes outorgados pelo contrato social, na condição de órgãos da pessoa jurídica e integrantes de sua própria estrutura. Assim, praticam atos em nome da sociedade, e não em seu próprio nome, atuando, pois, como seus *presentantes*.[177] Quem atua é a própria sociedade, que se faz presente por seus diretores e administradores.[178]

Assim como nas sociedades simples, a administração deve ser desempenhada por pessoas naturais, vedando-se a possibilidade de a sociedade limitada ser gerida por pessoas jurídicas (artigo 997, VI, Código Civil). A afirmação é reforçada pelo teor do §2° do artigo 1.062 do Código Civil, que estipula a necessidade de averbação do nome, nacionalidade, estado civil, e residência do administrador, com exibição de documento de identidade, nos dez dias seguintes ao da sua investidura no cargo. Nesse sentido é o Enunciado 66 da I Jornada de Direito Civil do CJF: "A teor do § 2° do artigo 1.062 do Código Civil, o administrador só pode ser pessoa natural".

Sérgio Campinho, embora reconheça que o Código Civil vedou a administração da sociedade por pessoas jurídicas, salienta que se trata de uma involução para o tema, sobretudo considerando o crescente

---

176 Nesse sentido: Tribunal de Justiça do Estado de São Paulo – 1ª Câmara Reservada de Direito Empresarial, Apelação n. 0017595-92.2012.8.26.0001, Desembargador Cláudio Godoy, J. 04/11/2014.

177 LOTUFO, Mirelle Bittencourt. *In*: COELHO, Fábio Ulhoa (Coord.). *Normas Societárias do Código Civil Comentadas*. vol. 1. São Paulo: Thomson Reuters Brasil, 2023.

178 CALÇAS, Manoel de Queiroz Pereira. *In*: NANNI, Giovanni Ettore (Coord.). *Comentários ao Direito Civil*: Direito Privado contemporâneo. São Paulo: Saraiva Educação, 2018, p. 1442.

número de sociedades limitadas constituídas exclusivamente por outras sociedades. E completa afirmando que a pessoa jurídica tem capacidade para contrair direitos e obrigações, não se justificando a restrição legal. Para o autor, a pessoa jurídica administradora poderia exercer as suas funções por meio de seu órgão social dotado dos poderes de gestão, sem prejuízo de que possa delegar suas funções, tal qual pode o dirigente pessoa natural.[179]

É possível, especialmente em sociedades de menor porte, que a administração seja exercida por todos os sócios, se assim for mencionado no ato constitutivo. Ressalva-se, de todo modo, que as pessoas naturais que posteriormente ingressarem na sociedade não adquirem automaticamente a qualidade de administradores, devendo ser especificamente designados para exercer essa função, com a respectiva alteração do contrato social.

A vedação prevista no parágrafo único, de um lado, preserva a autonomia da vontade dos sócios, cuja escolha para o exercício da administração não pode ser apenas pelo ingresso na sociedade, como no caso dos novos sócios. E, de outro lado, preserva a liberdade do novo sócio, que pode, ou não, ao ingressar na sociedade, querer a condição de administrador, e, em caso negativo, a tanto não pode ser obrigado. A ressalva do parágrafo único é salutar porque preserva a autonomia da vontade de todos os sócios, os quais, se desejarem, e houver consentimento, incluirão o novo sócio como administrador.

Relevância da regência supletiva quanto à Administração Social

A relevância da regência supletiva das sociedades simples (vide comentários ao artigo 1.053 do Código Civil) é especialmente

---

179 CAMPINHO, Sérgio. *O Direito de Empresa à luz do Código Civil.* 12ª ed. revista e atualizada de acordo com as Leis n. 12.441/2011, 12.399/2011 e 13.375/2010. Rio de Janeiro: Renovar, 2011, pp. 243/244.

destacada quanto à administração social. Afinal, uma série de tópicos que não são tratados nos artigos 1.060 a 1.065, estão postos nos artigos 1.011 a 1.021, que versam sobre a administração das sociedades simples.

O exemplo mais emblemático disso pode ser visto no artigo 1.011 do Código Civil, que dispõe: "o administrador da sociedade deverá ter, no exercício de suas funções, o cuidado e a diligência que todo homem ativo e probo costuma empregar na administração de seus próprios negócios".

Trata-se da positivação dos deveres de diligência e lealdade do administrador, deveres que são de importância fundamental pois estabelecem parâmetros básicos na análise da conduta do administrador no exercício de suas funções.

Nesse sentido, Fábio Ulhoa Coelho anota que

> para cumprir esse dever de diligência, o administrador deve observar, na condução dos negócios sociais, os preceitos da tecnologia da administração de empresas, fazendo o que esse conhecimento recomenda e deixando de fazer o que ele desaconselha. O paradigma do administrador diligente é o administrador com competência profissional.[180]

Outro ponto da regência supletiva das sociedades simples a ser observado nas sociedades limitadas, quanto à administração social, diz respeito às restrições previstas no artigo 1.011, §1º do Código Civil.

Esse dispositivo veda o exercício da administração, além das pessoas impedidas por lei especial (como os membros da magistratura e do Ministério Público, por exemplo – Lei n. 8.625/93, artigo 44, III

180 COELHO, Fábio Ulhoa. *Curso de Direito Comercial*: Direito de Empresa. vol. 2. 19ª ed. São Paulo: Saraiva, 2015, p. 476.

e Lei Complementar n. 35/79, artigo 36, I), aos condenados à pena que vede, mesmo temporariamente, o acesso a cargos públicos. Ou por crime falimentar, de prevaricação, suborno, concussão, peculato, bem como crime contra a economia popular, contra o sistema financeiro nacional, contra as normas de defesa da concorrência, contra as relações de consumo, a fé pública ou a propriedade, enquanto perdurarem os efeitos da condenação.

Responsabilidade dos administradores

Como já afirmado, nos termos do artigo 1.011 do Código Civil, o administrador da sociedade limitada deve pautar sua atuação com o "cuidado e a diligência que todo homem ativo e probo costuma empregar na administração de seus próprios negócios".

Atuando o administrador em respeito aos deveres de diligência e lealdade, não se cogitará de qualquer responsabilização pessoal por obrigações assumidas pela sociedade a partir de seus atos de gestão. Isso somente ocorrerá em relação aos administradores se tiverem "agido com excesso de poderes ou infração à lei, ao contrato social ou ao estatuto da empresa".[181]

Assim, a responsabilidade do administrador não se configura direta e automaticamente em relação à prática de qualquer ato que não tenha obtido o resultado esperado, sob pena de inviabilizar por completo o interesse dos profissionais atuantes na área de administração de empresas, ou mesmo dos sócios, no exercício função que é notadamente relevante ao desenvolvimento da empresa e da própria economia do país. Importa, nessa verificação, como afirmado, verificar se agiu no limite dos seus poderes e se empregou o cuidado e a diligência que o homem probo costuma empregar na administração dos seus próprios negócios.

181 Conforme o Tema Repetitivo 97 do Superior Tribunal de Justiça.

O exercício da administração de uma empresa implica tomar decisões e assumir riscos. Ainda que se tenha tido todo o cuidado de que cuida o artigo 1.011, acima descrito, não há certeza de que o resultado esperado será obtido. Pode haver perdas, inclusive, e nem por isso haverá responsabilidade do administrador, sob pena, repita-se, de inviabilizar o exercício da administração, inclusive se ele for um dos sócios.

Aplica-se aos administradores a mesma lógica aplicável aos sócios das sociedades limitadas, de modo que, em regra, a "autonomia patrimonial da qual deriva a limitação da responsabilidade é uma técnica de segregação que separa os bens da sociedade empresária dos bens de seus sócios".[182]

Cabe lembrar, como já se afirmou que, supletivamente e no que não conflitar com suas regras específicas, as sociedades limitadas podem ter em seus contratos cláusula que permita, nas omissões, a aplicação da lei de sociedades anônimas, com primazia, nesse caso, sobre as regras da sociedade simples.

Vale a pena comentar, por isso, que a Lei das Sociedades Anônimas (LSA), embora não contemple regra específica, é mais detalhada em relação à responsabilidade dos sócios e administradores, estabelecendo, nos artigos 138 a 160, as disciplinas relacionadas aos deveres e prerrogativas dos órgãos da sociedade e de seus administradores.

A redação do artigo 153 da LSA é praticamente a do artigo 1.011 do CC: "O administrador da companhia deve empregar, no exercício de suas funções, o cuidado e diligência que todo homem ativo e probo costuma empregar na administração dos seus próprios negócios".

---

182 MAIA DA CUNHA, Fernando Antonio. *Autonomia patrimonial das sociedades limitadas vs. Desconsideração da personalidade jurídica*: desafios e perspectivas da Lei de Liberdade Econômica. São Paulo: Contracorrente, 2021, p. 58.

A LSA, entretanto, vai além para, no artigo 158, deixar expressos os casos de não responsabilidade do administrador. Está assim redigido:

> O administrador não é pessoalmente responsável pelas obrigações que contrair em nome da sociedade e em virtude de ato regular de gestão; responde, porém, civilmente, pelos prejuízos que causar, quando proceder: I – dentro de suas atribuições ou poderes, com culpa ou dolo; II – com violação da lei ou do estatuto.[183]

O administrador, enfim e em regra, somente responde pessoalmente caso fique demonstrado de forma objetiva ter agido com culpa ou dolo, com violação do estatuto ou da lei.

---

183 LSA – Lei n. 6404/76 – Artigo158: § 1º O administrador não é responsável por atos ilícitos de outros administradores, salvo se com eles for conivente, se negligenciar em descobri-los ou se, deles tendo conhecimento, deixar de agir para impedir a sua prática. Exime-se de responsabilidade o administrador dissidente que faça consignar sua divergência em ata de reunião do órgão de administração ou, não sendo possível, dela dê ciência imediata e por escrito ao órgão da administração, no conselho fiscal, se em funcionamento, ou à assembleia-geral. § 2º Os administradores são solidariamente responsáveis pelos prejuízos causados em virtude do não cumprimento dos deveres impostos por lei para assegurar o funcionamento normal da companhia, ainda que, pelo estatuto, tais deveres não caibam a todos eles. § 3º Nas companhias abertas, a responsabilidade de que trata o § 2º ficará restrita, ressalvado o disposto no § 4º, aos administradores que, por disposição do estatuto, tenham atribuição específica de dar cumprimento àqueles deveres.

§ 4º O administrador que, tendo conhecimento do não cumprimento desses deveres por seu predecessor, ou pelo administrador competente nos termos do § 3º, deixar de comunicar o fato a assembleia-geral, tornar-se-á por ele solidariamente responsável. § 5º Responderá solidariamente com o administrador quem, com o fim de obter vantagem para si ou para outrem, concorrer para a prática de ato com violação da lei ou do estatuto.

Interessante e aprofundado estudo a respeito da responsabilidade do administrador foi feito pela Juíza Andrea Galhardo Palma, Titular da 2ª Vara Empresarial e Conflitos da Arbitragem da 1ª RAJ do Tribunal de Justiça de São Paulo, em artigo que compara o direito brasileiro e português no tocante à regra conhecida como *business judment rule*, discorrendo com detalhes e sólida pesquisa os motivos pelos quais se deve proteger os administradores das sociedades que, como afirmado, ainda tomando todos os cuidados exigíveis nos negócios sociais, pode ocasionar prejuízo.[184]

Na conclusão do trabalho, conclui: "8. No Brasil a *BJR* não foi positivada como no Direito Português, mas decorre de uma interpretação analógica. Todavia, parte da doutrina sustenta que o §6º do artigo 159, da Lei das S/As abarca essa regra, eximindo de responsabilidade pelo dano causado o gestor que ao tomar a decisão empresarial atua de boa-fé, no interesse da companhia. Contudo, tal regra não dá juiz ou ao árbitro um poder indiscriminado para rever as decisões dos administradores, bem como não autoriza sindicar o mérito negocial, isto é, se a decisão tomada era a "melhor" ou mesmo a "mais adequada" dentre as possíveis. O que se exige é um exame das justificativas apresentadas para a tomada daquela decisão negocial e de eventuais indícios de que o administrador exerceu os poderes que lhe foram atribuídos para satisfazer interesses outros que não os da companhia, a fim de se provar que o administrador agiu com desvio da função e sem a proteção da *business judgment rule*".[185]

Os doutrinadores que comentam a LSA se aprofundam mais sobre o tema, mas no âmbito deste trabalho que envolve especificamente as regras das sociedades limitadas, é suficiente esta breve

184 Artigo publicado na obra coletiva CUNHA, Fernando Antonio Maia da; LAZZARESCHI NETO, Alfredo Sérgio. *Direito Empresarial Aplicado*. vol. 3. 1ª ed. São Paulo: Contracorrente, 2023, pp. 23-91.

185 CUNHA, Fernando Antonio Maia da; LAZZARESCHI NETO, Alfredo Sérgio. *Direito Empresarial Aplicado*. vol. 3. 1ª ed. São Paulo: Contracorrente, 2023, p. 83.

anotação que envolve a delicada situação da responsabilidade dos administradores, a qual servirá de informação inicial para os casos em que houver sido contratada pelos sócios a aplicação supletiva da lei das sociedades anônimas.

Art. 1.061. ***A designação de administradores não sócios dependerá da aprovação de, no mínimo, 2/3 (dois terços) dos sócios, enquanto o capital não estiver integralizado, e da aprovação de titulares de quotas correspondentes a mais da metade do capital social, após a integralização.***

Nomeação de administradores não sócios. Evolução legislativa

O Código Civil de 2002 inovou em relação ao regime jurídico anterior, ao permitir a designação de pessoas naturais estranhas ao quadro social, para exercer a administração da sociedade. É preciso, no entanto, analisar as diversas alterações legislativas, que culminaram na atual redação do artigo 1.061, dada pela Lei n. 14.451, de 21 de setembro de 2022.

O antigo Decreto Lei n. 3.708/1919 previa que a função de administrador era privativa dos sócios gerentes, embora admitisse que o seu exercício fosse delegado a terceiros, se o contrato social não vedasse expressamente essa possibilidade.[186] A doutrina, ao analisar as figuras do "sócio-delegante" e do "gerente-delegado", assentou que este último tinha a qualidade de autêntico administrador da sociedade, e não de simples mandatário, já que exercia poderes

186 Decreto Lei n. 3.708/1919, artigo 13 (*in verbis*) – *O uso da firma cabe aos socios gerentes; si, porém, forem omisso o contracto, todos os socios della poderão usar. É licito aos gerentes delegar o uso da firma sómente quando o contracto* não contiver clausula que se *opponha a essa delegação. Tal delegação, contra disposição do contracto, dá ao socio que a fizer pessoalmente a responsaiblidade das obrigações contrahidas pelo substituto, sem que possa reclamar da sociedade mais do que a sua parte das vantagens auferidas do negocio.*

plenos de administração. Era, então, considerado verdadeiro órgão administrativo da sociedade limitada.[187]

Com a entrada em vigor do Código Civil de 2002, a redação original do artigo 1.061 não divergia sobremaneira do sistema anterior: embora revogada a figura da delegação da gerência, admitindo-se a indicação de pessoas estranhas ao quadro social para o exercício da administração, a designação de administradores não sócios somente era possível se houvesse expressa previsão no contrato social e, nesse caso, o *quórum* exigido para a nomeação seria da unanimidade dos sócios, enquanto o capital social não estivesse integralizado, e, após a integralização, de no mínimo dois terços.[188]

A Lei 12.375 de 30 de dezembro de 2010[189] retirou a ressalva "se o contrato permitir" do dispositivo, mantendo, contudo, o mesmo *quórum* especial de aprovação para a designação de administradores não sócios, que era bastante expressivo. A doutrina criticava a eleição de *quórum* demasiadamente alto para a deliberação da matéria, sobretudo porque, sendo relacionada ao livre exercício do direito de voto dos sócios, não haveria justo motivo para exigir-se *quórum* diverso da maioria simples de votantes. Na lição de Manoel Queiroz de Pereira Calças:

> Indiscutivelmente, a autorização de indicação de administrador não sócios implica avanço legislativo, pois, hodiernamente,

---

187 CALÇAS, Manoel de Queiroz Pereira. *In*: NANNI, Giovanni Ettore (Coord.). *Comentários ao Direito Civil*: Direito Privado contemporâneo. São Paulo: Saraiva Educação, 2018, p. 1443.

188 Código Civil, artigo 1.061 (redação original) (revogado) – Se o contrato permitir administradores não sócios, a designação deles dependerá de aprovação da unanimidade dos sócios, enquanto o capital não estiver integralizado, e de dois terços, no mínimo, após a integralização.

189 Código Civil, artigo 1.061 (redação dada pela Lei n. 12.375/2010) (revogado) – A designação de administradores não sócios dependerá de aprovação da unanimidade dos sócios, enquanto o capital não estiver integralizado, e de 2/3 (dois terços), no mínimo, após a integralização.

> a profissionalização dos órgãos diretivos das sociedades configura exigência do mercado societário. A permissão de nomeação de administrador estranho implicou a supressão da delegação da gerência. Claudicou o legislador, no entanto, ao exigir *quórum* especial para a indicação de estranho para a administração da sociedade, uma vez que tal medida se insere no livre exercício de direito de voto dos sócios, razão pela qual deveria ser atribuição da maioria dos titulares do capital social.[190]

Assim, em 2022, com a entrada em vigor da Lei n. 14.451, houve significativa redução do *quórum* exigido para a designação de administradores não sócios, dependendo, atualmente, da aprovação de "no mínimo, 2/3 (dois terços) dos sócios, enquanto o capital não estiver integralizado, e da aprovação de titulares de quotas correspondentes a mais da metade do capital social, após a integralização".

É certo que a alteração legislativa trazida pela Lei n. 14.451/2022, cujo objetivo foi facilitar a tomada de decisões e desburocratizar as sociedades limitadas, poderá impactar na gestão já estabelecida nas sociedades constituídas, ante a redução dos quóruns de deliberação e possível necessidade de revisão dos contratos sociais existentes.

No entanto, o legislador acertou ao propiciar maior facilidade na realização das alterações societárias relativas à designação de administradores não sócios, conferindo, assim, maior proteção aos interesses da maioria dos sócios. As antigas vedações legais não mais se justificam nas sociedades limitadas modernas, que precisam de agilidade e não raro do auxílio de profissionais especialistas em gestão empresarial, sendo equilibrada a exigência atual da maioria dos sócios.

---

190 CALÇAS, Manoel de Queiroz Pereira. *In*: NANNI, Giovanni Ettore (Coord.). *Comentários ao Direito Civil*: Direito Privado contemporâneo. São Paulo: Saraiva Educação, 2018, p. 1443.

No caso do *quórum* para o caso de o capital estar integralizado, não há controvérsia acerca de que, por "quotas correspondentes a mais da metade do capital social", se deve entender o sócio ou os sócios que, por si ou em conjunto, possuam mais quotas que representem mais da metade do capital social. A maioria se forma não pela quantidade de sócios, mas pelo que eles possuem de quotas em relação ao total do capital social.

E da mesma maneira poderia ter sido para o caso da nomeação de administradores não sócios, antes da integralização do capital, diferenciando-se apenas pelo *quórum* mais elevado. E não é porque a redação do artigo, para o encontro do *quórum*, refere-se aos sócios e não às quotas dos sócios.

Oksandro Gonçalves, comentando esse artigo, interpreta que o legislador pretendeu estabelecer duas situações diversas para as aprovações do administrador não sócio, uma antes e outra depois da integralização do capital social. Na primeira hipótese, o *quórum* é de sócios, independentemente da sua participação no capital, até porque o risco da contratação de terceiro recairá sobre todos em virtude da não integralização do capital. Na segunda, já integralizado o capital e delineados os limites das responsabilidades de cada um, daí sim o *quórum* se dá pela participação que cada sócio possui em relação ao capital social.[191]

Ressalve-se que, apesar dos novos quóruns estabelecidos no artigo 1.061, nada obsta que o contrato social estabeleça quóruns superiores para a designação de administradores não sócios, sendo a previsão legal aplicável tão somente na hipótese de ausência de disposição especial pelos sócios.

---

191 GONÇALVES, Oksandro. *In*: COELHO, Fábio Ulhoa (Coord.). *Normas Societárias do Código Civil Comentadas*. vol. 1. São Paulo: Thomson Reuters Brasil, 2023, p. 360.

Art. 1.062. ***O administrador designado em ato separado investir-se-á no cargo mediante termo de posse no livro de atas da administração.***

§ 1º Se o termo não for assinado nos trinta dias seguintes à designação, esta se tornará sem efeito.

§ 2º Nos dez dias seguintes ao da investidura, deve o administrador requerer seja averbada sua nomeação no registro competente, mencionando o seu nome, nacionalidade, estado civil, residência, com exibição de documento de identidade, o ato e a data da nomeação e o prazo de gestão.

Nomeação do administrador

O administrador (ou administradores), como já exposto, poderá ser nomeado no contrato social ou em ato separado.

Se o ato constitutivo, originariamente, designar os integrantes do órgão de administração da sociedade, sua escolha será decorrente do consenso entre todos os sócios que firmaram o contrato, o qual deverá mencionar a quem incumbirá o exercício da administração, especificando seus poderes e atribuições (artigo 997, VI). Nesse caso, a investidura ocorrerá no momento em que o ato for levado a registro, dentro dos trinta dias subsequentes à assinatura do ato constitutivo (artigo 998).

A sociedade que já na sua constituição definir seus administradores poderá alterar o contrato social para a nomeação de outros, caso em que a aprovação deverá ser tomada por mais da metade do capital social, em se tratando de administrador integrante do quadro social (artigo 1.076, II c.c. artigo 1.071, V). Lembre-se que antes da alteração promovida pela Lei n. 14.451/2022, o *quórum* previsto para essa deliberação era de 3/4.

Em se tratando de administrador não sócio, o *quórum* será de no mínimo, 2/3 dos sócios, enquanto o capital não estiver integralizado, ou de mais da metade do capital social, após a integralização, nos termos do artigo 1.061, em que há comentário mais detalhado sobre a diferença de *quórum* antes e depois da integralização do capital.

De outro turno, se a designação do administrador ocorrer em ato separado, dependerá da deliberação dos sócios, tomada pelos votos correspondentes a mais da metade do capital social (artigo 1.076, II, c.c. artigo 1.071, II). Nesse caso, sua investidura ocorrerá mediante termo de posse no livro de atas da administração, realizado no prazo de trinta dias contados do ato de designação, sob pena de ineficácia, nos termos do artigo 1.062, § 1º, do Código Civil.

Ademais, o artigo 1.062, § 2º, do Código Civil estipula que após investido no cargo por meio da assinatura do termo de posse, incumbirá ao administrador, dentro do prazo de dez dias contados da investidura, providenciar a averbação de sua designação do registro público de empresas mercantis competente, mencionando o seu nome, nacionalidade, estado civil, residência, com exibição de seu documento de identidade, o ato e a data da nomeação e o prazo de gestão, se houver.

Art. 1.063. O exercício do cargo de administrador cessa pela destituição, em qualquer tempo, do titular, ou pelo término do prazo se, fixado no contrato ou em ato separado, não houver recondução.

§ 1º Tratando-se de sócio nomeado administrador no contrato, sua destituição somente se opera pela aprovação de titulares de quotas correspondentes a mais da metade do capital social, salvo disposição contratual diversa.

§ 2º A cessação do exercício do cargo de administrador deve ser averbada no registro competente, mediante requerimento apresentado nos dez dias seguintes ao da ocorrência.

§ 3º A renúncia de administrador torna-se eficaz, em relação à sociedade, desde o momento em que esta toma conhecimento da comunicação escrita do renunciante; e, em relação a terceiros, após a averbação e publicação.

Destituição do administrador

O exercício da função de administrador cessa com a sua renúncia ou destituição do cargo, a qualquer tempo, ou, ainda, com o término do prazo da administração, se não houver recondução. Em qualquer caso, a cessação do exercício do cargo deverá ser averbada no registro competente, mediante requerimento apresentado nos dez dias seguintes ao ato correspondente.

No que diz respeito à destituição, o ato poderá ser deliberado pelos sócios a qualquer tempo, independentemente de justa causa (*ad nutum*), ainda que o administrador tenha sido nomeado por tempo determinado. Assim, preenchido o *quórum* mínimo de mais da metade do capital social (artigo 1.071, III c.c. artigo 1.076, II), o administrador poderá ser destituído pela simples quebra da relação de confiança, ainda que a sociedade possua apenas dois sócios e os poderes de gestão sejam atribuídos, no contrato, ao minoritário.[192]

Caso o administrador seja sócio e tenha sido designado no contrato social, sua destituição deverá ser tomada por titulares de quotas representantes de mais da metade do capital social, conforme o artigo 1.063, §1°, do Código Civil. Saliente-se que esse dispositivo teve sua redação alterada pela Lei n. 13.792/2019, que reduziu o *quórum* legal para destituição dos administradores, que, em sua redação original, era de dois terços.

O antigo *quórum* era criticado pela doutrina, sobretudo porque o Código Civil sempre estipulou o mínimo legal de mais da metade do capital social para a destituição de administradores nomeados por ato separado, investidos mediante termo de posse averbado no registro competente (artigo 1.071, III c.c. artigo 1.076, II). Não se justificava, assim, o tratamento diferenciado conferido a situações

---

192 Tribunal de Justiça do Estado de São Paulo – 2ª Câmara Reservada de Direito Empresarial. Agravo de Instrumento n. 2228026-68.2015.8.26.0000, Desembargador Carlos Alberto Garbi, J. 02/12/2015.

semelhantes (destituição dos administradores), de sorte que a lei n. 13.792/2019 veio a corrigir tal imprecisão.

O dispositivo (§1º) ainda põe a salvo a possibilidade de o contrato social estipular *quórum* superior para a destituição, sempre preservando a autonomia da vontade e a liberdade dos sócios em deliberar diversamente da regra geral prevista pela lei.

Ressalve-se, de todo modo, a possibilidade de a destituição do administrador ser postulada judicialmente por quaisquer dos sócios. Nesse caso, porém, incide a regra geral do artigo 1.019 do Código Civil, sendo imprescindível a comprovação de justa causa para o deferimento do pedido, quando o administrador houver, por exemplo, tomado decisões prejudiciais à sociedade, ou atuado por ato ilícito em nome dela, violando o contrato social ou a lei.

Não demonstrado que o administrador extrapolou os atos típicos de gestão, sua destituição deverá observar o *quórum* mínimo previsto no §1º do artigo 1.063, não bastando a mera discordância dos minoritários com a forma de exercício da administração.[193]

Término do prazo da administração

O administrador poderá ser nomeado por prazo certo ou por prazo indeterminado. Na primeira hipótese, o prazo deverá estar previsto no instrumento público averbado no registro competente. Decorrido o prazo, poderá a sociedade optar por renovar a investidura, reconduzindo o administrador no cargo, ou escolher um substituto, caso em que também cessará, para aquele, o exercício da administração.

---

193 Tribunal de Justiça do Estado de São Paulo – 2ª Câmara Reservada de Direito Empresarial. Apelação Cível n. 1004279-60.2018.8.26.0073, Desembargador Grava Brazil, J. 10/12/2019.

Se, de outro turno, a designação ocorrer por tempo indeterminado, os poderes de gestão serão exercidos até que seja destituído do cargo, ou até a sua renúncia, unilateralmente manifestada.

Renúncia do administrador

O término do exercício do cargo do administrador também poderá ocorrer pela manifestação expressa deste, renunciando ao cargo que lhe foi conferido, unilateralmente e sem necessidade de motivação. Cuida-se de direito potestativo do administrador que sujeita os sócios à sua manifestação de vontade.

A renúncia deverá ser formulada por escrito ou deduzida em deliberação de sócios em assembleia ou reunião, somente produzindo efeitos, em relação à sociedade, quando lhe for dado conhecimento da vontade manifestada pelo renunciante, independentemente de aquiescência dos sócios.

Em relação a terceiros, porém, a renúncia somente produzirá efeitos quando averbada pela sociedade no registro competente, com a respectiva publicação no órgão oficial da União ou do Estado, conforme o local da sede do empresário ou da sociedade, e em jornal de grande circulação (artigo 1.152, §1º), quando, só então, terá eficácia *erga omnes* e será apta a proteger os interesses de credores que eventualmente contratarem com a sociedade.

Assim é que, caso o administrador notifique a sociedade da sua renúncia e a sociedade não providencie a publicação no prazo de dez dias, conforme §2º do artigo 1.063, o ato não terá eficácia perante terceiros, respondendo a sociedade por atos posteriores praticados em seu nome pelo renunciante. É de suma importância, assim, que, a sociedade, tomando conhecimento da renúncia, providencie, imediatamente, a sua averbação no registro do comércio competente,

Claro que, uma vez ocorrendo dano efetivo à sociedade por ato praticado pelo administrador, depois da renúncia, poderá ela voltar-se contra o antigo administrador, como se vê de julgamento relatado pelo Desembargador Francisco Loureiro:

> (...) Não resta dúvida da natureza potestativa do direito de renúncia do administrador. Como é sabido, os direitos potestativos, categoria paralela à dos direitos subjetivos, são entendidos como "poderes jurídicos de, por um acto livre de vontade, produzir efeitos jurídicos que inelutavelmente se impõem à parte contrária" (Carlos Alberto da Mota Pinto, Teoria Geral do Direito Civil, p. 183). (...) A retirada do administrador não prescinde, contudo, de providência ulterior dos sócios para surtir efeitos com relação a terceiros, mediante a averbação do ato na Junta Comercial. A parte final do mesmo artigo 1.063, § 3º, reza que a eficácia do ato se verifica, "em relação a terceiros, após a averbação e publicação". O ato não poderia ser suprido pelo próprio administrador, na medida em que, dotados de poderes de mera gestão, carece de poderes para modificar o contrato social. Cuida-se, assim, de um direito potestativo de renúncia, mas que para desfazer situação de aparência jurídica e surtir efeitos em face de terceiros, exige um comportamento comissivo dos sócios, qual seja, alterar o contrato social e averbá-lo no registro de comércio. Diante da omissão dos sócios da empresa, não restava ao administrador outra alternativa, senão a de recorrer ao Poder Judiciário, para fazer valer o direito potestativo de renúncia.[194]

Outrossim, embora a renúncia constitua ato unilateral que não depende de aceitação pelos sócios, dependerá do registro para produzir seus efeitos. O dever de averbação da renúncia incumbe à sociedade, diversamente da sistemática prevista para as sociedades

---

194 Tribunal de Justiça do Estado de São Paulo – 1ª Câmara Reservada de Direito Empresarial. Apelação n. 0139519-64.2012.8.26.0000, Desembargador Francisco Loureiro, J. 20/04/2016. No mesmo sentido: Apelação Cível n. 1049515-88.2017.8.26.0002, Desembargadora Jane Franco Martins. J. 19/04/2022.

anônimas, que admite o registro pelo próprio renunciante.[195] Exceto se o contrato social contiver previsão de aplicação supletiva da LSA, caso em que o próprio renunciante, a teor do artigo 151 daquela lei, poderá levar a registro a sua renúncia.

Da desídia da sociedade, se o contrato não tiver aplicação supletiva da lei das sociedades anônimas, e se dela advier danos ao administrador renunciante, poderá ser acionada judicialmente para ressarci-los. A hipótese não se aplica se houver a previsão de aplicação supletiva, dado que, nesse caso, o próprio renunciante poderá levar sua renúncia ao registro.

Art. 1.064. O uso da firma ou denominação social é privativo dos administradores que tenham os necessários poderes.

Uso privativo do nome empresarial

Relembre-se que o artigo 1.158 do Código Civil, estabelece que a sociedade limitada poderá adotar, como nome empresarial, firma ou denominação, ambas integradas pela palavra final "Limitada" ou sua abreviatura, "Ltda.", sob pena de responsabilidade solidária e ilimitada dos administradores que assim empregarem a firma ou a denominação da sociedade.

Se a sociedade operar sob firma, esta será composta com o nome de um ou mais sócios, desde que pessoas físicas, de modo indicativo da relação social. Se adotar denominação, deverá designar o objeto da sociedade, sendo permitido nela figurar o nome de um ou mais sócios. (artigo 1.158, §1º e §2º).

---

195 Lei n. 6.404/76, artigo 151 – A renúncia do administrador torna-se eficaz, em relação à companhia, desde o momento em que lhe for entregue a comunicação escrita do renunciante, e em relação a terceiros de boa-fé, após arquivamento no registro de comércio e publicação, que poderão ser promovidos pelo renunciante.

O contrato social mencionará, de forma expressa, se a sociedade operará mediante firma ou denominação (artigo 997, I), esclarecendo, ainda, quem por ela assinará na qualidade de administrador. Explicitará, também, o objeto social da empresa, correspondente à sua finalidade precípua e vinculativa aos sócios e administradores.

O objeto social fixa os limites dentro dos quais o administrador poderá atuar. Certo é que, na omissão do contrato social, o administrador estará autorizado a praticar todos os atos pertinentes à gestão da sociedade, com exceção da oneração ou venda de bens imóveis (artigo 1.015), restringindo-se, porém, às balizas do objeto social que, por esta razão, deve ser preciso e detalhado no ato constitutivo.

Os administradores *presentam* a sociedade, ou seja, atuam em seu nome como verdadeiro órgão da pessoa jurídica, sempre preservando o interesse social e exercendo os poderes que lhe são outorgados, nos limites do contrato social. Qualquer negócio jurídico celebrado pelo administrador que tenha poderes para tanto, em nome da sociedade, implicará na utilização, por ele, do nome empresarial.

Por essa razão, o uso da firma ou denominação social será sempre privativo dos administradores que tenham os poderes a tanto necessários. Ultrapassado o limite de atuação do administrador, com o emprego da firma social ou denominação para fins distintos do seu objeto social, configura-se o abuso do uso do nome empresarial.

Na redação original do artigo 1.015 do Código Civil, o legislador disciplinava hipóteses taxativas em que o excesso de poderes praticado pelos administradores poderia ser oposto a terceiros. Assim, ainda que tivesse agido com excesso de poderes, os atos praticados pelo administrador vinculariam a sociedade, tutelando os interesses dos que com ela contrataram de boa-fé. A exceção estava no parágrafo único do artigo 1.015, que excepcionava a regra geral em três hipóteses que exoneravam a sociedade de responsabilidade pelos atos praticados com excesso pelo administrador. Eram elas: (I) se a limitação de poderes estivesse inscrita ou averbada no registro próprio da sociedade; (II) provando-se que era conhecida do terceiro; e (III) tratando-se de operação evidentemente estranha aos negócios da sociedade.

Este dispositivo antigo, sobretudo a última hipótese (III), consagrava o que a doutrina chamou de *teoria dos atos ultra vires*, segundo a qual os atos praticados com excesso de poderes pelos administradores eram ineficazes perante a sociedade. A teoria era amplamente criticada pela doutrina, porque prejudicava os interesses dos terceiros de boa-fé que com ela contratassem, já que, considerando a dinamicidade das relações mercantis, era quase impossível que os contratantes consultassem, previamente, quais eram os poderes investidos aos administradores. E, na falta dessa consulta quase impossível, não poderiam exigir da sociedade o cumprimento da avença. A *teoria ultra vires*, pois, impôs relevante insegurança jurídica para o mercado.

Essa teoria foi, gradativamente, sendo relativizada pela doutrina e jurisprudência, à luz da boa-fé objetiva e da teoria da aparência, por meio das quais a sociedade responde pelos atos praticados pelo administrador mesmo quando praticados com excesso de poder. Veja-se o Enunciado n. 11 da I Jornada de Direito Comercial:

> A regra do artigo 1.015, parágrafo único, do Código Civil deve ser aplicada à luz da teoria da aparência e do primado da boa-fé objetiva, de modo a prestigiar a segurança do tráfego negocial. As sociedades se obrigam perante terceiros de boa-fé.

Sérgio Campinho,[196] mesmo antes da vigência do artigo 1.015, parágrafo único, já defendia que a melhor solução para os atos *ultra vires* seria a responsabilização civil do gestor que agiu com abuso do nome empresarial, e não a invalidade ou ineficácia do ato em relação à sociedade. Destacava o autor que, se o ato não obrigasse

---

196 CAMPINHO, Sérgio. *O Direito de Empresa à luz do Código Civil*. 12ª ed. revista e atualizada de acordo com as Leis n. 12.441/2011, 12.399/2011 e 13.375/2010. Rio de Janeiro: Renovar, 2011, p. 256.

a sociedade, sendo inválido ou ineficaz, não haveria motivo para responsabilizar o administrador perante a própria pessoa jurídica. Se, ao contrário, esta tinha regresso contra aquele, concluía-se que a sociedade se obrigava perante o terceiro de boa-fé. E defendia que se deveria se dar à luz da teoria da aparência, com o escopo de proteção aos terceiros que, de boa-fé, negociassem com a sociedade. Afinal, ela não pode se descurar do dever de zelar pelos atos praticados por seus administradores, não sendo lícita a alegação de ignorância.

O Superior Tribunal de Justiça, em 2021, decidiu que:

> a cumulação da responsabilidade do sócio infrator e da sociedade da qual participe perante terceiros (incluindo-se aí o Fisco) tem por fundamento a boa-fé dos terceiros prejudicados que tratam com a sociedade e que não têm conhecimento do que nela ocorre internamente, não conhecem os limites de seus regulamentos internos. Trata-se de aplicação da "Teoria da Aparência" ao ato ultra vires praticado pelo sócio infrator para garantir a satisfação dos direitos dos terceiros.[197]

A Lei n. 14.195, de 26 de agosto de 2021, corretamente, revogou o parágrafo único do artigo 1.015, com o escopo de prestigiar os interesses dos terceiros que, de boa-fé, contratam com a sociedade, bem como o de conferir maior segurança jurídica às relações comerciais.

Hoje, portanto, vigora de forma tranquila a regra de que a sociedade responde pelos atos praticados por seus administradores, ainda que com excesso de poderes, ressalvada, obviamente, a possibilidade de o administrador ser demandado judicialmente para ressarcir prejuízos eventualmente causados à sociedade, em ação regressiva.

A lógica é de que se há possibilidade de responsabilização da sociedade para com terceiros (*externa corporis*), também é possível a responsabilização do administrador para com a sociedade (*interna*

---

197 Superior Tribunal de Justiça. AgInt no AREsp 1818015/RS, Ministra Maria Isabel Gallotti, Quarta Turma, DJe 15/12/2021.

corporis), em relação às obrigações contraídas com excesso de poder ou desvio do objeto social.[198]

Mas é preciso lembrar que, na doutrina, ainda existem vozes respeitáveis que sustentam a possibilidade de a sociedade eximir-se de responsabilidade, caso o administrador atue com excesso de poderes e sejam verificadas, simultaneamente, duas condições: (i) haja expressa limitação de poderes ao administrador, registrada na Junta Comercial, e (ii) haja comprovação de que a limitação seja conhecida pelo terceiro que praticou o ato com a sociedade, sobretudo considerando que o uso do nome empresarial é privativo dos administradores *que tenham os necessários poderes*.[199]

Em suma, da leitura do disposto no artigo 1.064, pode se concluir que o sócio ou administrador que não tiver os poderes necessários ao uso da firma social, ou, da denominação, e delas fizer uso, violando o contrato, responderá pessoalmente pelas perdas e danos que o uso indevido vier a causar à sociedade, aos sócios ou a terceiros.[200]

Art. 1.065. Ao término de cada exercício social, proceder-se-á à elaboração do inventário, do balanço patrimonial e do balanço de resultado econômico.

Balanço Contábil e Prestação de Contas

É antiga a obrigatoriedade de os administradores prestarem contas aos sócios, o que já estabelecia o antigo Código Comercial em seus artigos 290 e 293.

---

198 Superior Tribunal de Justiça. REsp 1349233/SP, Ministro Luis Felipe Salomão, Quarta Turma, DJe 05/02/2015.

199 CRUZ, André Luiz Santa. *Manual de Direito Empresarial* – volume único. 12ª ed. rev. atual. e ampl. São Paulo: JusPodivm, 2022, p. 398.

200 CALÇAS, Manoel de Queiroz Pereira. *In*: NANNI, Giovanni Ettore (Coord.). *Comentários ao Direito Civil*: Direito Privado contemporâneo. São Paulo: Saraiva Educação, 2018, p. 1446.

E a razão primordial é relativamente simples: permitir a ampla verificação e fiscalização pelos sócios da situação financeira e patrimonial da sociedade ao final de cada exercício. O direito à fiscalização, embora possa ser exercido a qualquer tempo pelos sócios, inclusive pela verificação dos livros e documentos fiscais, tem na prestação de contas do final do exercício o melhor momento para tanto, já que nela se concentra a situação geral da sociedade. Mas, não se olvide, além dessa razão primordial, há também a finalidade geral de revelar a terceiros, de fornecedores a credores, a real situação da empresa com a qual realizam negócios.

O que o dispositivo legal estabelece é o dever de prestação de contas anual para os administradores da sociedade, o que normalmente se faz pela apresentação do balanço contábil. A administração implica gerir o patrimônio totalmente alheio, no caso do administrador não sócio, ou parcialmente alheio, no caso do administrador sócio, e, nos dois casos, o resultado precisa ser aprovado pela totalidade dos sócios.

As obrigações ligadas à prestação de contas pelo administrador são regidas pelo que dispõe o Código Civil para as sociedades simples, que se aplica às sociedades limitadas cujo contrato não tenha a previsão de regência supletiva pelas regras das sociedades por ações.

O artigo 1.020 do Código Civil prevê que: "Os administradores são obrigados a prestar aos sócios contas justificadas de sua administração, e apresentar-lhes o inventário anualmente, bem como o balanço patrimonial e o de resultado econômico".

O artigo 1.065, aqui comentado, apenas reforça obrigação já prevista legalmente para os administradores das sociedades simples, que as demonstrações contábeis da sociedade limitada, compostas pelo inventário, balanço patrimonial e balanço do resultado econômico, devem ser apresentados, pelo administrador, ao final de cada exercício social.

O inventário é regulado pelo artigo 1.187 do Código Civil e corresponde à relação discriminada de todos os bens móveis, imóveis e semoventes, inclusive os bens incorpóreos (*v.g.* título de estabelecimento, marcas, patentes, contratos, ponto comercial etc.) que integram o patrimônio social. O inventário significa a demonstração real e contada do que realmente possui a sociedade ao término do exercício social, revelando aos sócios e terceiros a condição da sociedade relativamente aos seus bens.

O balanço patrimonial, por sua vez, relata e descreve todos os ativos (bens, fontes de recursos, contratos) e passivos (dívidas e obrigações), exibindo a situação contábil e financeira da sociedade no exercício social de referência. E, dada à sua relevância, o artigo 1.188 determina que "deverá exprimir, com fidelidade e clareza, a situação real da empresa e, atendidas as peculiaridades desta, bem como as disposições das leis especiais, indicará, distintamente, o ativo e o passivo".

O balanço de resultado econômico, na forma do artigo 1.189 do Código Civil, "acompanhará o balanço patrimonial e dele constarão crédito e débito, na forma da lei especial". E, como nunca houve a edição de lei especial, aplica-se o que está no artigo 186 da LSA, em que se prevê que o balanço discriminará

> I – o saldo do início do período, os ajustes de exercícios anteriores e a correção monetária do saldo inicial; II – as reversões de reservas e o lucro líquido do exercício; III – as transferências para reservas, os dividendos, a parcela dos lucros incorporada ao capital e o saldo ao fim do período.

O inventário, os balanços patrimonial e do resultado econômico, acompanhados dos respectivos documentos que permitiram a sua formação, serão, em regra, suficientes a que os sócios verifiquem a situação da sociedade no final do exercício, ou, se quiserem, contratem empresas especializadas para tanto. Ao mesmo tempo, servem para que fornecedores, instituições financeiras e outros interessados que contratam ou pretendam contratar com a sociedade examinem e tenham melhor consciência quando com ela forem realizar novos negócios.

Prazo para a prestação de contas pelo administrador

A lei exige que as contas sejam tomadas em assembleia ordinária, a ser convocada ao menos uma vez por ano, nos quatro meses seguintes ao término do exercício social, com o fim de tomar as contas dos administradores e deliberar sobre o balanço patrimonial e o de resultado econômico (artigo 1.078, I).

Já ficou antes mencionado que os sócios podem a qualquer tempo verificar ou exigir a prestação de contas pelo administrador, independentemente da obrigação ao final de cada exercício, já que isso se insere na verificação da boa condução dos negócios. É de rigor compreender que, salvo vedação legal ou contratual, a exigência de prestação de contas pelo sócio que não participa é devida a qualquer tempo, dado o interesse permanente que possui na verificação das contas de quem administra o patrimônio constituído pelas suas quotas na sociedade.

Marcelo Fortes Barbosa Filho, desembargador integrante da 1ª Câmara de Direito Empresarial do Egrégio Tribunal de Justiça de São Paulo, decidiu, inclusive, pela legitimidade ativa do sócio excluído para a prestação de contas do período em que esteve na sociedade, para fim de apuração dos seus haveres:

> Não existindo órgão permanente e específico destinado a fiscalizar a atuação dos administradores, os sócios ostentam o direito de acessar livros e documentos contábeis, de natureza obrigatória ou facultativa, aos montantes mantidos em caixa e à carteira de clientes, ou seja, aos créditos da pessoa jurídica, especificadas suas características fundamentais (valor, data de vencimento e identidade do devedor). Eles têm a faculdade de, com base nestes elementos, fiscalizar a gestão, só podendo haver limitação a partir de cláusula inserida no contrato social,

> não afetando este direito ao acesso de documentos e livros fiscais a prévia aprovação de contas.[201]

Ademais, ressalte-se que o interesse de exigir contas em face de quem detém os poderes de gestão não é elidido por eventual participação ativa do sócio não administrador nos negócios da sociedade, ou por seu acesso irrestrito à conta bancária da pessoa jurídica.[202]

Seção IV – Do Conselho Fiscal

***Art. 1.066.** Sem prejuízo dos poderes da assembleia dos sócios, pode o contrato instituir conselho fiscal composto de três ou mais membros e respectivos suplentes, sócios ou não, residentes no País, eleitos na assembleia anual prevista no artigo 1.078.*

§ 1º Não podem fazer parte do conselho fiscal, além dos inelegíveis enumerados no § 1º do artigo 1.011, os membros dos demais órgãos da sociedade ou de outra por ela controlada, os empregados de quaisquer delas ou dos respectivos administradores, o cônjuge ou parente destes até o terceiro grau.

§ 2º É assegurado aos sócios minoritários, que representarem pelo menos um quinto do capital social, o direito de eleger, separadamente, um dos membros do conselho fiscal e o respectivo suplente.

---

201 Apelação Cível n. 1004064-12.2021.8.26.0451, Tribunal de Justiça do Estado de São Paulo – 1ª Câmara Reservada de Direito Empresarial, Rel. Desembargador Fortes Barbosa, J. 26/01/2023.

202 Tribunal de Justiça do Estado de São Paulo – 1ª Câmara Reservada de Direito Empresarial. Apelação Cível n. 1019259-57.2020.8.26.0100, Rel. Desembargador Alexandre Lazzarini, J. 24/05/2022.

Conselho Fiscal

Já se afirmou, à saciedade, que é direito essencial dos sócios fiscalizar a gestão da sociedade e dos negócios sociais.

Para tanto, os sócios podem fazê-lo pessoalmente, sem qualquer necessidade de motivação ou justificação, ou, através da criação de um Conselho Fiscal que é "o instrumento interno, orgânico e institucionalizado para o exercício da fiscalização".[203]

No caso das sociedades limitadas "pode o contrato" instituir um Conselho Fiscal, composto por três ou mais membros, e seus respectivos suplentes, sócios ou não, cuja função é transmitir aos sócios as informações apuradas no exercício de suas funções de fiscalização, tal como ocorre no mesmo instituto disciplinado nos artigos 161 a 165-A da LSA.

Se previsto no contrato e instituído pelos sócios, o direito de supervisionar inerente à sua atividade não pode ser tolhido, seja por disposição contratual, seja por deliberação em assembleia ou reunião de sócios. Assim já decidiu a 1ª CRDE do Egrégio Tribunal de Justiça de São Paulo, em acórdão da lavra do Desembargador Marcelo Fortes Barbosa Filho:

> Uma vez instalado o Conselho Fiscal, como órgão da companhia, a fiscalização da gestão é procedimentalizada. É conferida, ao conselheiro, a possibilidade de acesso amplo à documentação contábil mantida, seja ela obrigatória, seja ela facultativa, para que seja instrumentalizada sua atuação. Sem tal acesso, não seria viável a adequada e precisa verificação

---

203 EIZIRIK, Nelson. *A Lei das S/A Comentada*. vol. III. São Paulo: Quartier Latin, 2021, p. 240.

da lisura dos negócios e das operações da sociedade e o conselheiro não poderia desempenhar seu mister.[204]

O contrato social pode até estipular época própria para que os sócios possam fiscalizar os negócios sociais. Se, contudo, o contrato for omisso, o direito de supervisionar a administração, com exibição de livros e documentos sociais, poderá ser exercido a qualquer tempo, nos termos do artigo 1.021 do Código Civil ("Salvo estipulação que determine época própria, o sócio pode, a qualquer tempo, examinar os livros e documentos, e o estado da caixa e da carteira da sociedade").

É razoável considerar que o direito do sócio na fiscalização passa ao Conselho Fiscal quando previsto no contrato e instituído pelos sócios, detendo os conselheiros, quando à fiscalização, os mesmos direitos daqueles.

Pode haver no contrato cláusula com previsão de época própria para fiscalização, cuja alteração só poderá ser feita por deliberação da maioria, seja em reunião de sócios, seja em documento separado assinado pelos sócios que tiverem a maioria prevista no artigo 1.010 do CC. Em ambos os casos, a alteração deverá ser comunicada aos sócios e arquivada no órgão do comércio competente, sob pena de ineficácia.

O Conselho Fiscal é uma criação facultativa. E, em especial por conta dos custos que a sociedade deve suportar, a sua viabilidade econômica nem sempre é atrativa aos sócios, que, de toda forma, poderão fiscalizar os negócios sociais, por si ou pelos administradores. Por isso que a sua existência, normalmente, está associada a empresas grandes, com um número significativo de sócios ausentes do dia a dia da gestão, a justificar o interesse por um órgão próprio

---

204 Tribunal de Justiça do Estado de São Paulo – 1ª Câmara Reservada de Direito Empresarial. Apelação Cível n. 0015078-04.2012.8.26.0361, Rel. Desembargador Fortes Barbosa, J. 26/09/2013.

destinado a garantir a legalidade e regularidade do exercício da administração da sociedade.

O Conselho Fiscal, com atribuição fiscalizatória, deverá ser composto de três ou mais membros e respectivos suplentes, sócios ou não, residentes no País, e serão eleitos na assembleia anual a ser realizada nos quatro meses seguintes ao término de cada exercício social.

Para a eleição dos conselheiros, exige-se o *quórum* da maioria de votos dos presentes, nos termos do inciso III do artigo 1.076, assegurado aos sócios minoritários que representem pelo menos um quinto do capital social, o direito de eleger, separadamente, um dos membros do conselho fiscal e o respectivo suplente.

A regra contida no artigo 1.066, §2º, do Código Civil, tem como inspiração a lógica prevista no artigo 161, §2º, da Lei das S.A., que tem por objetivo garantir aos minoritários que o Conselho Fiscal será um órgão de fiscalização efetivo e não uma mera figura formalista, tal como alertavam Alfredo Lamy Filho e José Luiz Bulhões Pedreira ao tratarem das alterações introduzidas pela Lei n. 6.404/76 nesse instituto:

> Na maioria das companhias existentes, todos os membros do Conselho Fiscal são eleitos pelos mesmos acionistas que escolhem os administradores. Nestes casos, o funcionamento do órgão quase sempre se reduz a formalismo vazio de qualquer significação prática, que justifica as reiteradas críticas que lhe são feitas, e as propostas para sua extinção. A experiência revela, todavia, a importância do órgão como instrumento de proteção de acionistas dissidentes, sempre que estes usam do seu direito de eleger em separado um dos membros do Conselho, e desde que as pessoas eleitas tenham os conhecimentos que lhes permitam utilizar com eficiência os meios, previstos na lei, para fiscalização dos órgãos da administração.[205]

---

205 LAMY FILHO, Alfredo; PEDREIRA, José Luiz Bulhões. *A Lei das S.A.*:

Impedimentos

Não podem fazer parte do conselho fiscal as pessoas inelegíveis apontadas no artigo 1.011, §1º, ou seja, as pessoas impedidas por lei especial, os condenados à pena que vede, ainda que temporariamente, o acesso a cargos públicos; ou por crime falimentar, de prevaricação, peita ou suborno, concussão, peculato; ou contra a economia popular, contra o sistema financeiro nacional, contra as normas de defesa da concorrência, contra as relações de consumo, a fé pública ou a propriedade, enquanto perdurarem os efeitos da condenação.

Não podem, ainda, ser designados como membros ou suplentes do Conselho Fiscal, os membros dos demais órgãos da sociedade ou de outra por ela controlada, os empregados de quaisquer delas ou dos respectivos administradores, o cônjuge ou parente destes até o terceiro grau, sob pena de haver conflito de interesses na atividade fiscalizatória e embaraço à necessária imparcialidade no exercício da função dos conselheiros.

Art. 1.067. O membro ou suplente eleito, assinando termo de posse lavrado no livro de atas e pareceres do conselho fiscal, em que se mencione o seu nome, nacionalidade, estado civil, residência e a data da escolha, ficará investido nas suas funções, que exercerá, salvo cessação anterior, até a subsequente assembleia anual.

Parágrafo único. Se o termo não for assinado nos trinta dias seguintes ao da eleição, esta se tornará sem efeito.

Investidura dos membros do Conselho Fiscal

Assim como os administradores nomeados para desempenhar os atos de gestão da sociedade limitada (artigo 1.062), a investidura dos membros ou suplentes eleitos para integrarem o Conselho Fiscal,

---

pressupostos, elaboração e aplicação. Rio de Janeiro: Renovar, 1995, p. 243.

quando existente, será realizada mediante assinatura de termo de posse, lavrado no livro de atas e pareceres no prazo de trinta contados da data da eleição, mencionando-se a qualificação completa dos eleitos (nome, nacionalidade, estado civil, residência e a data da escolha).

Modesto Carvalhosa ensina que:

> Para que seja o conselheiro fiscal da sociedade limitada devidamente investido, é necessário que, ao lado do ato unilateral de sua eleição, haja a aceitação, com o correspondente ato unilateral. Não se trata de acordo de vontades entre as partes que resulte em contrato de qualquer espécie, mas sim de dois atos unilaterais, de um lado a deliberação da reunião ou da assembleia, e de outro a aceitação do conselheiro fiscal eleito.[206]

Se, transcorrido o prazo de trinta dias da eleição, o termo de posse não tiver sido lavrado e escriturado no livro de atas, a eleição dos conselheiros fiscais e dos respectivos suplentes perderá sua eficácia. Se isso ocorrer, e os sócios desejem mantê-la, devem realizar nova assembleia para a renomeação e cumprimento da exigência.

O artigo 1.067, *caput*, do Código Civil dispõe que o exercício da função de conselheiro fiscal ocorrerá até a sua cessação ou até a assembleia anual subsequente, a permitir a conclusão de que o mandato de cada membro e respectivo suplente tem duração equivalente ao exercício social. Todavia, não há impedimento legal para a recondução dos conselheiros nos exercícios sociais posteriores.

A respeito, aliás, menciona-se precedente da 4ª Câmara de Direito Privado do Tribunal de Justiça de São Paulo, que deu provimento a um agravo de instrumento para reverter uma liminar

---

206 CARVALHOSA, Modesto. *Comentários ao Código Civil*. vol. 13. São Paulo: Saraiva, 2003, pp. 153/154.

que suspendia a realização de assembleia de sócios convocada para revisão e aprovação de contas de sociedade limitada.

No caso, após a assembleia que elegeu os conselheiros fiscais, as subsequentes assembleias anuais nada deliberaram a respeito da eleição de novos membros ou recondução dos anteriores, havendo, pois, retardamento no cumprimento do disposto no artigo 1.067, *caput.* A decisão de primeiro grau suspendeu a assembleia para aprovação de contas, ao fundamento de que o mandato dos conselheiros fiscais havia pelo decurso do exercício fiscal sem a respectiva recondução de seus membros. Mas o relator, Desembargador Francisco Loureiro, assentou que o estatuto social previa a existência de conselho fiscal permanente, de sorte que o mandato inicial dos conselheiros era prorrogado, automaticamente, independentemente nova eleição a cada assembleia que se seguiu à eleição dos membros do Conselho Fiscal.

Nesse caso concreto, a turma julgadora ainda invocou o postulado da boa-fé objetiva, forte no argumento de que, mesmo após expirado o prazo anual previsto no artigo 1.067, diversas assembleias foram realizadas com a participação ativa do conselho fiscal, integrado pelos membros inicialmente eleitos, constituindo prova concludente de que, para os sócios e para a sociedade, o mandato estava prorrogado e não extinto, não podendo os dissidentes sustentar o contrário apenas no momento em que constatada divergência na condução dos negócios sociais.[207]

Artigo 1.068. A remuneração dos membros do conselho fiscal será fixada, anualmente, pela assembléia dos sócios que os eleger.

207 Tribunal de Justiça do Estado de São Paulo – 4ª Câmara de Direito Privado. Agravo de Instrumento n. 990.10.319116-1, Desembargador Francisco Loureiro, J. 07/10/2010.

Remuneração dos Conselheiros

Os custos para a manutenção do órgão fiscalizador serão pagos pela sociedade, incluindo a remuneração de seus membros e suplentes. À luz do artigo 1.067 já mencionado, a escolha dos conselheiros fiscais e dos respectivos suplentes será deliberada em assembleia de sócios a ser realizada anualmente, nos quatro meses seguintes ao término do exercício social (artigo 1.078). No mesmo conclave, deverá também ser decidida a remuneração dos membros eleitos.

Considerando que o mandato dos eleitos é correspondente a um exercício social, na assembleia de sócios do ano seguinte poderão ser eleitos novos membros ou reconduzidos os membros anteriormente eleitos, sem prejuízo de ser estipulada nova remuneração.

Para Manoel de Queiroz Pereira Calças, aos conselheiros fiscais das sociedades limitadas aplica-se a regra prevista no artigo 162, §3º da Lei das Sociedades Anônimas, segundo a qual deverão ser reembolsados, obrigatoriamente, pelas despesas de locomoção e estada necessárias ao desempenho da função, sem prejuízo da remuneração.[208]

Deve-se chamar a atenção para que a remuneração dos integrantes do Conselho Fiscal seja igual a todos, de modo a não privilegiar um ou outro, uma vez que todos possuem o mesmo dever de fiscalização dos atos praticados pelos administradores. A simples organização deles, seja quanto ao que cada um fará na fiscalização, ou mesmo que um deles exerça a coordenação, não se justifica a remuneração não uniforme aos conselheiros.

Não há definição legal sobre os critérios para a fixação da remuneração, que, assim, será a que for definida pelos sócios e aceita pelos conselheiros. O que a doutrina não aconselha é a fixação de

---

208 CALÇAS, Manoel de Queiroz Pereira. *In*: NANNI, Giovanni Ettore (Coord.). *Comentários ao Direito Civil*: Direito Privado contemporâneo. São Paulo: Saraiva Educação, 2018, p. 1450.

remuneração que tenha por base os lucros da empresa, uma vez que isso levaria os membros do Conselho Fiscal a ter interesse nos resultados da sociedade fiscalizada, em detrimento da fiscalização a que estão incumbidos pelos sócios que os elegeram.[209]

Artigo 1.069. Além de outras atribuições determinadas na lei ou no contrato social, aos membros do conselho fiscal incumbem, individual ou conjuntamente, os deveres seguintes:

I – examinar, pelo menos trimestralmente, os livros e papéis da sociedade e o estado da caixa e da carteira, devendo os administradores ou liquidantes prestar-lhes as informações solicitadas;

II – lavrar no livro de atas e pareceres do conselho fiscal o resultado dos exames referidos no inciso I deste artigo;

III – exarar no mesmo livro e apresentar à assembleia anual dos sócios parecer sobre os negócios e as operações sociais do exercício em que servirem, tomando por base o balanço patrimonial e o de resultado econômico;

IV – denunciar os erros, fraudes ou crimes que descobrirem, sugerindo providências úteis à sociedade;

V – convocar a assembleia dos sócios se a diretoria retardar por mais de trinta dias a sua convocação anual, ou sempre que ocorram motivos graves e urgentes;

VI – praticar, durante o período da liquidação da sociedade, os atos a que se refere este artigo, tendo em vista as disposições especiais reguladoras da liquidação.

---

209 GONÇALVES NETO, Alfredo de Assis. *Direito de Empresa* – Comentários aos artigos 966/1195 do Código Civil. 5ª ed. São Paulo: RT 2014, p. 392.

Atribuições do Conselho Fiscal

A principal atribuição do Conselho Fiscal é supervisionar a atividade exercida pelos administradores ou órgão de administração, garantindo que os atos e negócios exercidos em nome da sociedade sejam praticados com lisura, legalidade e em consonância com os interesses da empresa.

O artigo 1.069 do Código Civil prevê um rol exemplificativo de atribuições a serem desempenhadas pelo Conselho Fiscal da sociedade limitada, quando existente. A parte inicial do dispositivo esclarece que as competências elencadas em seus incisos não são exaustivas, admitindo que a lei ou o contrato social estipulem deveres outros de incumbência do órgão fiscalizatório.

O dispositivo garante, ainda, que as atribuições do Conselho Fiscal podem ser exercidas individualmente, por cada conselheiro, sem necessidade de autorização ou participação dos demais, ou conjuntamente. Outrossim, cada conselheiro poderá, por si, requisitar informações e documentos dos administradores da sociedade, com o fim de fiscalizar os atos de gestão de forma eficiente e completa, ainda que, sobre determinados atos, haja discordância entre os demais conselheiros fiscais a respeito de sua lisura ou legalidade.

Compete ao Conselho Fiscal, assim, examinar, pelo menos trimestralmente, os livros e papéis da sociedade e o estado da caixa e da carteira, devendo os administradores ou liquidantes prestar-lhes as informações, sempre que solicitadas (artigo 1.069, inciso I).

O órgão fiscalizatório também deve providenciar a lavratura no livro de atas e pareceres do Conselho Fiscal, do resultado dos exames dos livros, papéis, caixa e carteira da sociedade (artigo 1.069, inciso II).

Analisados os documentos fornecidos pela administração da sociedade, os conselheiros fiscais deverão elaborar parecer técnico sobre os negócios e as operações sociais do exercício em que servirem, tomando por base o balanço patrimonial e o de resultado econômico (artigo 1.069, inciso III). O parecer será exarado no mesmo livro de atas e pareceres do Conselho Fiscal, e apresentado à assembleia anual dos sócios para o fim de deliberarem a respeito das contas prestadas pela administração, aprovando-as ou rejeitando-as.

Destaque-se que os pareceres e resultados apresentados pelo órgão fiscalizatório servem apenas de orientação à assembleia de sócios, tendo, cada qual, liberdade para exarar seu voto favorável ou contrário aos atos e negócios exercidos em nome da sociedade. Incumbirá ao conjunto dos sócios, em assembleia ou reunião, deliberar sobre as providências necessárias para resguardar os interesses da sociedade.

Não por outro motivo, o artigo 1.069, inciso IV, dispõe que o órgão fiscal tem o dever de denunciar os erros, fraudes ou crimes que descobrirem, *sugerindo providências* úteis à sociedade, as quais, de todo modo, serão deliberadas no conclave, podendo ser aprovadas ou recusadas as providências sugeridas, ou ainda, definidas providências outras que os sócios entendam pertinentes para a sociedade.

Os conselheiros fiscais ainda deverão convocar a assembleia dos sócios se a diretoria retardar por mais de trinta dias a sua convocação anual, ou sempre que ocorram motivos graves e urgentes (artigo 1.069, inciso V).

Por fim, ao Conselho Fiscal incumbe praticar, durante o período da liquidação da sociedade, os atos enumerados nos incisos do artigo 1.069, tendo em vista as disposições especiais reguladoras da liquidação (artigo 1.069, inciso VI).

Art. 1.070. As atribuições e poderes conferidos pela lei ao conselho fiscal não podem ser outorgados a outro órgão da sociedade, e a responsabilidade de seus membros obedece à regra que define a dos administradores (artigo 1.016).

Parágrafo único. O conselho fiscal poderá escolher para assisti-lo no exame dos livros, dos balanços e das contas, contabilista

legalmente habilitado, mediante remuneração aprovada pela assembleia dos sócios.

Indelegabilidade dos poderes do Conselho Fiscal

As atribuições e poderes de supervisionar a atuação dos gestores da sociedade, conferidos pela lei ao Conselho Fiscal, não poderão ser outorgados a outro órgão da sociedade.

Entretanto, nos casos em que não haja a figura do Conselho Fiscal, devem os sócios desempenhar a função de fiscalização individualmente, nos termos do artigo 1.021 do Código Civil.

O que o *caput* do artigo 1.070 veda é que outro órgão da sociedade usurpe a competência e os poderes que, por lei, são próprios e exclusivos do Conselho Fiscal, consagrando o "princípio da indelegabilidade de poderes do direito constitucional" no Direito Societário, de modo a implementar um sistema de "pesos e contrapesos que permitem instituir o controle da legitimidade do exercício de competência de seus órgãos".[210]

Assim, ainda que a criação do órgão fiscal seja facultativa, se os sócios optarem por exercer a fiscalização dos atos de administração através de núcleos de concentração de poderes que integrem a organização interna da sociedade, deverão obrigatoriamente fazê-lo através do Conselho Fiscal.

Responsabilidade dos Conselheiros Fiscais

Aos membros do Conselho Fiscal se aplicam as mesmas regras previstas para a responsabilização dos administradores, à luz do artigo 1.016 do Código Civil. Respondem, pois, solidariamente perante a

---

210 EIZIRIK, Nelson. *Direito Societário*: estudos e pareceres. São Paulo: Quartier Latin, 2015, p. 53.

sociedade e os terceiros prejudicados, por culpa no desempenho de suas funções.

A eventual responsabilização dos conselheiros deverá analisar se a conduta, comissiva ou omissiva, foi praticada com culpa em sentido amplo, ou seja, abrangerá não apenas os atos dolosos, mas também aqueles praticados com negligência, imprudência, imperícia, culpa *in elegendo*, e culpa *in vigilando*. Para se eximirem de responsabilidade, poderão os conselheiros consignar sua divergência, no livro de atas e pareceres do órgão, em relação aos atos ou decisões de que discordem, comunicando-a aos administradores e aos sócios, reunidos ou individualmente.[211]

Caso se constate que os membros do Conselho Fiscal agiram em violação à lei ou ao contrato social, os sócios ou a sociedade terão o prazo de três anos para demandá-los judicialmente e reaver os prejuízos, contado da apresentação, aos sócios, do balanço referente ao exercício em que a violação tenha sido praticada, ou da reunião ou Assembleia Geral que dela deva tomar conhecimento (artigo 206, §3º, VII, "b", CC).

Considerando que as atribuições do Conselho Fiscal podem ser exercidas conjunta ou individualmente pelos conselheiros, admite-se, nesse último caso, a análise da culpa de cada um deles no desempenho de suas funções.

Assim, se todos os membros agiram ou se omitiram em conjunto, todos responderão pelos danos causados à sociedade e a terceiros. Todavia, a responsabilidade deverá ser analisada individualmente, sobretudo porque, como já mencionado, o conselheiro poderá fazer

---

211 CAMPINHO, Sérgio. *O Direito de Empresa à luz do Código Civil*. 12ª ed. revista e atualizada de acordo com as Leis n. 12.441/2011, 12.399/2011 e 13.375/2010. Rio de Janeiro: Renovar, 2011, p. 260.

constar sua eventual divergência em ata, não incidindo a solidariedade pelo simples fato de integrar o órgão fiscal da sociedade.[212]

Saliente-se, no entanto, que a aprovação do balanço patrimonial e do resultado econômico, sem qualquer ressalva, pela assembleia de sócios, exonera de responsabilidade os membros do Conselho Fiscal, exceto se houver comprovação de que a aprovação ocorreu por erro, dolo ou simulação (artigo 1.078, §3º), hipóteses em que incidirá o prazo decadencial especial de dois anos, previsto no §4º do artigo 1.078 do Código Civil.

Contratação de contabilista legalmente habilitado

É possível que o exercício das atribuições do Conselho Fiscal demande o auxílio de um profissional de contabilidade, dada a complexidade técnica que poderá recair sobre o exame dos livros e papéis da sociedade, do balanço patrimonial e do resultado econômico.

Relembre-se que ao Conselho Fiscal incumbe a elaboração de pareceres técnicos através da análise de dados contábeis, os quais orientarão os sócios e à sociedade no controle das contas e negócios sociais.

Nesse sentido, estipula o parágrafo único do artigo 1.070 a possibilidade de contratação pelo Conselho Fiscal de contabilista legalmente habilitado, ou seja, de pessoa física ou jurídica com registro profissional para atuar na área contábil, com o fim de auxiliá-lo no desempenho de suas funções, mediante remuneração a ser fixada em assembleia ou reunião de sócios.

Essa faculdade, no entanto, em nada exime ou substitui a responsabilidade dos conselheiros fiscais pelo exercício de suas funções, sendo que o parecer a respeito dos livros, dos papéis, do

212 CALÇAS, Manoel de Queiroz Pereira. *In*: NANNI, Giovanni Ettore (Coord.). *Comentários ao Direito Civil*: Direito Privado contemporâneo. São Paulo: Saraiva Educação, 2018, p. 1452.

balanço patrimonial e do resultado econômico da sociedade serão sempre do Conselho Fiscal.

Seção V – Das Deliberações dos Sócios

Art. 1.071. Dependem da deliberação dos sócios, além de outras matérias indicadas na lei ou no contrato:

I – a aprovação das contas da administração;

II – a designação dos administradores, quando feita em ato separado;

III – a destituição dos administradores;

IV – o modo de sua remuneração, quando não estabelecido no contrato;

V – a modificação do contrato social;

VI – a incorporação, a fusão e a dissolução da sociedade, ou a cessação do estado de liquidação;

VII – a nomeação e destituição dos liquidantes e o julgamento das suas contas;

VIII – o pedido de concordata.

Matérias que dependem de deliberação dos sócios

Em regra, as matérias atinentes ao exercício ordinário das atividades da sociedade são tomadas por aqueles que detêm o poder de administração, representando a empresa através da celebração de contratos e da tomada de decisões que envolvem o desenvolvimento do objeto social e a consecução da vontade social.

No entanto, existem algumas matérias que, em virtude de sua complexidade e importância, por representarem situações que podem influir na própria estrutura societária e nas relações sociais, devem ser definidas pelos sócios, através de deliberação social que resguarde os interesses da empresa.

O artigo 1.071 do Código Civil enumera o rol das matérias que, obrigatoriamente, deverão ser deliberadas pelos sócios, sem prejuízo de que o contrato social ou a lei estabeleçam outros temas que não poderão ser decididos pelos administradores e devem ser submetidos à votação pelos sócios.

Assim, estabelecido no contrato social ou na lei, seja no rol do artigo 1.071 ou fora dele, que a matéria deverá ser votada pelos sócios, impõe-se a observância do procedimento formal estabelecido para a convocação (artigos 1.072 e 1.073), instalação (artigo 1.074) e aprovação (artigo 1.076). Tais previsões apenas podem ser dispensadas se "as formalidades de convocação previstas no § 3 o do artigo 1.152, quando todos os sócios comparecerem ou se declararem, por escrito, cientes do local, data, hora e ordem do dia", nos termos do artigo 1.072. §3º.

As matérias concernentes ao próprio exercício da administração da sociedade, quais sejam: a aprovação das contas da administração; a designação dos administradores, quando feita em ato separado; a destituição dos administradores; e o modo de sua remuneração, quando não estabelecido no contrato social, deverão ser tomadas em assembleia ou reunião de sócios, constituindo situações que não podem ser decididas pelos próprios administradores, por evidente conflito de interesses.

Ademais, eventual modificação do contrato social; a incorporação, a fusão e a dissolução da sociedade, ou a cessação do estado de liquidação, e, por fim, a nomeação e destituição dos liquidantes e o julgamento das suas contas, também serão matérias deliberadas em reunião ou assembleia.

Saliente-se que a designação dos administradores e a tomada de suas contas, com a respectiva deliberação sobre o balanço patrimonial e o de resultado econômico, são matérias que devem ser tratadas em assembleia ordinária, convocada anualmente nos quatro meses seguintes ao término do exercício social, nos termos do artigo 1.078 do Código Civil.

As demais matérias disciplinadas nos incisos III a VIII do artigo 1.071, obrigatoriamente, serão deliberadas em assembleia extraordinária, porquanto tratam de assuntos pontuais que não são decididos no exercício ordinário da atividade empresarial.

Como exemplos de matérias não elencadas no artigo 1.071, mas que também devem ser tomadas através de assembleia ou reunião dos sócios, pode-se citar a eleição do conselho fiscal e a fixação da remuneração de seus membros, conforme preveem os artigos 1.066 e 1.068, e a exclusão de sócio remisso ou faltoso, nos termos do artigo 1.085 do Código Civil.

Recuperação Judicial e Falência

O inciso VIII do artigo 1.071, com redação original dada pela Lei n. 10.406/2002, previa que o pedido de concordata, preventiva ou suspensiva, e da falência, também deveria ser tomado por deliberação dos sócios.

A previsão, no entanto, tornou-se despicienda com a entrada em vigor da Lei n. 11.101, de 9 de fevereiro de 2005, que substituiu o pedido de concordata pelo procedimento da recuperação judicial.

Para Sérgio Campinho, o dispositivo deve ser aplicado à recuperação judicial para atingir seu fim. No entanto, o autor ressalva que, no caso da recuperação extrajudicial, disciplinada pelo Capítulo VI da Lei n. 11.101/2005 (artigos 161 a 167), não há necessidade de os sócios de reunirem para decidir a respeito, podendo os administradores negociar, diretamente, com os credores a novação dos créditos, ainda que seja o plano levado posteriormente para homologação judicial. Isso porque, na recuperação extrajudicial, não há risco de convolação em falência, de sorte que não se aplicaria a exigência do inciso VIII do artigo 1.071 neste caso.[213]

Entretanto, respeitado o entendimento do eminente doutrinador, parece mais adequado e prudente que a decisão de iniciar o processo de recuperação extrajudicial também deve ser submetida à assembleia, tendo em vista possibilidade de conversão do procedimento em recuperação judicial, tal como prevê o artigo 163, § 7º, da Lei n. 11.101/2005.[214]

Ainda sobre a necessidade de deliberação em assembleia para a implementação de medidas relacionadas à insolvência cumpre anotar que a 2ª Câmara Reservada de Direito Empresarial do Tribunal de Justiça do Estado de São Paulo, decidiu que o pedido de autofalência também atrai a exigência da deliberação em assembleia (artigo 1.071, VIII), a despeito do silêncio da Lei n. 11.101/2005. Isso porque, a confissão da falência diz respeito à própria existência da empresa e, incorrendo em consequências mais graves do que a recuperação judicial, seria ilógico dispensar a exigência da deliberação assemblear no caso de autofalência.

Consoante destacado pelo relator, Desembargador Claudio Godoy,

> Na lição de Manoel Justino, comentando justamente o artigo 105 da LREF, "mais grave que a recuperação judicial, por razões óbvias, é o pedido de autofalência que leva, como se diz vulgarmente, 'à morte da sociedade empresária'. Portanto, também para o pedido de autofalência, deve o requerente munir-se de autorização da assembleia e apresentá-la com o

213 CAMPINHO, Sérgio. *O Direito de Empresa à luz do Código Civil*. 12ª ed. revista e atualizada de acordo com as Leis n. 12.441/2011, 12.399/2011 e 13.375/2010. Rio de Janeiro: Renovar, 2011, p. 262.

214 CUNHA, Fernando Antonio Maia da; DIAS, Maria Rita Rebello Pinho. *Comentários à lei de recuperação de empresas e falência*: Lei n. 11.101, de 09 de fevereiro de 2005. São Paulo: Contracorrente, 2022, p. 811.

pedido inicial. Ausente tal autorização, deve o juiz conceder o prazo de lei para aditamento documental da inicial, sob pena de indeferimento da inicial". (LREF comentada. RT. 11ª ed. p. 299).[215]

Art. 1.072. As deliberações dos sócios, obedecido o disposto no artigo 1.010, serão tomadas em reunião ou em assembleia, conforme previsto no contrato social, devendo ser convocadas pelos administradores nos casos previstos em lei ou no contrato.

§ 1º A deliberação em assembleia será obrigatória se o número dos sócios for superior a dez.

§ 2º Dispensam-se as formalidades de convocação previstas no § 3 o do artigo 1.152, quando todos os sócios comparecerem ou se declararem, por escrito, cientes do local, data, hora e ordem do dia.

§ 3º A reunião ou a assembleia tornam-se dispensáveis quando todos os sócios decidirem, por escrito, sobre a matéria que seria objeto delas.

§ 4º No caso do inciso VIII do artigo antecedente, os administradores, se houver urgência e com autorização de titulares de mais da metade do capital social, podem requerer concordata preventiva.

§ 5º As deliberações tomadas de conformidade com a lei e o contrato vinculam todos os sócios, ainda que ausentes ou dissidentes.

§ 6º Aplica-se às reuniões dos sócios, nos casos omissos no contrato, o disposto na presente Seção sobre a assembleia.

---

215 Tribunal de Justiça do Estado de São Paulo – 2ª Câmara Reservada de Direito Empresarial. Apelação Cível n. 1137463-02.2016.8.26.0000, Desembargador Claudio Godoy, J. 18/12/2017.

Formas de deliberação dos sócios: assembleia ou reunião

O Código Civil prevê duas formas de tomada de deliberações pelos sócios: a reunião e a assembleia.

Conforme prevê o artigo 1.072, § 1º, nas sociedades com mais de dez sócios no quadro social, as deliberações devem ser tomadas pela assembleia, órgão social obrigatório; já as sociedades constituídas com até dez sócios, permite-se que as deliberações ocorram através de reunião de sócios. Nesse último caso, poderão os sócios optar pela tomada das deliberações tanto por reunião, quanto por assembleia.

Jorge Lobo analisa as formas de deliberação conjuntamente, conceituando-as como o órgão corporativo supremo da sociedade, de deliberação colegiada (consenso majoritário dos sócios presentes no conclave), cuja função é decidir sobre matérias de sua exclusiva competência, definidas em lei ou no contrato social, de modo soberano e privativo (sendo nula a delegação das funções a outro órgão social). Desse modo, a deliberação válida constitui declaração unilateral única de vontade, que a todos obriga. Ressalva o autor, ainda, que a natureza colegiada do órgão não impede a validade e eficácia das deliberações tomadas por um único sócio, desde que possua quotas em número suficiente para perfazer o mínimo legal.[216]

A diferença entre as duas formas de deliberação consiste, precipuamente, no procedimento a ser observado. A assembleia constitui ato solene que deverá respeitar as formalidades previstas na lei ou no contrato social, as quais constituem regras cogentes e precisam ser seguidas, sob pena de nulidade.[217]

---

216 LOBO, Jorge. *Sociedades Limitadas* (artigos 1.052 a 1.059 e 1.071 a 1.086 do Código Civil). vol. I. Rio de Janeiro: Forense, 2004, pp. 284/285.

217 Tribunal de Justiça do Estado de São Paulo – 2ª Câmara Reservada de Direito Empresarial. Apelação Cível n. 0189153-29.2012.8.26.0100,

Nesse sentido, a convocação da assembleia deverá ser feita formalmente pelos administradores ou, extraordinariamente, pelos sócios, através de publicação contendo local, data, hora e ordem do dia, por três vezes, pelo menos, no órgão oficial da União ou do Estado, conforme o local da sede do empresário ou da sociedade, e em jornal de grande circulação, devendo mediar, entre a data da primeira inserção e a da realização da assembleia, o prazo mínimo de oito dias, para a primeira convocação, e de cinco dias, para as posteriores, conforme preveem os §§1º e 3º do artigo 1.152 do Código Civil.

A publicação somente poderá ser dispensada quando todos os sócios comparecerem ou se declararem, por escrito, cientes do local, data, hora e ordem do dia, nos termos do artigo 1.072, §2º. A esse respeito, também é possível que a ausência de prévia e regular convocação seja afastada pela prova de que os sócios estavam cientes da data e local em que se realizaria o conclave, bem como da matéria que nele seria discutida, em virtude de assinatura de ata de reunião anterior em que se deliberou pela convocação respectiva.[218]

Sem prejuízo, os sócios poderão convencionar formas diversas de convocação da assembleia no contrato social, estipulando, por exemplo, que a ciência do ato ocorrerá através de carta registrada com aviso de recebimento, enviada aos sócios a locais por eles indicados; por correio eletrônico remetido individualmente a cada sócio; por anúncio a ser fixado na sede da pessoa jurídica etc. Se assim for, as regras disciplinadas no artigo 1.152 somente se aplicarão na omissão do contrato social.

Desembargador Maurício Pessoa, J. 18/9/2020, no sentido da nulidade do conclave assemblear convocado sem a observância do prazo mínimo de oito dias entre a data da primeira inserção e a data da realização da assembleia, nos termos do §3º do artigo 1.152 do Código Civil.

218 Tribunal de Justiça do Estado de São Paulo – 1ª Câmara Reservada de Direito Empresarial. Agravo de Instrumento n. 0120283-04.2013.8.26.0000, Desembargador Alexandre Marcondes, J. 7/11/2013.

Ademais, a assembleia ainda deverá ser instalada com a presença, em primeira convocação, de titulares de no mínimo três quartos (75%) do capital social ou, em segunda convocação, por qualquer número (artigo 1.074).

Já a reunião de sócios pode observar rito mais simples, com regras próprias de convocação, instalação e funcionamento previstas no contrato social, desde que de forma clara, expressa e objetiva.[219] Neste caso, consoante o §6º do artigo 1.072, as regras legais aplicáveis à assembleia de sócios somente incidirão em caso de omissão do contrato social.[220]

Não obstante o menor grau de formalidade que caracteriza a reunião de sócios, é necessário anotar que as deliberações nela tomadas devem, obrigatoriamente, respeitar os quóruns estabelecidos no artigo 1.076 do Código Civil,[221] bem como sua periodicidade, já que a lei impõe a necessidade de realização anual, dentro dos quatro meses seguintes ao término do exercício social, considerando que nela serão tomadas decisões vitais para a sociedade, tais como a aprovação das contas da administração, o balanço patrimonial e o resultado econômico (artigo 1.078).[222]

---

219 LOBO, Jorge. *Sociedades Limitadas* (artigos 1.052 a 1.059 e 1.071 a 1.086 do Código Civil). vol. I. Rio de Janeiro: Forense, 2004, p. 284.

220 Nesse sentido: Tribunal de Justiça do Estado de São Paulo – 1ª Câmara Reservada de Direito Empresarial. Apelação Cível n. 1045521-44.2020.8.26.0100, Desembargador Alexandre Lazzarini, J. 8/5/2023.

221 Artigo 1.076 – Ressalvado o disposto no artigo 1.061, as deliberações dos sócios serão tomadas: I – Revogado II – pelos votos correspondentes a mais da metade do capital social, nos casos previstos nos incisos II, III, IV, V, VI e VIII do *caput* do artigo 1.071 deste Código, III – pela maioria de votos dos presentes, nos demais casos previstos na lei ou no contrato, se este não exigir maioria mais elevada.

222 CAMPINHO, Sérgio. *O Direito de Empresa à luz do Código Civil*. 12ª ed. revista e atualizada de acordo com as Leis n. 12.441/2011, 12.399/2011 e 13.375/2010. Rio de Janeiro: Renovar, 2011, p. 264.

Dispensa de Reunião ou Assembleia

O §3º do artigo 1.072 dispõe que a reunião ou a assembleia poderão ser dispensadas na hipótese em que todos os sócios decidirem, por escrito e por decisão unânime, sobre a matéria que seria objeto das deliberações.

Ora, se a finalidade do conclave é congregar a integralidade dos sócios para que possam decidir sobre os temas disciplinados na ordem do dia como bem entenderem, em proveito da sociedade, não se vislumbra a necessidade de observância das formalidades e da burocracia da reunião ou assembleia, se esse objetivo foi atingido, notadamente quando não há dissidentes e, portanto, não haverá prejuízo para a sociedade ou para qualquer de seus sócios.

Cuida-se do que a doutrina chama de "reunião universal",[223] que prescinde de maiores formalidades quanto à convocação e instalação, diante da decisão uníssona e uniforme dos sócios.

Ressalve-se, contudo, que a dispensa da reunião ou assembleia de sócios não desobriga o cumprimento das demais regras a respeito da instrumentalização, publicação e registro das deliberações aprovadas.

Além disso, importante anotar que as microempresas e empresas de pequeno porte também estão dispensadas da realização de reuniões e assembleias, por força do disposto no artigo 70 da Lei Complementar n. 123/2006.[224] A própria norma, porém, ressalva que essa previsão "não se aplica caso haja disposição contratual em

---

223 LOBO, Jorge. *Sociedades Limitadas* (artigos 1.052 a 1.059 e 1.071 a 1.086 do Código Civil). vol. I. Rio de Janeiro: Forense, 2004, p. 286.

224 Lei Complementar n. 123, de 14 de dezembro de 2006 – artigo 70. As microempresas e as empresas de pequeno porte são desobrigadas da realização de reuniões e assembléias em qualquer das situações previstas na legislação civil, as quais serão substituídas por deliberação representativa do primeiro número inteiro superior à metade do capital social.

§ 1º O disposto no *caput* deste artigo não se aplica caso haja disposição contratual em contrário, caso ocorra hipótese de justa causa que

contrário, caso ocorra hipótese de justa causa que enseje a exclusão de sócio ou caso um ou mais sócios ponham em risco a continuidade da empresa em virtude de atos de inegável gravidade", hipóteses em que a reunião ou assembleia deverão seguir as normas previstas no Código Civil.

Pedido preventivo de recuperação judicial e extrajudicial

Destaque-se, por fim, que a regra prevista no §4º do artigo 1.072 tornou-se desatualizada com a entrada em vigor da Lei n. 11.101/05, que substituiu o regime da concordata pela recuperação judicial e extrajudicial. Note-se que a norma possibilita à sociedade requerer "concordata preventiva" nos de casos de urgência e com autorização de titulares de mais da metade do capital social. Assim, a partir do novo regime legal, que substituiu a concordada pelos institutos da recuperação judicial e da recuperação extrajudicial, deve-se ler o dispositivo essa alteração, aplicando-se essa dinâmica também aos pedidos de autofalência.

Para além da urgência, a dispensa legal da realização de assembleia ou reunião de sócios para a deliberação acerca do pedido preventivo de recuperação judicial, extrajudicial ou autofalência visa também garantir o sigilo necessário à adoção das medidas que se fazem necessárias para até o protocolo do pedido,[225] evitando-se, assim, que ocorram corridas bancárias que possam tornar irreversível a situação financeira já delicada que a sociedade enfrenta.

---

enseje a exclusão de sócio ou caso um ou mais sócios ponham em risco a continuidade da empresa em virtude de atos de inegável gravidade.

§ 2º Nos casos referidos no § 1º deste artigo, realizar-se-á reunião ou assembleia de acordo com a legislação civil.

225 GONÇALVES NETO, Alfredo de Assis. *Empresa individual de responsabilidade limitada e sociedades de pessoas*. São Paulo: Revista dos Tribunais, 2023, p. 489.

No mais, ao contrário do que dispõe o artigo 122, parágrafo único, da Lei n. 6.404/76,[226] nas sociedades limitadas não é necessária a realização de assembleia ou reunião para ratificar os efeitos da deliberação que aprova pedido preventivo de recuperação judicial, extrajudicial ou autofalência, na forma do artigo 1.072, §4º.

Eficácia das deliberações

Consoante o §5º do artigo 1.072, caso as deliberações sejam tomadas em conformidade com a lei e o contrato, vincularão todos os sócios, incluindo aqueles que não compareceram ao conclave e os dissidentes, além dos administradores, na medida em que a deliberação válida constitui declaração unilateral única de vontade da sociedade, que a todos obriga.

De outro turno, se as deliberações forem tomadas em desrespeito às regras legais ou às disposições do contrato social, não haverá força vinculante, e aqueles que as aprovaram responderão ilimitadamente, nos termos do artigo 1.080 do Código Civil.

Art. 1.073. A reunião ou a assembleia podem também ser convocadas:

I – por sócio, quando os administradores retardarem a convocação, por mais de sessenta dias, nos casos previstos em lei ou no contrato, ou por titulares de mais de um quinto do capital, quando não atendido, no prazo de oito dias, pedido de convocação fundamentado, com indicação das matérias a serem tratadas;

226 *Artigo 122. Compete privativamente à assembleia geral: Parágrafo único. Em caso de urgência, a confissão de falência ou o pedido de recuperação judicial poderá ser formulado pelos administradores, com a concordância do acionista controlador, se houver, hipótese em que a assembleia geral será convocada imediatamente para deliberar sobre a matéria.*

II – pelo conselho fiscal, se houver, nos casos a que se refere o inciso V do artigo 1.069.

Legitimidade extraordinária para convocação de assembleia

Em regra, a reunião ou assembleia serão convocadas pelos administradores da sociedade, que detêm legitimidade ordinária para tal ato, nos termos do *caput* do artigo 1.072 do Código Civil.

Existem, porém, quatro hipóteses em que a reunião ou assembleia podem ser convocadas excepcionalmente, por legitimados diversos daqueles que exercem os poderes de gestão da sociedade:

(i) por quaisquer dos sócios, independentemente da participação societária, quando o conclave estiver previsto em lei (como no caso da assembleia ou reunião anual prevista no artigo 1.078) ou no contrato social, e o administrador retardar a sua convocação por mais de sessenta dias;

(ii) por sócios titulares de mais de um quinto (20%) do capital social, quando o administrador não atender, no prazo de oito dias, a pedido fundamentado de convocação feito internamente por qualquer sócio, com indicação das matérias a serem deliberadas;

(iii) se existente, pelo conselho fiscal ou por seus membros, individual ou coletivamente, quando o conclave anual previsto no artigo 1.078 não for convocada pelo administrador, no prazo de trinta dias;

(iv) se existente, pelo conselho fiscal ou por seus membros, individual ou coletivamente, em quaisquer casos graves ou urgentes.

Além das hipóteses extraordinárias listadas acima, Jorge Lobo ainda ressalva a possibilidade de que o contrato social preveja competência diversa para a convocação da reunião ou assembleia, podendo atribuir a legitimidade a determinado administrador para tanto.[227] Prevendo o contrato social forma diversa de convocação da Assembleia Geral, o descumprimento das formalidades convencionadas pelos sócios importará na nulidade do conclave, ou, se ainda não realizado, de seu ato convocatório.[228]

No mais, oportuna uma breve anotação sobre as diferenças entre o procedimento adotado para as sociedades limitadas e para as sociedades anônimas, na hipótese de convocação por sócios titulares de mais de um quinto do capital social, quando o administrador não atender, no prazo de oito dias, ao pedido fundamentado formulado pelo sócio.

Em relação às limitadas, o inciso I do artigo 1.073 estipula que qualquer dos sócios, individualmente, poderá apresentar pedido fundamentado de convocação do conclave, indicando as matérias a serem tratadas. Apenas se não atendido o pedido, é que se exige *quórum* mínimo de um quinto do capital social para a convocação. Ou seja, nas sociedades limitadas não se exige *quórum* mínimo para a formulação do pedido, mas apenas para a convocação. Já nas sociedades anônimas, o artigo 123, parágrafo único, alínea "c", da Lei n. 6.404/76[229] é expresso ao exigir participação mínima de 5%

---

227 LOBO, Jorge. *Sociedades Limitadas* (artigos 1.052 a 1.059 e 1.071 a 1.086 do Código Civil). vol. I. Rio de Janeiro: Forense, 2004, p. 288.

228 Nesse sentido: Tribunal de Justiça do Estado de São Paulo – 1ª Câmara Reservada de Direito Empresarial. Apelação Cível n. 0005493-65.2011.8.26.0650, Desembargador Pereira Calças, J. 10/6/2015.

229 *Artigo 123. Compete ao conselho de administração, se houver, ou aos diretores, observado o disposto no estatuto, convocar a assembleia-geral. Parágrafo único. A assembleia-geral pode também ser convocada: (...) c) por acionistas que representem cinco por cento, no mínimo, do capital social, quando os administradores não atenderem, no prazo de oito dias, a pedido de convocação que apresentarem, devidamente fundamentado, com indicação das matérias a serem tratadas.*

do capital social, tanto para a apresentação do pedido, quanto para a convocação do conclave.[230]

Fábio Ulhoa comenta e critica o que chama de "hiper-regulação da sociedade limitada", com "excesso despropositado" de regulamentação que, ao final, complicam uma relação societária que deveria ser simples. Assenta que os minoritários estão protegidos pelas normas gerais e previsões contratuais, o que dispensaria as formalidades das reuniões e assembleias, particularmente quando se trata de sociedade unipessoal ou quando são dois sócios e um é titular da quase totalidade das quotas, hipóteses em que a assinatura de um documento resolve os assuntos sem necessidade da formalidade de reuniões ou assembleias.[231]

E termina o ilustre professor, com razão, asseverando que bastaria a regra do § 3º, ou seja, um documento assinado pelos sócios supre a necessidade de reunião ou assembleia, cujas formalidades somente seriam úteis em caso de litígio entre sócios, situação que normalmente só se resolve depois de grave desgaste para a sociedade, judicialmente ou não, até a saída do sócio minoritário que, em geral, questiona validade das deliberações majoritárias.

Art. 1.074. A assembleia dos sócios instala-se com a presença, em primeira convocação, de titulares de no mínimo três quartos do capital social, e, em segunda, com qualquer número.

§ 1º O sócio pode ser representado na assembleia por outro sócio, ou por advogado, mediante outorga de mandato com especificação dos atos autorizados, devendo o instrumento ser levado a registro, juntamente com a ata.

---

230 CAMPINHO, Sérgio. *O Direito de Empresa à luz do Código Civil*. 12ª ed. revista e atualizada de acordo com as Leis n. 12.441/2011, 12.399/2011 e 13.375/2010. Rio de Janeiro: Renovar, 2011, p. 266.

231 COELHO, Fábio Ulhoa (Coord.). *Normas Societárias do Código Civil Comentadas*. vol. 1. São Paulo: Thomson Reuters Brasil, 2023, pp. 394/395.

§ 2º Nenhum sócio, por si ou na condição de mandatário, pode votar matéria que lhe diga respeito diretamente.

Quórum de instalação

O conclave assemblear será instalado, em primeira convocação, com a presença de titulares de no mínimo três quartos (75%) do capital social. Se o presidente da mesa constatar o preenchimento do *quórum* mínimo, declarará abertos os trabalhos. Caso contrário, fará constar em ata a impossibilidade de instalação do conclave diante da ausência do *quórum* exigido pela lei, determinando que se proceda à segunda convocação, por intermédio de nova publicação, por três vezes, devendo mediar o prazo mínimo de cinco dias entre a data da primeira inserção e a da realização da assembleia (artigo 1.152, §3º), que será instalada com qualquer número de presentes.

Para evitar sucessivas publicações atinentes à convocação da assembleia, admite-se que do anúncio da primeira convocação já conste data, horário e local para uma eventual segunda convocação, na eventualidade de não ser preenchido o *quórum* mínimo legal na primeira convocação para instalação do conclave.[232]

Ressalve-se, contudo, que os quóruns legais de aprovação das matérias a serem deliberadas deve ser respeitado, sob pena de nulidade. Assim, se em segunda convocação estiverem presentes sócios que representem menos de 50% do capital social, ainda que a assembleia possa ser instalada, não poderão ser colocadas em votação as matérias indicadas nos incisos II a VI e VIII do artigo 1.071, considerando que, nos termos do inciso I do artigo 1.076, tais matérias exigem deliberação pelos votos correspondentes a mais da metade do capital social.

---

232 CALÇAS, Manoel de Queiroz Pereira. *In*: NANNI, Giovanni Ettore (Coord.). *Comentários ao Direito Civil*: Direito Privado contemporâneo. São Paulo: Saraiva Educação, 2018, p. 1458.

Sem prejuízo, salienta a doutrina que nas sociedades limitadas constituídas com menos de dez sócios, e que estipulem no contrato social a reunião como forma de tomada das deliberações, poderá o ato constitutivo prever *quórum* mínimo de instalação do conclave, em primeira convocação, diverso do previsto no artigo 1.074 do Código Civil.[233]

Representação por mandatário

Admite-se que o sócio se faça representado na assembleia por mandatário, que poderá ser outro sócio ou advogado, mediante outorga de procuração, devendo o instrumento ser levado a registro, juntamente com a ata do conclave.[234]

Porém, para conferir regularidade à representação, a procuração deve especificar os poderes conferidos ao mandatário, autorizando-o a participar e votar as deliberações societárias específicas da ordem do dia, com instruções para se manifestar exclusivamente sobre a matéria objeto da convocação, sendo insuficiente a outorga de instrumento com poderes gerais de mandato.[235]

Não havendo vedação expressa, pode-se inferir pela possibilidade de que um mesmo mandatário represente mais de um sócio no

---

233 Enunciado 226, III Jornada de Direito Civil do Conselho da Justiça Federal: "A exigência da presença de três quartos do capital social, como *quórum* mínimo de instalação em primeira convocação, pode ser alterada pelo contrato de sociedade limitada com até dez sócios, quando as deliberações sociais obedecerem à forma de reunião, sem prejuízo da observância das regras do artigo 1.076 referentes ao *quórum* de deliberação".

234 Tribunal de Justiça do Estado de São Paulo – 10ª Câmara de Direito Privado. Apelação Cível n. 0332526-35.2009.8.26.0000, Desembargador Elcio Trujillo, J. 31/7/2012.

235 Tribunal de Justiça do Estado de São Paulo – 2ª Câmara Reservada de Direito Empresarial. Apelação Cível n. 0010217-88.2010.8.26.0637, Desembargador José Reynaldo, J. 8/4/2013.

conclave, caso não haja conflito de interesses ou prejuízo ao exercício do direito de voto de cada um deles.

Causa de impedimento

O §2º do artigo 1.074 estipula, com o objetivo de obstar a participação de sócio em deliberações que impliquem conflito de interesses entre ele e a sociedade, que nenhum sócio, por si ou na condição de mandatário, pode votar matéria que lhe diga respeito diretamente.

Assim, ainda que munido de instrumento de mandato, um sócio não poderá votar em matérias que lhe digam respeito, seja com as suas próprias quotas, seja com as quotas do sócio mandante, a quem representa.

Portanto, é vedado o exercício do direito de voto do sócio nos temas que afetem diretamente sua esfera pessoal e patrimonial, tais como "o afastamento do sócio, ou a cessão de sua quota, ou a destituição do administrador-sócio, ou o julgamento de um litígio seu contra a sociedade",[236] sob pena de nulidade da deliberação.

Dessa forma, a participação do sócio impedido no capital social

> deixa de integrar o *quorum* suficiente para disparar a decisão, o que significa dizer que o titular do capital impedido não só é excluído da deliberação, mas ainda sua participação não influi para composição do *quorum* que, assim sendo, passa a ser cem por cento formado pelo capital restante.[237]

236 RIZZARDO, Arnaldo. *Direito de empresa*. Rio de Janeiro: Forense, 2012, p. 241.

237 NUNES, Márcio Tadeu Guimarães. *Dissolução parcial, exclusão de sócio e apuração de haveres nas sociedades limitadas*. São Paulo: Quartier Latin, 2010, pp. 130/131.

Nesse sentido, é a jurisprudência do Superior Tribunal de Justiça:

> RECURSO ESPECIAL. DIREITO EMPRESARIA#L. SOCIEDADE LIMITADA. EXCLUSÃO DE SÓCIO MINORITÁRIO. PRAZO DECADENCIAL DE TRÊS ANOS PARA ANULAÇÃO DA ASSEMBLEIA. DECISÃO DA MAIORIA DOS SÓCIOS, REPRESENTATIVA DE MAIS DE METADE DO CAPITAL SOCIAL. QUORUM DE DELIBERAÇÃO EM QUE NÃO PODE SER COMPUTADA A PARTICIPAÇÃO, NO CAPITAL SOCIAL, DO SÓCIO EXCLUENDO. (...) 4. Em regra, o direito de sócio participar nas deliberações sociais é proporcional à sua quota no capital social. Por outro lado, o § 2° do artigo 1.074 do Código Civil veda expressamente, com fundamento no princípio da moralidade e do conflito de interesses, que sócio participe de votação de matéria que lhe diga respeito diretamente, como sói a exclusão de sócio, haja vista que atinge diretamente sua esfera pessoal e patrimonial. 5. Nessa linha, para fins de *quorum* de deliberação, não pode ser computada a participação no capital social do sócio excluendo, devendo a apuração se lastrear em 100% do capital restante, isto é, daqueles legitimados a votar (...).[238]

Fábio Ulhoa Coelho dá um bom exemplo da aplicação da vedação de voto, mencionando a hipótese de aquisição de bem do sócio pela sociedade. Nesse caso, o interesse é direto do sócio na aprovação do laudo de avaliação, o que o impede de votar.[239]

A interpretação restritiva da vedação, em especial considerando que as sociedades limitadas são, em sua maioria, compostas por dois ou três sócios, poderia criar situações paradoxais quando envolvessem interesses colidentes. Poderia conduzir à injusta submissão do majoritário ao minoritário com 10% do capital, quando

---

238 STJ, REsp n. 1.459.190/SP, Relator Ministro Luis Felipe Salomão, 4ª Turma, DJe 01/02/2016.

239 COELHO, Fábio Ulhoa (Coord.). *Normas Societárias do Código Civil Comentadas*. vol. 1. São Paulo: Thomson Reuters Brasil, 2023, p. 398.

houver interesse do primeiro, tal qual poderia levar a um impasse quando se tratar de exclusão em que há interesse de ambos. Nos casos em que o majoritário for o administrador e suas contas forem votadas apenas pelo sócio ou grupo de sócios minoritários, não haverá aprovação se houver litígio entre eles, com risco de paralisação da atividade econômica. Qualquer minoritário, ainda que com participação social equivalente a 10% do capital, submeteria o majoritário e administrador à sua vontade em praticamente toda a administração da sociedade.

Por isso mesmo que, correntemente, e de longa data,[240] o Tribunal de Justiça de São Paulo vem afastando a nulidade do exercício do direito de voto, em assembleia, do sócio majoritário administrador, especialmente quando se trata da aprovação de suas contas. O fundamento é que a aplicação irrestrita e restritiva do §2º do artigo 1.074 implicaria verdadeira sujeição do sócio majoritário à vontade do minoritário dissidente, vulnerando o sistema de deliberações sociais, que é calcado no princípio majoritário, e colocando em risco o próprio exercício da atividade empresarial.[241]

Oportuno registrar, por fim, que o conflito de interesse que impede o sócio de votar nas matérias em que esteja impedido, não lhe retira o "direito de voz", que pode participar das discussões apresentando suas razões, caso queira.[242]

Art. 1.075. A assembleia será presidida e secretariada por sócios escolhidos entre os presentes.

---

240 Tribunal de Justiça do Estado de São Paulo – 1ª Câmara Reservada de Direito Empresarial – Apelação n. 0270334-61.2012.8.26.0000, Desembargador Maia da Cunha, 22.01.2013

241 Tribunal de Justiça do Estado de São Paulo – 1ª Câmara Reservada de Direito Empresarial. Apelação Cível n. 0007394-70.2012.8.26.0347, Desembargador Cesar Ciampolini, J. 19/7/2017. Ver comentários ao artigo 1.078.

242 CARVALHOSA, Modesto. *Comentários ao código civil*: parte especial: do Direito de Empresa, vol. 13. São Paulo: Saraiva, 2005, p. 319.

§ 1º Dos trabalhos e deliberações será lavrada, no livro de atas da assembleia, ata assinada pelos membros da mesa e por sócios participantes da reunião, quantos bastem à validade das deliberações, mas sem prejuízo dos que queiram assiná-la.

§ 2º Cópia da ata autenticada pelos administradores, ou pela mesa, será, nos vinte dias subsequentes à reunião, apresentada ao Registro Público de Empresas Mercantis para arquivamento e averbação.

§ 3º Ao sócio, que a solicitar, será entregue cópia autenticada da ata.

Funcionamento da assembleia

Constatado o preenchimento do *quórum* mínimo legal para a instalação da assembleia, será declarada a abertura dos trabalhos. O primeiro ato a ser deliberado, antes da instalação da assembleia, será a escolha do presidente e dos respectivos secretários dentre os presentes no conclave, que comporão a mesa diretora e conduzirão as atividades disciplinadas na ordem do dia.

Sobre o exercício da função de presidente da mesa, é oportuna a lição de Carvalho de Mendonça, ao pontuar que "a imparcialidade é seu mais notável atributo", de modo que "incompatibilizam-se para essa missão aquele que tiver interesse pessoal direto na deliberação",[243] estendendo-se as premissas também aos secretários da mesa.

Diante da ausência de vedação legal, poderão os procuradores dos sócios presentes à assembleia, e cuja representação esteja amparada por instrumento de mandato com poderes específicos, compor

---

243 CARVALHO DE MENDONÇA, José Xavier. *Tratado de Direito Comercial brasileiro*. Atualizado por Ruymar de Lima Nucci. vol. II. Tomo III. 1ª ed. Campinas: BookSeller, 2001, p. 37.

a mesa como presidentes ou secretários.[244] A flexibilização busca viabilizar a tomada de deliberações nas hipóteses em que os sócios não possam comparecer à assembleia, de modo que sua representação será feita através dos procuradores.

Sérgio Campinho vai além, defendendo que em sociedades com apenas dois sócios, salvo estipulação contrária no ato constitutivo, na ausência de um deles no conclave, possa o único presente presidir a assembleia, e, ao mesmo tempo, secretariá-la, sob pena de comprometer os fins substanciais da tomada de deliberações.[245] Esse entendimento, claro, deve ser adotado com cautela e em hipóteses excepcionais, uma vez que pode facilitar a ocorrência de abusos pelo único sócio presente à assembleia.

Ata Assemblear

A instrumentalização das deliberações tomadas no conclave é feita por meio da lavratura de ata no livro próprio da sociedade (artigo 1.075, § 1º), a qual deverá registrar as matérias deliberadas e aprovadas, bem como as eventuais divergências orais e escritas, e os eventuais esclarecimentos prestados.

Finalizada a ata, o documento será lido em voz alta e assinado pelos membros da mesa e pelos sócios presentes. O número mínimo de assinaturas deverá observar o *quórum* legal (artigo 1.076 do Código Civil) ou convencional de deliberação, sob pena de invalidade.

Para que as deliberações assembleares produzam efeitos, uma cópia da ata será levada para arquivamento e averbação no Registro Público de Empresas Mercantis (artigo 1.075, § 2º), no prazo de

244 LOBO, Jorge. *Sociedades Limitadas* (artigos 1.052 a 1.059 e 1.071 a 1.086 do Código Civil). vol. I. Rio de Janeiro: Forense, 2004, p. 293.

245 CAMPINHO, Sérgio. *O Direito de Empresa à luz do Código Civil.* 12ª ed. revista e atualizada de acordo com as Leis n. 12.441/2011, 12.399/2011 e 13.375/2010. Rio de Janeiro: Renovar, 2011, p. 268.

vinte dias contados da realização da assembleia, autenticada pelos administradores ou pela mesa (presidente e secretários). Eventual descumprimento desta exigência legal, com pedido extemporâneo de averbação da ata no registro competente, protelará os seus efeitos apenas a partir do registro, nos termos do §2° do artigo 1.151, do Código Civil. Obviamente, qualquer dos sócios pode solicitar uma cópia da ata da reunião, que lhe será entregue após a autenticação, na forma do artigo 1.075, § 3°.

Ação anulatória da assembleia

A inobservância das determinações legais e contratuais envolvendo a convocação, a instalação, a condução dos trabalhos e eventuais irregularidades nas deliberações tomadas durante a assembleia, podem ser invocadas por qualquer sócio através de ação anulatória movida contra a sociedade e os sócios que concorreram para a concretização de um resultado ilegal.

Em razão da omissão do Código Civil, utiliza-se "o preceito legal constante no artigo 48, parágrafo único, segundo o qual as ações de anulação das decisões majoritárias deverão ser propostas no prazo decadencial de três anos".[246] Destaque-se que, mesmo na hipótese de aplicação supletiva da Lei das Sociedades Anônimas (que prevê o prazo de decadencial de dois anos para a propositura da ação anulatória assemblear, cf. artigo 286).[247] há decisões que determinam a aplicação do prazo de três anos para as sociedades limitadas. Assim decidiu o Tribunal de Justiça de São Paulo:

---

246 TEPEDINO, Gustavo; BARBOZA, Heloisa Helena; MORAES, Maria Cecília de Bodin. *Código Civil interpretado de acordo com a Constituição*. vol. III. Rio de Janeiro: Renovar, 2011, p. 227.

247 "*Artigo 286. A ação para anular as deliberações tomadas em assembleia-geral ou especial, irregularmente convocada ou instalada, violadoras da lei ou do estatuto, ou eivadas de erro, dolo, fraude ou simulação, prescreve em 2 (dois) anos, contados da deliberação*".

Decadência. Sociedade limitada. Anulação de assembleia convocada para deliberar sobre exclusão de sócio por justa causa. Regência supletiva da LSA prevista no contrato social. Inaplicabilidade, porém, do artigo 286 da LSA diante da previsão expressa no CC/02 acerca do prazo decadencial para o sócio excluído pedir a anulação da assembleia (artigo 48). Ação anulatória ajuizada dentro do prazo decadencial de três anos. Decreto de decadência afastado. Apelação provida para este fim.[248]

Art. 1.076. Ressalvado o disposto no artigo 1.061, as deliberações dos sócios serão tomadas (Redação dada pela Lei nº 13.792, de 2019)

I – (revogado);

II – pelos votos correspondentes a mais da metade do capital social, nos casos previstos nos incisos II, III, IV, V, VI e VIII do caput do artigo 1.071 deste Código;

III – pela maioria de votos dos presentes, nos demais casos previstos na lei ou no contrato, se este não exigir maioria mais elevada.

Quóruns de Deliberação

Para que as deliberações tomadas na assembleia sejam válidas e eficazes devem, claro, respeitar o *quórum* de deliberação previsto pela lei para a matéria votada ou para a que foi aprovada pelos sócios.

A regra legal que exige o *quórum* de deliberação é pautada no princípio majoritário, disciplinado no artigo 1.010 do Código Civil, segundo o qual "as deliberações serão tomadas por maioria

248 Tribunal de Justiça do Estado de São Paulo. 2ª Câmara Reservada de Direito Empresarial. Apelação Cível n. 0001200-77.2011.8.26.0286, Desembargador Ricardo Negrão, J. 16/10/2012.

de votos, contados segundo o valor das quotas de cada um" para as decisões atinentes aos negócios sociais.

Destaque-se que a contagem dos votos levará em conta o valor das quotas de cada sócio. Independentemente do número de quotas que cada um possua, portanto, será relevante a respectiva participação no capital social para a tomada das deliberações sociais. Apenas no caso de empate, será considerada a decisão aprovada pelo maior número de sócios ou, persistindo o empate, por decisão judicial (artigo 1.010, §2°).

Os quóruns de deliberação previstos pela lei constituem matéria de ordem pública e não podem ser disciplinados de forma diversa no contrato social, salvo se a lei assim o permitir expressamente, como nos casos do artigo 1.063, §1° e do artigo 1.076, III.[249]

Em regra, a lei exige o *quórum* de maioria de votos dos presentes (maioria simples) para a aprovação das deliberações mais singelas tomadas em assembleia (artigo 1.076, III), como, por exemplo, a aprovação das contas da administração, a nomeação e destituição dos liquidantes e o julgamento das suas contas (artigo 1.071, I e VII), a nomeação de membros do conselho fiscal e a fixação de sua remuneração etc, sem prejuízo, obviamente, de o contrato social poder exigir maioria qualificada (maioria do capital social) para determinadas matérias.

Em síntese, se não houver previsão na lei ou no contrato social exigindo *quórum* qualificado para a votação e aprovação de

---

249 CAMPINHO, Sérgio. *O Direito de Empresa à luz do Código Civil*. 12ª ed. revista e atualizada de acordo com as Leis n. 12.441/2011, 12.399/2011 e 13.375/2010. Rio de Janeiro: Renovar, 2011, p. 273.

No sentido de admitir *quórum* convencional diverso do *quórum* legal estipulado pelo §1° do artigo 1.063: Tribunal de Justiça do Estado de São Paulo, 1ª Câmara Reservada de Direito Empresarial, Agravo de Instrumento n. 2267290-19.2020.8.26.0000, Desembargador Cesar Ciampolini, J. 13/1/2021.

determinada matéria, as deliberações sociais serão tomadas pela maioria simples.

Existem, contudo, exceções disciplinadas no Código Civil, que exigem maioria qualificada para aprovação das deliberações, a depender da matéria envolvida.

Assim, dependerá da aprovação de, no mínimo, 2/3 (dois terços) dos sócios:

(i) se o contrato social admitir a nomeação de administradores não sócios, caso o capital social não esteja integralizado (artigo 1.061);

Em relação às hipóteses abaixo a aprovação deverá se dar por maioria absoluta, ou seja, pelos votos correspondentes a mais da metade do capital social:

(ii) se as matérias a serem deliberadas forem a designação dos administradores, quando feita em ato separado (artigo 1.076, II c.c artigo 1.071, II);

(iii) a destituição dos administradores que integrem os quadros sociais (artigo 1.076, II c.c artigo 1.071, III);

(iv) a remuneração dos administradores, quando não estabelecido no contrato (artigo 1.076, II c.c artigo 1.071, IV);

(v) a modificação do contrato social (artigo 1.076, II c.c artigo 1.071, V);

(vi) a incorporação, a fusão e a dissolução da sociedade com prazo indeterminado, ou a cessação do estado de liquidação (artigo 1.076, II c.c artigo 1.071, VI); e

(vii) o pedido de recuperação judicial ou homologação do pedido de recuperação extrajudicial (artigo 1.076, II c.c artigo 1.071, VII).

Por sua vez, dependerá da aprovação da maioria dos sócios, representativa de mais da metade do capital social, ou da sua unanimidade, nos casos abaixo:

(viii) exclusão extrajudicial de sócio por justa causa dependerá da aprovação da maioria dos sócios, representativa de mais da metade do capital social (artigo 1.085, *caput*);

(ix) a dissolução da sociedade com prazo determinado, antes do vencimento do prazo de sua duração dependerá de aprovação unânime dos sócios (artigo 1.033, II);

(x) a transformação da sociedade, salvo se prevista no ato constitutivo dependerá de aprovação unânime dos sócios (artigo 1.114); e

(xi) a alteração de nacionalidade de sociedade brasileira dependerá de aprovação unânime dos sócios (artigo 1.127).

Efeitos das alterações introduzidas pela Lei 14.451/2022

A redação original do artigo 1.076 exigia o *quórum* mínimo de três quartos (75%) do capital social, quando a matéria tratasse da modificação do ato constitutivo e da incorporação, fusão e dissolução da sociedade, ou a cessação do estado de liquidação (incisos V e VI do artigo 1.071).

O *quórum* extremamente elevado era criticado pela doutrina, que já alvitrava a necessidade de sua redução para o *quórum* correspondente à maioria do capital social, sem prejuízo de que o contrato convencionasse *quórum* mais elevado para situações ou operações que os sócios entendessem como relevantes para a situação peculiar de cada sociedade.[250]

A Lei n. 14.451, de 21 de setembro de 2022, então, alterou o *quórum* qualificado de 75% do capital social, revogando o inciso I do artigo 1.076 e estabelecendo que, também para aquelas matérias,

250 CALÇAS, Manoel de Queiroz Pereira. *In*: NANNI, Giovanni Ettore (Coord.). *Comentários ao Direito Civil*: Direito Privado contemporâneo. São Paulo: Saraiva Educação, 2018, p. 1462.

o *quórum* de deliberação é de mais da metade do capital social. O escopo da Lei n. 14.451/2022 foi o de facilitar a tomada de decisões e desburocratizar as sociedades limitadas, conferindo maior agilidade à realização de operações societárias e permitindo maior proteção aos interesses da maioria dos sócios.

Por fim, no que diz respeito às microempresas e empresas de pequeno porte, oportuno reiterar[251] que o artigo 70 da Lei Complementar n. 123/2006 dispensa a realização de assembleia ou reunião para a tomada de deliberações, as quais são substituídas por "deliberação representativa do primeiro número inteiro superior à metade do capital social".[252] Entretanto, essa regra não se aplica se configuradas as exceções listadas pelo artigo 70, § 1º da Lei Complementar n. 123/2006, quais sejam: (i) caso haja disposição contratual em contrário, (ii) caso ocorra hipótese de justa causa que enseje a exclusão de sócio, ou (iii) caso um ou mais sócios ponham em risco a continuidade da empresa em virtude de atos de inegável gravidade. Nessas três hipóteses, deve realizar-se a reunião ou a assembleia, de acordo com as normas e quóruns aplicáveis a cada caso.[253]

---

251 Vide comentários ao artigo 1.072.

252 Lei Complementar n. 123, de 14 de dezembro de 2006 – Artigo 70. As microempresas e as empresas de pequeno porte são desobrigadas da realização de reuniões e assembleias em qualquer das situações previstas na legislação civil, as quais serão substituídas por deliberação representativa do primeiro número inteiro superior à metade do capital social.

§ 1º O disposto no *caput* deste artigo não se aplica caso haja disposição contratual em contrário, caso ocorra hipótese de justa causa que enseje a exclusão de sócio ou caso um ou mais sócios ponham em risco a continuidade da empresa em virtude de atos de inegável gravidade.

§ 2º Nos casos referidos no § 1º deste artigo, realizar-se-á reunião ou assembleia de acordo com a legislação civil.

253 "*APELAÇÃO CÍVEL. AÇÃO ORDINÁRIA. OBRIGAÇÃO DE FAZER. SOCIEDADE EMPRESÁRIA. MICROEMPRESA. JUNTA COMERCIAL. ATA DE ASSEMBLEIA GERAL EXTRAODRINÁRIA. REGISTRO. SÓCIO MAJORITÁRIO. FALECIMENTO. INGRESSO DOS SUCESSORES. DELIBERAÇÃO. CONTRATO SOCIAL. MAIORIA SIMPLES. POSSIBILIDADE I. A regra prevista no artigo*

Art. 1.077. Quando houver modificação do contrato, fusão da sociedade, incorporação de outra, ou dela por outra, terá o sócio que dissentiu o direito de retirar-se da sociedade, nos trinta dias subsequentes à reunião, aplicando-se, no silêncio do contrato social antes vigente, o disposto no artigo 1.031.

Considerações sobre as expressões direito de retirada e direito de recesso

O artigo 1.077 trata do direito de retirada nas sociedades limitadas – também conhecido como direito de recesso –, que poderá ocorrer tanto extrajudicialmente, como prevê o dispositivo em comento, quanto judicialmente, através da propositura de ação de dissolução parcial de sociedade pelo sócio dissidente, contra a sociedade.[254]

A respeito do direito de retirada e do direito de recesso, Manoel de Queiroz Pereira Calças anota a existência de entendimento doutrinário que difere o significado das duas expressões, apontando o *recesso* como a desvinculação motivada do sócio (denúncia cheia), que o exercita em razão da tipificação de situação que lhe autoriza a sair do quadro societário (*v.g.*, nas hipóteses em que o sócio dissente

---

70 da Lei Complementar n. 123/06, acerca de deliberação simplificada por parte das microempresas e empresas de pequeno porte, não afasta a possibilidade de realização de reuniões e assembleias, com observância da forma e quóruns previstos no Código Civil. II. A deliberação acerca da admissão na sociedade empresarial dos sucessores do sócio falecido, nos termos do contrato social, não configura nenhuma das hipóteses previstas no artigo 1.071, do CC e, portanto, não demanda quórum qualificado. III. Não demonstrada qualquer irregularidade em ata de assembleia geral extraordinária submetida a registro, revela-se indevida a negativa da Junta Comercial à prática do ato". (Tribunal de Justiça do Estado de Minas Gerais, 1ª Câmara Cível, Apelação n. 5118768-55.2018.8.13.0024, Desembargador Washington Ferreira, J. 4/8/2020).

254 Sobre a dissolução parcial da sociedade, ver comentários ao artigo 1.085.

da deliberação que altera o contrato social, artigo 1.077, CC). De outro turno, o direito de *retirada* seria a faculdade potestativa do sócio de desvincular-se da sociedade celebrada por tempo indeterminado, a qualquer tempo e imotivadamente, através de denúncia vazia (artigo 1.029).[255]

É certo que essa diferenciação não é encontrada no Código Civil, que apenas faz menção à expressão direito de retirada, sem mencionar o termo *recesso*.

Todavia, a distinção aparece no Código de Processo Civil que, ao tratar da ação de dissolução parcial de sociedade, dispõe que a demanda poderá ser proposta

> pelo sócio que exerceu o direito de retirada ou recesso, se não tiver sido providenciada, pelos demais sócios, a alteração contratual consensual formalizando o desligamento, depois de transcorridos 10 (dez) dias do exercício do direito (artigo 600, IV, do CPC).

A diferença entre uma e outra também fica clara a partir dos incisos II e III do artigo 605 do CPC, ao estabelecer que a data da resolução da sociedade no caso da retirada imotivada será "o sexagésimo dia seguinte ao do recebimento, pela sociedade, da notificação do sócio retirante", enquanto, na hipótese de recesso, será "o dia do recebimento, pela sociedade, da notificação do sócio dissidente".

Alfredo Gonçalves de Assis Neto critica a redação do CPC, sob o argumento de que a distinção feita "não encontra apoio nas normas de Direito Material, assim nacional, como estrangeiro", pontuando que

---

255 CALÇAS, Manoel de Queiroz Pereira. *In*: NANNI, Giovanni Ettore (Coord.). *Comentários ao Direito Civil*: Direito Privado contemporâneo. São Paulo: Saraiva Educação, 2018, p. 1464.

> o termo recesso tem duplo significado: ou se refere a um período de suspensão temporária de uma atividade (v.g. recesso forense), ou é utilizado na acepção de retirada, por um italianismo que foi absorvido pela Lei de Sociedades por Ações.[256]

Como afirmado, de fato, a distinção feita pelo Código de Processo Civil não encontra respaldo expresso na redação do Código Civil, sendo necessário reconhecer que sua utilização ajuda a identificar qual das hipóteses se está a tratar: (i) do recesso por discordância de uma determinada deliberação, conforme artigo 1.077; ou, (ii) da retirada fundada no artigo 1.029.

Direito de retirada fundado no artigo 1.029

Dispõe o artigo 1.029 do Código Civil ao tratar da resolução da sociedade simples em relação a um sócio:

> além dos casos previstos na lei ou no contrato, qualquer sócio pode retirar-se da sociedade; se de prazo indeterminado, mediante notificação aos demais sócios, com antecedência mínima de sessenta dias; se de prazo determinado, provando judicialmente justa causa.

A doutrina diverge amplamente acerca dos reflexos do artigo 1.029 no âmbito das sociedades limitadas.

José Edwaldo Tavares Borba e Alfredo de Assis Gonçalves Neto defendem não ser possível cogitar-se de sua aplicação às limitadas,[257] pois a matéria está regida em norma especifica (artigo

---

256 GONÇALVES NETO, Alfredo de Assis. *Direito de Empresa*. 7ª ed. São Paulo: Revista dos Tribunais, 2017, p. 463.

257 Nesse sentido: BORBA, José Edwaldo Tavares. *Direito Societário*. 19ª ed. Barueri (SP): Atlas, 2022, p. 154; GONÇALVES NETO, Alfredo de Assis. *Direito de Empresa* 7ª ed. São Paulo: Revista dos Tribunais, 2017, p. 464.

1.077), afastando a aplicação subsidiária referida no artigo 1.053 do Código Civil.

Fábio Ulhoa Coelho, por sua vez, sustenta que o artigo 1.029 apenas incidiria nas sociedades limitadas regidas supletivamente pelas regras das sociedades simples. Havendo opção contratual pela aplicação supletiva das normas das sociedades anônimas, segundo o autor, o direito de recesso estaria restrito às hipóteses do artigo 1.077 do Código Civil.[258]

Outra corrente defende que o dispositivo é sim fonte complementar da disciplina do direito de retirada nas sociedades limitadas, sob o argumento de que não obstante o dispositivo esteja inserido no capítulo relativo às sociedades simples, é também aplicável às sociedades limitadas.[259]

Inclusive, essa última corrente encontra respaldo na jurisprudência do Superior Tribunal de Justiça, que admite o direito de retirada imotivada de sócio de sociedade limitada por tempo indeterminado, nos termos do artigo 1.029 do Código Civil, à luz dos princípios da autonomia da vontade e da liberdade de associação, ainda que a sociedade tenha sido constituída com a aplicação supletiva das normas previstas na Lei n. 6.404/76. Confira-se:

> RECURSO ESPECIAL. DIREITO EMPRESARIAL. DIREITO SOCIETÁRIO. SOCIEDADE LIMITADA. APLICAÇÃO SUPLETIVA DAS NORMAS RELATIVAS A SOCIEDADES ANÔNIMAS. ARTIGO 1.053 DO CC. POSSIBILIDADE DE RETIRADA VOLUNTÁRIA IMOTIVADA. APLICAÇÃO DO ARTIGO 1.029 DO CC. LIBERDADE DE NÃO PERMANECER ASSOCIADO GARANTIDA

---

258 Op. Cit., pp. 223/224.

259 LOBO, Jorge. *Sociedades Limitadas* (artigos 1.052 a 1.059 e 1.071 a 1.086 do Código Civil). vol. I. Rio de Janeiro: Forense, 2004, p. 231; FAZZIO JÚNIOR, Waldo. *Sociedades limitadas*: de acordo com o Código Civil de 2002. São Paulo: Atlas, 2003, p. 274.

CONSTITUCIONALMENTE. ARTIGO 5º, XX, DA CF. OMISSÃO RELATIVA À RETIRADA IMOTIVADA NA LEI N. 6.404/76. OMISSÃO INCOMPATÍVEL COM A NATUREZA DAS SOCIEDADES LIMITADAS. APLICAÇÃO DO ARTIGO 1.089 DO CC. 1. Entendimento firmado por este Superior Tribunal no sentido de ser a regra do artigo 1.029 do CC aplicável às sociedades limitadas, possibilitando a retirada imotivada do sócio e mostrando-se despiciendo, para tanto, o ajuizamento de ação de dissolução parcial. 2. Direito de retirada imotivada que, por decorrer da liberdade constitucional de não permanecer associado, garantida pelo inciso XX do artigo 5º da CF, deve ser observado ainda que a sociedade limitada tenha regência supletiva da Lei n. 6.404/76 (Lei das Sociedades Anônimas). 3. A ausência de previsão na Lei n. 6.404/76 acerca da retirada imotivada não implica sua proibição nas sociedades limitadas regidas supletivamente pelas normas relativas às sociedades anônimas, especialmente quando o artigo 1.089 do CC determina a aplicação supletiva do próprio Código Civil nas hipóteses de omissão daquele diploma. 4. Caso concreto em que, ainda que o contrato social tenha optado pela regência supletiva da Lei n. 6.404/76, há direito potestativo de retirada imotivada do sócio na sociedade limitada em questão 5. Tendo sido devidamente exercido tal direito, conforme reconhecido na origem, não mais se mostra possível a convocação de reunião com a finalidade de deliberar sobre exclusão do sócio que já se retirou. 6. RECURSO ESPECIAL PROVIDO.[260]

AGRAVO INTERNO NO AGRAVO EM RECURSO ESPECIAL – AÇÃO DISSOLUÇÃO PARCIAL DE SOCIEDADE LIMITADA – DECISÃO MONOCRÁTICA QUE NEGOU PROVIMENTO AO RECLAMO. INSURGÊNCIA DOS DEMANDADOS. 1. A ausência de impugnação a fundamento do acórdão recorrido atrai o óbice da Súmula 283/STF, aplicável por analogia. 2. Reexaminar o entendimento do Tribunal

---

260 STJ. REsp 1839078/SP, Terceira Turma, Ministro Paulo de Tarso Sanseverino, DJe 26/03/2021.

> local, demandaria revolvimento de matéria fático-probatória, inadmissível no apelo especial, por óbice da Súmula 7/STJ. 3. De acordo com orientação do Superior Tribunal de Justiça, "o direito de retirada imotivada de sócio de sociedade limitada por tempo indeterminado constitui direito potestativo à luz dos princípios da autonomia da vontade e da liberdade de associação" (REsp 1403947/MG, Rel. Ministro RICARDO VILLAS BÔAS CUEVA, TERCEIRA TURMA, julgado em 24/04/2018, DJe 30/04/2018). 4. Agravo interno desprovido.[261]

A *ratio* dessa posição está, inclusive, fundada no preceito constitucional de que ninguém é obrigado a permanecer associado indefinidamente (artigo 5º, XX, Constituição Federal), de modo que o vínculo associativo poderá ser rompido a qualquer tempo por quem não mais deseja compor o quadro societário, independentemente de intervenção judicial ou da vontade dos demais sócios. Por isso é que o direito de retirada é entendido como potestativo, essencial ou intangível, e irrenunciável, constituindo preceito de ordem pública inderrogável por convenção dos sócios, seja pelo contrato social, seja pela assembleia ou reunião.[262]

Dessa forma, o entendimento mais adequado é o de que se estendem às sociedades limitadas as duas hipóteses em que se admite a retirada do sócio nas sociedades simples, nos termos do artigo 1.029 do Código Civil: (a) retirada imotivada, se constituídas por prazo indeterminado, mediante denúncia vazia aos demais sócios por via judicial ou extrajudicial, com antecedência mínima de sessenta dias e independentemente de justa causa. Nesse caso, nos trinta dias subsequentes à notificação, podem os demais sócios optar pela dissolução total da sociedade; (b) retirada motivada, mediante justa

---

261 STJ. AgInt no AREsp 829037/RJ, Quarta Turma, Ministro Marco Buzzi, DJe 30/06/2020.

262 LOBO, Jorge. *Sociedades Limitadas* (artigos 1.052 a 1.059 e 1.071 a 1.086 do Código Civil). vol. I. Rio de Janeiro: Forense, 2004, p. 229.

causa comprovada por intermédio de ação judicial, se a sociedade for constituída por prazo determinado.

Obviamente, em virtude das consequências da retirada, especialmente a alteração do contrato social e o pagamento dos haveres ao sócio retirante, a produção dos efeitos do exercício imotivado do direito de retirada dependerá de notificação aos demais sócios, judicial ou extrajudicial, nos termos do artigo 1.029 do Código Civil.[263]

Direito de recesso por dissenso com base no artigo artigo 1.077

O artigo 1.077 do Código Civil trata de modalidade especial de recesso do sócio, aplicável às limitadas, independentemente de terem sido constituídas por prazo determinado ou por prazo indeterminado.

Como visto, relembre-se, consideramos adequado entender que a previsão do artigo 1.077 não exclui a aplicabilidade do artigo 1.029 às sociedades limitadas, que trata de modalidade ordinária do direito de retirada.

Segundo o dispositivo agora comentado, nos casos em que for deliberada a "modificação do contrato, fusão da sociedade, incorporação de outra, ou dela por outra, terá o sócio que dissentiu o direito de retirar-se da sociedade", com apuração de seus haveres com base na situação patrimonial da sociedade, à data da resolução parcial, verificada em balanço especialmente levantado, salvo convenção em contrário prevista no contrato social.

---

263 Nesse sentido, diversos precedentes do Tribunal de Justiça do Estado de São Paulo – 1ª Câmara Reservada de Direito Empresarial: Agravo de Instrumento n. 2024838-07.2022.8.26.0000, Desembargador Cesar Ciampolini, J. 23/05/2022; Agravo de Instrumento n. 2028795-55.2018.8.26.0000, Desembargador Hamid Bdine, J. 12/3/2018; Apelação n. 4006522-64.2013.8.26.0019, Desembargador Francisco Loureiro, J. 1/8/2016.

Quando a deliberação tiver por escopo quaisquer das matérias aludidas, o sócio que delas dissentir deverá comprovar que participou do conclave e divergiu dos demais sócios, ou que se absteve de votar, ou ainda, que não compareceu à assembleia, hipóteses em que poderá exercer o direito de recesso no prazo de trinta dias, contados da data da reunião. Cuida-se de prazo decadencial, dentro do qual o dissidente deverá notificar a sociedade sobre o seu desejo de retirar-se, sob pena de preclusão.[264]

A dissidência quanto à deliberação pela modificação do contrato é entendida pela doutrina como aquela alteração grave e substancial, ou que provoque transfiguração de elementos essenciais da sociedade, independentemente de prova do prejuízo econômico-financeiro do sócio dissidente.

Pode-se citar, como exemplos, a mudança da sede social para outro Estado da federação, dificultando o exercício dos direitos e deveres que o sócio possui; a alteração do objeto social, com prejuízo à finalidade original da sociedade; a transformação do tipo societário para a forma de sociedade anônima, com abertura do capital ao mercado; a saída voluntária ou exclusão de sócio cuja participação seja relevante para o sucesso do objeto social; o ingresso de novo sócio com prejuízo da *affectio societatis*; a reestruturação dos cargos de direção da sociedade, especialmente os destinados à gestão financeira, operacional e de produção.[265]

Havendo regência supletiva das normas das sociedades anônimas, é facultado ao órgão da administração, nos dez dias subsequentes ao término do prazo fixado para o recesso, convocar nova assembleia para ratificar ou reconsiderar a deliberação anterior que

---

264 CALÇAS, Manoel de Queiroz Pereira. *In*: NANNI, Giovanni Ettore (Coord.). *Comentários ao Direito Civil*: Direito Privado contemporâneo. São Paulo: Saraiva Educação, 2018, p. 1465.

265 LOBO, Jorge. *Sociedades Limitadas* (artigos 1.052 a 1.059 e 1.071 a 1.086 do Código Civil). vol. I. Rio de Janeiro: Forense, 2004, p. 229.

aprovou o ato de discórdia que deu causa à retirada, se entender que o pagamento dos respectivos haveres colocará em risco a estabilidade financeira da empresa (Lei n. 6.404/76, artigo 137, §3º).[266]

Procedimento aplicável à ação de dissolução parcial de sociedade

A ação de dissolução parcial de sociedade deve observar o procedimento previsto nos artigos 599 a 609 do Código de Processo Civil de 2015.

A doutrina divergia a respeito do momento em que cessavam os direitos do sócio retirante.[267] Para alguns autores, o exercício do direito de retirada por manifestação unilateral da vontade do sócio dissidente, seria suficiente para operar seu desligamento, cessando os direitos inerentes à titularidade das quotas sociais. Para outros, o sócio retirante deveria permanecer como tal até o pagamento de seus haveres, continuando com todos os seus direitos patrimoniais e sociais, plenamente oponíveis à sociedade e aos sócios remanescentes.

O Código de Processo Civil de 2015, em boa hora, resolveu esse impasse e deixou estabelecido que, no caso de retirada imotivada, a data da resolução corresponderá ao sexagésimo dia seguinte ao do recebimento, pela sociedade, da notificação do sócio retirante. E, no caso de recesso, do dia do recebimento, pela sociedade, da notificação do sócio dissidente.[268]

---

266 CAMPINHO, Sérgio. *O Direito de Empresa à luz do Código Civil.* 12ª ed. revista e atualizada de acordo com as Leis n. 12.441/2011, 12.399/2011 e 13.375/2010. Rio de Janeiro: Renovar, 2011, p. 224.

267 TEPEDINO, Gustavo; BARBOZA, Heloisa Helena; MORAES, Maria Cecília de Bodin. *Código Civil interpretado de acordo com a Constituição.* vol. III. Rio de Janeiro: Renovar, 2011, p. 234.

268 Código de Processo Civil de 2015 – artigo 605. A data da resolução da sociedade será: I – no caso de falecimento do sócio, a do óbito; II – na retirada imotivada, o sexagésimo dia seguinte ao do recebimento, pela sociedade, da notificação do sócio retirante; III – no recesso, o dia do

Exercido o direito de retirada de forma consensual, a sociedade deverá acordar com o sócio dissidente o montante a lhe ser pago a título de haveres, nos termos do artigo 1.031. Caso o contrato social seja omisso a respeito, o valor da sua quota, considerada pelo montante efetivamente integralizado, será liquidado com base na situação patrimonial da sociedade, à data da resolução, verificada em balanço especialmente levantado.[269]

A exclusão poderá ocorrer com redução ou não do capital social, a depender se os demais sócios suprirem o valor da quota liquidada (artigo 1.031, §1º). Poderá o sócio dissidente, ademais, ceder as quotas sociais respectivas, observando o que o contrato social dispuser sobre a matéria ou, em sua omissão, o disposto no artigo 1.057 do Código Civil.

Se, de outro turno, o direito de retirada for reconhecido por sentença judicial, haverá a decretação da dissolução parcial da sociedade, sendo a apuração de haveres determinada pela própria decisão, podendo ser exigido o seu pagamento através de liquidação ou cumprimento de sentença.

Ademais, a exclusão do sócio deverá ser instrumentalizada pela alteração do contrato social para que conste a nova disposição do quadro social, averbada junto ao Registro competente, no prazo de trinta dias contados da lavratura do ato assemblear ou do trânsito em julgado da sentença de dissolução parcial, nos termos do artigo 1.151 do Código Civil.

---

recebimento, pela sociedade, da notificação do sócio dissidente; IV – na retirada por justa causa de sociedade por prazo determinado e na exclusão judicial de sócio, a do trânsito em julgado da decisão que dissolver a sociedade; e V – na exclusão extrajudicial, a data da assembleia ou da reunião de sócios que a tiver deliberado.

269 Sobre a apuração de haveres, ver comentários ao artigo 1.086.

Art. 1.078. A assembleia dos sócios deve realizar-se ao menos uma vez por ano, nos quatro meses seguintes à ao término do exercício social, com o objetivo de:

I – tomar as contas dos administradores e deliberar sobre o balanço patrimonial e o de resultado econômico;

II – designar administradores, quando for o caso;

III – tratar de qualquer outro assunto constante da ordem do dia.

§ 1º Até trinta dias antes da data marcada para a assembleia, os documentos referidos no inciso I deste artigo devem ser postos, por escrito, e com a prova do respectivo recebimento, à disposição dos sócios que não exerçam a administração.

§ 2º Instalada a assembleia, proceder-se-á à leitura dos documentos referidos no parágrafo antecedente, os quais serão submetidos, pelo presidente, a discussão e votação, nesta não podendo tomar parte os membros da administração e, se houver, os do conselho fiscal.

§ 3º A aprovação, sem reserva, do balanço patrimonial e do de resultado econômico, salvo erro, dolo ou simulação, exonera de responsabilidade os membros da administração e, se houver, os do conselho fiscal.

§ 4º Extingue-se em dois anos o direito de anular a aprovação a que se refere o parágrafo antecedente.

Assembleia anual

O artigo 1.078 disciplina a Assembleia Geral ordinária, a ser realizada obrigatoriamente uma vez por ano, nos quatro meses seguintes ao término de cada exercício social, para deliberação de matérias pertinentes à gestão da sociedade.

Assim, na referida assembleia deverão ser tomadas as contas dos administradores e deliberados o balanço patrimonial e o de resultado econômico (inciso I), além da designação de administradores, quando for o caso (inciso II), e de membros do conselho fiscal e a respectiva remuneração, quando existente (artigo 1.066).

Ressalte-se que, diversamente da Lei das Sociedades Anônimas, que enumera taxativamente as matérias a serem deliberadas na Assembleia Geral ordinária, impondo que todas as outras sejam votadas em assembleia extraordinária (artigos 131 e 132, Lei n. 6.404/76), o Código Civil confere maior liberdade ao disciplinar o tema em relação às sociedades limitadas, dispondo que, na Assembleia Geral ordinária, podem ser deliberados quaisquer outros assuntos constantes da ordem do dia (artigo 1.078, inciso III).

Disponibilização de documentos

Para viabilizar a análise, a votação e a deliberação sobre as contas da administração e dos livros sociais, o §1º do artigo 1.078 impõe que os documentos concernentes à prestação de contas, ao balanço patrimonial e ao de resultado econômico deverão ser disponibilizados aos sócios que não exerçam a administração, por escrito, e com a prova do respectivo recebimento, no prazo de até trinta dias antes da data designada para o conclave anual.

O dispositivo deve ser analisado em conjunto com os artigos 1.020 e 1.065 do Código Civil, que disciplinam o dever dos administradores de prestarem contas justificadas de sua administração, e de apresentarem aos sócios, ao término de cada exercício social, o inventário, o balanço patrimonial e o balanço de resultado econômico.

Relembre-se que o artigo 1.179 do Código Civil impõe ao empresário e à sociedade empresária o dever de seguir um sistema de contabilidade, mecanizado ou não, com base na escrituração uniforme de seus livros, em correspondência com a documentação respectiva, bem como a levantar anualmente o balanço patrimonial e o de resultado econômico.

Consoante o §2º do artigo 1.078, a leitura dos aludidos documentos, colocados à disposição dos sócios, será o primeiro ato a ser realizado pelo secretário que compuser a mesa, após a instalação da assembleia, sendo então submetidos, pelo presidente, à discussão e votação entre os presentes. Sem prejuízo, poderão os participantes dispensar a leitura da documentação, presumindo-se a sua leitura e exame por todos os interessados que a ela tiveram acesso previamente.[270]

Relembre-se que a aprovação das contas da administração exige *quórum* mínimo de deliberação da maioria de votos dos presentes (maioria simples), salvo se o contrato social exigir maioria qualificada para a matéria, nos termos do artigo 1.076, III c.c. artigo 1.071, I, do Código Civil.

Impedimento dos membros da administração e do conselho fiscal

Nos moldes do artigo 1.078, §2º, parte final, os membros da administração e, se houver, os do conselho fiscal, não poderão tomar parte nas deliberações a respeito da tomada de contas dos administradores, bem como sobre o balanço patrimonial e resultado econômico.

O objetivo da previsão é justamente

> evitar qualquer expediente que facilmente poderia vir a ser utilizado pelos administradores para a aprovação de suas próprias contas, sem a necessária imparcialidade para julgar

---

270 CALÇAS, Manoel de Queiroz Pereira. *In*: NANNI, Giovanni Ettore (Coord.). *Comentários ao Direito Civil*: Direito Privado contemporâneo. São Paulo: Saraiva Educação, 2018, p. 1466.

> os atos da administração, porque sabido que o impedimento que recai sobre os administradores, em deliberar em assembleia sobre suas próprias contas, decorre do "princípio universal que ninguém é juiz de seus próprios atos" (José Waldecy Lucena, Comentários à Lei das Sociedades Anônimas, Renovar, vol. II, p. 197).[271]

No entanto, conforme já ressalvado nos comentários ao artigo 1.074, a jurisprudência tem mitigado essa regra legal, admitindo que o administrador que seja sócio majoritário delibere a respeito de suas contas em conjunto com os demais, sob pena de verdadeira e indevida sujeição do sócio majoritário à vontade do minoritário dissidente, vulnerando o sistema de deliberações sociais calcado no princípio majoritário e obstando o próprio exercício da atividade empresarial.[272]

Entretanto, considerando as sociedades em que os majoritários exercem a administração, sobretudo aquelas de menor porte, constituídas por poucos sócios, a vedação de sua participação, com exercício do direito de voto nas deliberações a respeito de suas contas, implicaria verdadeiro prejuízo à sociedade e inviabilizaria o seu regular funcionamento. Isso porque o minoritário dissidente poderia impedir qualquer deliberação assemblear que envolvesse a aprovação das contas sociais, especialmente nos casos em que houvesse intensa beligerância entre majoritários e minoritários. Nesse sentido:

---

271 Tribunal de Justiça do Estado de São Paulo – 2ª Câmara Reservada de Direito Empresarial: Apelação 0159918-51.2011.8.26.0100, Desembargadora Ligia Araújo Bisogni, J. 4/12/2012.

272 Tribunal de Justiça do Estado de São Paulo – 1ª Câmara Reservada de Direito Empresarial: Agravo de Instrumento n. 0270334-61.2012.8.26.0000, Desembargador Maia da Cunha, J. 22/1/2013 e Apelação n. 0007404-17.2012.8.26.0347, Desembargador Maia da Cunha, J. 13/7/2016; No mesmo sentido: Câmara Reservada de Direito Empresarial, Apelação Cível n. 0007654-10.2010.8.26.0286, Desembargador Romeu Ricupero, J. 7/2/2012.

> O artigo 1078, § 2º, do Código Civil, veda que as contas sejam aprovadas pelos administradores, o que impediria, no caso, que tivessem sido aprovadas. Se interpretado o dispositivo legal em sua literalidade, sem considerar os casos concretos em que tal disposição conduz à falta de razoabilidade e prejuízo para a sociedade empresária, então o agravo deveria mesmo ser provido, como na interpretação que fiz na minha primeira decisão monocrática. Mas estou convencido, com a devida vênia, de que a interpretação do texto legal mencionado não pode ser literal quando conduz à perplexidade de um sócio minoritário, em litígio com os outros dois que são também administradores, em grave prejuízo à sociedade que não poderá aprovar suas contas. Interpretação literal conduzirá a que possa o sócio minoritário impedir a aprovação das contas apenas por estar em litígio contra os outros dois sócios que também exercem a administração.[273]

Aprovação das contas da administração

Consoante o §3º do artigo 1.078, a aprovação do balanço patrimonial e do de resultado econômico pelos sócios, sem qualquer ressalva, exonera de responsabilidade os membros da administração e os do conselho fiscal, se houver, excepcionados os casos de erro, dolo ou simulação.

Havendo a rejeição das contas, os administradores poderão ser imediatamente destituídos no mesmo conclave assemblear, sem prejuízo do ajuizamento da ação de responsabilização para apuração de sua responsabilidade e o correspondente ressarcimento dos danos causados à sociedade e a terceiros, nos termos do artigo 1.016 do Código Civil.

---

273 Tribunal de Justiça do Estado de São Paulo – 1ª Câmara Reservada de Direito Empresarial: Agravo de Instrumento n. 0117409-80.2012.8.26.0000, Desembargador Maia da Cunha, J. 28/8/2012.

Caso a assembleia tenha deliberado pela aprovação das contas, mas, posteriormente, seja constatada qualquer causa de erro, dolo, ou simulação, deverá ser anulada judicialmente como condição para a responsabilização dos membros do órgão de gestão ou de fiscalização, uma vez que, nos termos do artigo 177 do Código Civil, a "anulabilidade não tem efeito antes de julgada por sentença".

Outrossim, o direito de quaisquer dos sócios interessados de pleitear a anulação da aprovação das contas extinguir-se-á no prazo decadencial de dois anos, contados da data da publicação da ata assemblear em que houve aprovação das respectivas contas, conforme dispõe o artigo 1.078, § 4º, do Código Civil.

Em outros termos, tem-se que a sociedade limitada que pretenda apurar a responsabilidade de seus administradores ou dos membros do conselho fiscal, se houver, cujas contas foram regularmente deliberadas e aprovadas em assembleia, deve, antes, buscar a desconstituição do respectivo conclave por meio de ação anulatória, dentro do prazo decadencial de dois anos, sob pena de convalidação de eventuais vícios pela quitação.

Assim, eventual ação judicial para responsabilização dos administradores, sem a prévia anulação da assembleia que aprovou as contas por eles apresentadas importará sua extinção sem resolução do mérito, por falta de interesse processual, ainda que tenham os sócios deliberado em assembleia o ajuizamento da ação indenizatória, porquanto tal aprovação não tem o condão de suprir a falta da demanda anulatória.[274]

No entanto, há relevante precedente do Superior Tribunal de Justiça acerca do artigo 1.078, § 4º, do Código Civil, no qual

274 Nesse sentido: Tribunal de Justiça do Estado de São Paulo – 2ª Câmara Reservada de Direito Empresarial, Apelação n. 1009990-72.2019.8.26.0344, Desembargador Natan Zelinschi de Arruda, J. 4/10/2022; Apelação n. 0003410-53.2011.8.26.0011, Desembargador Carlos Alberto Garbi, J. 26/11/2016.

ressalvou os casos em que a responsabilização não tem como causa de pedir apenas a indicação de irregularidades relacionadas às contas apresentadas, mas sim a prática de atos ilícitos que justificariam a reparação civil, como, *v.g.*, o descumprimento do acordo de acionistas, a falta ou deficiência de controles internos etc. E a ressalva é que, nessas hipóteses, deverá ser afastada a aplicação dos §§ 3° e 4° do artigo 1.078, observando-se o prazo prescricional trienal previsto no §3° do artigo 206 do Código Civil, sendo, por conseguinte, desnecessária a prévia anulação do conclave assemblear. Confira-se:

> RECURSO ESPECIAL. AÇÃO DE DISSOLUÇÃO PARCIAL DE SOCIEDADE LIMITADA E APURAÇÃO DE HAVERES. NEGATIVA DE PRESTAÇÃO JURISDICIONAL. NÃO OCORRÊNCIA. PREQUESTIONAMENTO. AUSÊNCIA. REEXAME DE FATOS E PROVAS. INADMISSIBILIDADE. RECONVENÇÃO APRESENTADA PELA SOCIEDADE. RESPONSABILIZAÇÃO DO SÓCIO RETIRANTE. PRÁTICA DE ATOS ILÍCITOS. ADMINISTRADOR. COMPENSAÇÃO DE VALORES. BALANÇO PATRIMONIAL E DE RESULTADO ECONÔMICO. PEDIDO DE ANULAÇÃO DAS DELIBERAÇÕES. PRESCINDIBILIDADE. DECADÊNCIA. NÃO OCORRÊNCIA. (...) 6. Partindo-se da premissa assentada pela Corte de origem – de que as assembleias que aprovaram as contas apresentadas pelo recorrido ocorreram nos anos de 2007 a 2009 –, não haveria como se reconhecer violação às normas dos §§ 3° e 4° do artigo 1.078 do CC/02. 7. Todavia, como os atos causadores dos danos indenizáveis imputados ao recorrido pela sociedade não se restringem à indicação de irregularidades relacionadas ao balanço patrimonial ou ao de resultado econômico – e como, nessa hipótese, revela-se desnecessário deduzir, previamente, pedido de anulação das deliberações assembleares que aprovaram as contas apresentadas –, não há que se cogitar da aplicação do

prazo extintivo do artigo 1.078, § 4º, do CC/02. 8. Recurso especial provido.[275]

Art. 1.079. Aplica-se às reuniões dos sócios, nos casos omissos no contrato, o estabelecido nesta Seção sobre a assembleia, obedecido o disposto no § 1º do artigo 1.072.

Reunião de sócios: normas aplicáveis

Conforme já ressaltado nos comentários ao artigo 1.072, nas sociedades limitadas constituídas por menos de dez sócios, é possível convencionar que as deliberações societárias serão tomadas através de reunião de sócios – procedimento menos burocrático, cujas regras de convocação, instalação e deliberação podem ser disciplinadas no próprio ato constitutivo da sociedade.

Dispõe o artigo 1.079, que na omissão do contrato social, serão aplicadas à reunião de sócios as previsões relativas à assembleia, respeitada a exigência de que a tomada das deliberações nas sociedades constituídas por mais de dez sócios será, obrigatoriamente, por assembleia (artigo 1.072, §1º).

Saliente-se que a existência do artigo 1.079 é despicienda, por se tratar de mera repetição do conteúdo do § 6º do artigo 1.072 ("Aplica-se às reuniões dos sócios, nos casos omissos no contrato, o disposto na presente Seção sobre a assembleia").

Art. 1.080. As deliberações infringentes do contrato ou da lei tornam ilimitada a responsabilidade dos que expressamente as aprovaram.

---

275 Superior Tribunal de Justiça, REsp 1741338/SP, Terceira Turma, Ministra Nancy Andrighi, DJe 29/06/2018.

Deliberações infringentes ao contrato social e à lei

Em regra, as deliberações tomadas em conformidade com a lei e o contrato social vinculam todos os sócios, mesmo aqueles que não compareceram ao conclave e os dissidentes (artigo 1.072, §5°). O artigo 1.080 do Código Civil, entretanto, prevê que, caso as deliberações infrinjam o contrato social ou a lei, haverá responsabilidade pessoal e ilimitada dos sócios que expressamente a aprovaram.

Cuida-se de sanção que excepciona a regra da autonomia patrimonial da sociedade limitada da ausência de responsabilidade dos sócios pelas dívidas da sociedade, desde que integralizado o capital social e que os administradores e sócios tomem as deliberações de forma lícita e em respeito às disposições contratuais. Se assim agirem não terão não terão o patrimônio particular atingido para o cumprimento das obrigações contratuais e extracontratuais assumidos pela sociedade, que responderá exclusivamente com o patrimônio social.

Nesse contexto, Alfredo de Assis Gonçalves Neto afirma que, se a deliberação dos sócios for nula, anulável, ineficaz ou irregular e provocar danos a sócio, à sociedade ou a terceiros, será considerada como ato ilícito, sendo necessária a reparação. E a obrigação pela reparação torna-se ilimitada:

> Se a sociedade, por seus sócios, delibera distribuir dividendos quando não há lucros ou proceder ao rateio de lucros existentes de forma contrária à participação definida no contrato social, delibera ilicitamente e o sócio atingido pelo prejuízo, ou a própria sociedade, privada de recursos que deviam ser mantidos em seu patrimônio, pode agir contra os responsáveis por essa ocorrência. Daí a responsabilidade ilimitada dos sócios que contribuíram com seu voto para aprová-la. Essa responsabilidade é, como o é toda e qualquer responsabilidade decorrente de ato ilícito, pela reparação do dano integral, sem limitação.[276]

---

276 GONÇALVES NETO, Alfredo de Assis. *Direito de Empresa*. 7ª ed. São Paulo: Revista dos Tribunais, 2017, p. 478.

Assim, o artigo 1.080 veda comportamentos contrários à lei ou à convenção social, em decorrência da teoria da responsabilidade civil, prevista no artigo 927 do Código Civil ("Aquele que, por ato ilícito [artigos 186 e 187], causar dano a outrem, fica obrigado a repará-lo").[277]

O dispositivo deixa clara a importância de que os dissidentes façam constar, na ata da assembleia e de forma clara e expressa, as suas divergências manifestadas no conclave, com o fim de eximirem--se de eventual responsabilização, uma vez que a norma é clara ao dispor que a responsabilidade daqueles que ilicitamente aprovaram determinada matéria deverá ser apurada individualmente.

De qualquer modo, é unânime a posição tanto da doutrina quanto da jurisprudência[278] de que, em caso de cometimento de ato ilícito, contrariando o contrato social ou a lei, a responsabilidade dos sócios passa a ser ilimitada perante terceiros e perante a sociedade, sendo, portanto, uma exceção à autonomia patrimonial da sociedade limitada.[279]

Mas, como bem alerta Fábio Ulhoa Coelho,[280] não se trata de desconsideração da personalidade jurídico, uma vez ausentes os requisitos do artigo 50 do Código Civil, mas de responsabilização

---

277 CALÇAS, Manoel de Queiroz Pereira. *In*: NANNI, Giovanni Ettore (Coord.). *Comentários ao Direito Civil*: Direito Privado contemporâneo. São Paulo: Saraiva Educação, 2018, p. 1468.

278 Nesse sentido, do Tribunal de Justiça do Estado de São Paulo: Agravo de Instrumento n. 2088951-67.2022.8.26.0000, 22ª Câmara de Direito Privado, Desembargador Edgard Rosa, J. 21/7/2022; Agravo de Instrumento n. 2021647-51.2022.8.26.0000, 23ª Câmara de Direito Privado, Desembargador José Marcos Marrone, J. 14/02/2022; Agravo de Instrumento n. 2246850-02.2020.8.26.0000, 27ª Câmara de Direito Privado, Desembargadora Angela Lopes, J. 04/02/2022.

279 CUNHA, Fernando Antonio Maia da. *Autonomia patrimonial das sociedades limitadas vs. desconsideração da personalidade jurídica*: desafios e perspectivas da lei de liberdade econômica (Lei n. 13.874 de 20 de setembro de 2019). São Paulo: Contracorrente, 2021, p. 73.

280 COELHO, Fábio Ulhoa (Coord.). *Normas Societárias do Código Civil Comentadas*. vol. 1. São Paulo: Thomson Reuters Brasil, 2023, p. 416.

direta do sócio ou dos sócios que cometeram ato ilícito ao deliberar contra o estatuto social ou à lei.

Nessa linha concluiu a jurisprudência[281] e a doutrina[282]

Art. 1.080-A. O sócio poderá participar e votar a distância em reunião ou em assembleia, nos termos do regulamento do órgão competente do Poder Executivo federal.

Parágrafo único. A reunião ou a assembleia poderá ser realizada de forma digital, respeitados os direitos legalmente previstos de participação e de manifestação dos sócios e os demais requisitos regulamentares.

Assembleia digital e votação à distância

O artigo 1.080-A foi incluído pela Lei n. 14.030, promulgada em 28 de julho de 2020, decorrente da conversão da Medida Provisória n. 931, editada em meio à pandemia do coronavírus (Covid-19) que assolou o Brasil e o mundo, exigindo do poder público ações efetivas voltadas a obstar a disseminação da doença, em observância das recomendações emitidas pelas autoridades sanitárias. Ao mesmo tempo, crescia a preocupação com as consequências socioeconômicas futuras decorrentes das restrições sanitárias, impondo a necessidade de adoção de medidas que permitissem a manutenção

---

281 Agravo de Instrumento n. 2088951-67.2022.8.26.0000, 22ª Câmara de Direito Privado, Desembargador Edgard Rosa, J. 21/7/2022; Agravo de Instrumento n. 2021647-51.2022.8.26.0000, 23ª Câmara de Direito Privado, Desembargador José Marcos Marrone, J. 14/02/2022; Agravo de Instrumento n. 2246850-02.2020.8.26.0000, 27ª Câmara de Direito Privado, Desembargadora Angela Lopes, J. 04/02/2022.

282 Enunciado 229 da III Jornada de Direito Civil: A responsabilidade ilimitada dos sócios pelas deliberações infringentes da lei ou do contrato torna desnecessária a desconsideração da personalidade jurídica, por não constituir a autonomia patrimonial da pessoa jurídica escudo para a responsabilização pessoal e direta.

do desenvolvimento econômico e financeiro, bem como a melhoria do ambiente de negócios no país.

Surgiu, então, um impasse decorrente da inviabilização da realização tempestiva de reuniões e assembleias de sócios após a imposição de medidas sanitárias e de isolamento social pelo poder público, e que poderia causar diversos impactos nas atividades regulares das sociedades, desde o atraso na aprovação das contas e demonstrações financeiras da administração, até a falta de distribuição de resultados e a ausência de eleição de administradores e membros do Conselho Fiscal.

Nesse contexto, a Medida Provisória n. 931/2020 foi publicada para, dentre outras providências, alterar o Código Civil e trazer algumas medidas transitórias, tais como: (i) a possibilidade de realização de assembleias gerais ordinárias e assembleias e reuniões anuais de sócios em até sete meses contados do término do exercício social, para as sociedades cujo exercício social se encerrasse entre 31 de dezembro de 2019 e 31 de março de 2020; (ii) a prorrogação dos mandatos dos titulares de órgão que se vencerem no entretempo, até a realização da Assembleia Geral ordinária ou reunião do conselho de administração; (iii) extensão de outros prazos para apresentação de documentos sujeitos a registro perante o Registro Público de Empresas Mercantis.

Ademais, em caráter definitivo, a Medida Provisória n. 931/2020 ainda trouxe novos preceitos legais para permitir que sócios de sociedades cooperativas e sociedades limitadas, bem como acionistas de sociedades anônimas fechadas pudessem

> participar e votar à distância em reunião ou assembleias, nos termos do disposto na regulamentação do Departamento Nacional de Registro Empresarial e Integração da Secretaria Especial de Desburocratização, Gestão e Governo Digital do Ministérios da Fazenda.

Posteriormente, em 10 de junho de 2020, foi promulgada a Lei 14.010, que disciplinou o "Regime Jurídico Emergencial e Transitório das relações jurídicas de Direito Privado (RJET) no período da pandemia do coronavírus (Covid-19)", que permitiu a realização da assembleia virtual de forma virtual de forma temporária:

> Artigo 5º A assembleia geral, inclusive para os fins do artigo 59 do Código Civil, até 30 de outubro de 2020, poderá ser realizada por meios eletrônicos, independentemente de previsão nos atos constitutivos da pessoa jurídica.
>
> Parágrafo único. A manifestação dos participantes poderá ocorrer por qualquer meio eletrônico indicado pelo administrador, que assegure a identificação do participante e a segurança do voto, e produzirá todos os efeitos legais de uma assinatura presencial.

Posteriormente, foi promulgada a Lei n. 14.030/2020, decorrente da conversão da Medida Provisória n. 931/2020, visando três principais objetivos: (i) possibilitar a prorrogação dos prazos para realização de assembleias e reuniões ordinárias de sócios; (ii) prorrogar os prazos de arquivamento de atos nas Juntas Comerciais; e (iii) permitir a realização de assembleias inteiramente digitais, com voto e participação a distância nas sociedades anônimas abertas ou fechadas, nas sociedades cooperativas e nas sociedades limitadas.

Saliente-se que a participação e votação à distância em Assembleia Geral pelo acionista da sociedade anônima aberta já era permitida desde 2011, nos termos da redação incluída pela Lei 12.431/2011 no artigo 121, parágrafo único, da Lei 6.404/76, que também foi alterada pela Lei n. 14.030/2020, permitindo a participação do acionista à distância também nas sociedades anônimas fechadas.[283]

---

283 Lei n. 6.404, de 15 de dezembro de 1976:

"*Artigo 121 – A assembleia-geral, convocada e instalada de acordo com a lei e o estatuto, tem poderes para decidir todos os negócios relativos*

Em relação à participação e votação à distância em reunião ou em assembleia nas sociedades limitadas, a Lei n. 14.030/2020 incluiu no Código Civil o artigo 1.080-A para prever que "o sócio poderá participar e votar a distância em reunião ou em assembleia, nos termos do regulamento do órgão competente do Poder Executivo federal", garantindo que a reunião ou a assembleia pode "ser realizada de forma digital, respeitados os direitos legalmente previstos de participação e de manifestação dos sócios e os demais requisitos regulamentares".

A esse respeito, a Instrução Normativa n. 79 do Departamento Nacional de Registro Empresarial e Integração ("DREI"), editada em 14 de abril de 2020, dispôs sobre a participação e votação à distância em reuniões e assembleias de sociedades anônimas fechadas, limitadas e cooperativas, prevendo que as reuniões e assembleias podem ser: (i) semipresenciais, quando os acionistas, sócios ou associados puderem participar e votar presencialmente, no local físico da realização do conclave, mas também à distância; e (ii) digitais, quando o conclave não será realizado em nenhum local físico e os acionistas, sócios ou associados só puderem participar e votar à distância, caso em que, para todos os fins legais, as reuniões e assembleias serão consideradas como realizadas na sede da pessoa jurídica (artigo 1º e §§).

O ato normativo ainda esclarece que a participação e votação à distância, seja no conclave semipresencial ou no digital, pode ocorrer de duas formas: (i) mediante o envio de boletim de voto à distância que tenha sido considerado válido pela sociedade, e/ou (ii) mediante atuação remota, via sistema eletrônico de participação e voto à distância disponibilizado pela sociedade, caso em que o sócio

---

ao objeto da companhia e tomar as resoluções que julgar convenientes à sua defesa e desenvolvimento.

Parágrafo único. Nas companhias, abertas e fechadas, o acionista poderá participar e votar a distância em assembleia geral, nos termos do regulamento da Comissão de Valores Mobiliários e do órgão competente do Poder Executivo federal, respectivamente. (Redação dada pela Lei nº 14.030, de 2020)".

registrará sua presença pessoalmente ou por meio de representante (artigo 1º, §2º c.c. artigo 5º).

A regulamentação emitida pelo DREI veio solucionar o impasse que então existia em relação à inviabilização da realização dos conclaves após a imposição das medidas sanitárias e de isolamento social, determinando a possibilidade de realização das reuniões ou assembleias presenciais já convocadas, e ainda não realizadas, de forma semipresencial ou digital, desde que todos os acionistas, sócios ou associados se fizessem presentes ou declarassem expressamente sua concordância (artigo 11).

Ressalve-se que a Instrução Normativa DREI n. 79/2020 foi posteriormente revogada pela Instrução Normativa n. 81, de 10 de junho de 2020, a qual buscou uniformizar as regras reguladoras do empresário individual, EIRELI, sociedades empresárias limitadas, sociedades por ações e cooperativas em uma única norma sem, contudo, alterar substancialmente a regulamentação anterior. Nesse sentido, a Seção III do Capítulo II, inserida no Anexo IV da Instrução Normativa n. 81/2020 ("Manual de Registro de Sociedade Limitada") regulamenta "a participação e a votação a distância em reuniões e assembleias de sociedades limitadas", mantendo o mesmo conteúdo da norma revogada.[284]

Seção VI – Do Aumento e da Redução do Capital

Art. 1.081. ***Ressalvado o disposto em lei especial, integralizadas as quotas, pode ser o capital aumentado, com a correspondente modificação do contrato.***

284 BRASIL. *Instrução normativa n. 81*, de 10 de junho de 2020. Disponível em: https://www.in.gov.br/en/web/dou/-/instrucao-normativa-n-81-de-10-de-junho-de-2020-261499054. Acessado em: 22.01.2025.

§ 1º Até trinta dias após a deliberação, terão os sócios preferência para participar do aumento, na proporção das quotas de que sejam titulares.

§ 2º À cessão do direito de preferência, aplica-se o disposto no caput do artigo 1.057.

§ 3º Decorrido o prazo da preferência, e assumida pelos sócios, ou por terceiros, a totalidade do aumento, haverá reunião ou assembleia dos sócios, para que seja aprovada a modificação do contrato.

Aumento do capital social

Conforme já explanado nos comentários ao artigo 1.055, o capital social é a soma da contribuição dos sócios ou, em outros termos, dos valores nominais de suas participações na sociedade, constituídas por qualquer quantia em espécie ou por bens suscetíveis de avaliação econômica (móveis ou imóveis, materiais ou imateriais), expressos em moeda corrente e que sejam suficientes à realização do objeto social.

Os artigos 1.081 a 1.084 do Código Civil dispõem sobre o aumento e a redução do capital social nas sociedades limitadas, sendo que, em qualquer caso, deverá se deliberar pela respectiva alteração do contrato social (artigo 1.071, V), aprovada por votos que correspondam a mais da metade do capital social (artigo 1.076, II).

O atual *quórum* de mais da metade do capital social (artigo 1.076, II) para a aprovação da deliberação de aumento do capital social, decorre da recente alteração promovida pela Lei n. 14.451/2022, sendo que o antigo *quórum* de ¾ para o aumento era acertadamente criticado pela doutrina, "porquanto uma minoria com participação de pouco mais de 25% pode[ria] obstar a expansão do empreendimento".[285]

Prevê o *caput* do artigo 1.081 que o aumento do capital social somente será admitido se todas as quotas estiverem integralizadas. A previsão legal se justifica, pois, somente se pode considerar o aumento do capital se já cumprida a obrigação dos sócios de honrar com a integralização das quotas existentes, de modo que o eventual aumento de capital cumprirá efetivamente a função de capitalização da sociedade, mediante realização de novos investimentos a fim de capacitá-la ao desenvolvimento do objeto social.

Em termos procedimentais, tem-se que somente pode ser feito após o decurso do prazo de trinta dias para manifestação do direito de preferência, contados da reunião ou assembleia que deliberar pelo aumento do capital social.

Transcorrido esse prazo, haverá nova reunião ou assembleia a fim de que seja deliberada a modificação do contrato social, exigindo-se o respeito ao *quórum* mínimo de votos correspondentes a mais da metade do capital social (artigo 1.076, II c.c. artigo 1.071, V) e averbando-o no Registro Público de Empresas Mercantis junto com a respectiva ata assemblear. Deve, ainda, ser garantindo ao sócio dissidente o exercício do direito de retirada nos trinta dias subsequentes ao conclave (artigo 1.077, CC).

Note-se, pois, que haverá necessidade de duas deliberações distintas e autônomas: a primeira, em que se decidirá pelo aumento do capital social, e a segunda, em que se deliberará a respectiva alteração do contrato social, após o exercício do direito de preferência. Sem prejuízo, nada impede que ambas as deliberações sejam realizadas

---

285 GONÇALVES NETO, Alfredo de Assis. *Direito de Empresa*. 7ª ed. São Paulo: Revista dos Tribunais, 2017, p. 480.

no mesmo conclave assemblear, se houver, por exemplo, renúncia ou exercício imediato do direito de preferência pelos sócios.[286]

No entanto, relembre-se a previsão contida no §3º do artigo 1.072 do Código Civil, de sorte que poderá ser dispensada a realização da assembleia ou reunião, caso todos os sócios decidam, em consenso e por unanimidade, sobre o aumento do capital social, o modo e o prazo de integralização.

Demais formas de aumento do capital social

Para além do aumento do capital previsto no artigo 1.081 do Código Civil que se dá mediante a subscrição de novas quotas ou pela atribuição de novo valor às quotas já existentes, existem outras formas pelas quais o aumento do capital social pode se concretizar.

Trata-se de hipóteses que podem ser formalizadas tanto a partir de operações contábeis, como de operações societárias, e que, na prática, efetivam o aumento do capital social. Dentre essas formas, podem ser citadas: (i) a capitalização de lucros e de reservas legais e voluntárias; (ii) a capitalização de créditos de sócios, provenientes de *pro labore* não recebidos, gratificações e ajudas de custo não pagas, suprimentos de caixa, etc., especialmente nos casos em que os sócios não desejarem realizar novos aportes na sociedade; (iii) a reavaliação do ativo; (iv) a incorporação de outra sociedade; e (v) a conversão de dívidas em capital.[287]

---

286 CALÇAS, Manoel de Queiroz Pereira. *In*: NANNI, Giovanni Ettore (Coord.). *Comentários ao Direito Civil*: Direito Privado contemporâneo. São Paulo: Saraiva Educação, 2018, p. 1470.

287 LOBO, Jorge. *Sociedades Limitadas* (artigos 1.052 a 1.059 e 1.071 a 1.086 do Código Civil). vol. I. Rio de Janeiro: Forense, 2004, p. 121.

Direito de preferência

Deliberado o aumento do capital social em assembleia ou reunião mediante a subscrição de novas quotas, terão os sócios o prazo de trinta dias, contados do conclave, para exercer o direito de preferência na participação do aumento, na proporção das quotas de que sejam titulares.

Cuida-se de prazo decadencial que, transcorrido sem qualquer manifestação dos sócios, implica extinção do direito e na impossibilidade de questionamento posterior, caso tenha sido observado o procedimento legal com a regular notificação dos sócios para que pudessem exercer a preferência.

Nesse sentido, destaca-se precedente do Tribunal de Justiça de São Paulo que afastou a pretensão de reconhecimento de irregularidade no caso de aumento do capital social que resultou na diluição da participação societária da autora (de 40% para 3,64%), uma vez que ela foi regularmente convocada a participar do conclave que aprovou o aumento, não tendo solicitado esclarecimentos e nem exerceu o direito de preferência no prazo legal.[288]

Assim, o direito de preferência existe justamente para evitar diluição da participação do sócio na sociedade, uma vez que o aumento do capital social corresponde a uma nova divisão proporcional do percentual que cada sócio detém na empresa, menor do que detinha antes da operação, que pode ocorrer tanto com o ingresso de novos sócios nos quadros sociais, como a partir do aumento do percentual das quotas sociais detidas por outros sócios.

Destaque-se, porém, que os sócios não são obrigados a contribuir para o aumento do capital social, podendo aqueles que dissentiram com o aumento permanecer com as suas respectivas

288 Tribunal de Justiça de São Paulo, 1ª Câmara Reservada de Direito Empresarial, Apelação Cível n. 1009583-72.2017.8.26.0009, Desembargador J. B. Franco de Godoi, J. 10/11/2022.

quotas subscritas e integralizadas. No entanto, não exercendo o direito de preferência ou o direito de recesso, nos termos do artigo 1.077, sofrerão a consequência da diminuição proporcional de sua participação societária, em virtude da majoração do capital social.[289]

Destaque-se que o Tribunal de Justiça do Estado de São Paulo possui precedentes no sentido de se afastar pretensão de cobrança, por sociedade limitada, contra sócio por ausência de integralização de quotas sociais após deliberação pelo aumento do capital social, nos casos em que não observadas as formalidades legais atinentes ao exercício do direito de preferência pelo sócio ausente no conclave. Consoante o entendimento da Corte, a maioria dos sócios pode optar pela majoração do capital, porém, não pode obrigar o sócio ausente ou dissidente a aumentar suas quotas, ou pagar importância sobre a qual não manifestou sua anuência.[290]

O direito de preferência, portanto, é um direito essencial dos sócios, não podendo ser suprimido pelo contrato social ou por convenção societária, sob pena de invalidade e responsabilização daqueles que deixarem de observá-lo.[291] Não obstante, a lei confere ao sócio a possibilidade de renunciar ou ceder seu direito de preferência.

---

289 CALÇAS, Manoel de Queiroz Pereira. *In*: NANNI, Giovanni Ettore (Coord.). *Comentários ao Direito Civil*: Direito Privado contemporâneo. São Paulo: Saraiva Educação, 2018, p. 1470.

290 Tribunal de Justiça de São Paulo – 5ª Câmara de Direito Privado, Apelação n. 9098448-79.2005.8.26.0000, Desembargador J. L. Mônaco da Silva, J. 27/7/2011; 4ª Câmara de Direito Privado, Apelação n. 9241318-50.2005.8.26.0000, Desembargador Francisco Loureiro, J. 16/04/2009; 4ª Câmara de Direito Privado, Apelação Cível n. 9072489-09.2005.8.26.0000, Desembargador Ênio Zuliani, J. 24/7/2008.

291 No sentido de anular deliberação social que aprovou aumento do capital social mediante diluição da participação societária da autora, após comprovado o vício de consentimento na alteração do contrato social, já que não tinha a autora conhecimento da redução de sua participação da empresa: Tribunal de Justiça de São Paulo, 2ª Câmara Reservada de Direito Empresarial, Apelação Cível n. 1003023-58.2015.8.26.0309, Desembargador Carlos Alberto Garbi, J. 13/11/2017.

O §2º do artigo 1.081 dispõe que a cessão do direito de preferência deve observar a mesma regra incidente à cessão de quotas sociais: o sócio poderá ceder seu direito, total ou parcialmente, a outro sócio, independentemente de anuência dos demais, ou a terceiro estranho ao quadro social, se não houver oposição de titulares de mais de um quarto do capital social, sem prejuízo de que o contrato social discipline diversamente.

Art. 1.082. Pode a sociedade reduzir o capital, mediante a correspondente modificação do contrato:

I – depois de integralizado, se houver perdas irreparáveis;

II – se excessivo em relação ao objeto da sociedade.

Redução do capital social

Conforme destacado nos comentários ao artigo 1.052, há relevante diferença entre o conceito de capital social e patrimônio social. O "capital social é o fundo originário e essencial da sociedade, fixado pela vontade dos sócios e formado pelo conjunto das suas contribuições patrimoniais", enquanto o "o patrimônio social é a soma de todos os bens pertencentes à sociedade".[292]

Nesse sentido, Arnoldo Wald anota que o artigo 1.082 do Código Civil

> evidencia a diversidade destes dois conceitos, pois permite a redução do capital social quando existir uma desproporção entre capital social e patrimônio, em especial, no inciso I do artigo 1.082, ao prever a redução quando houver perdas

292 MACHADO, Sylvio Marcondes. *Ensaio sobre a sociedade de responsabilidade limitada*. São Paulo: Faculdade de Direito da Universidade de São Paulo, 1940, pp. 121/122. (Dissertação de Livre Docência).

irreparáveis no patrimônio, de forma que o montante constante como capital represente valor superior ao do patrimônio.[293]

Por sua vez, o inciso II do artigo 1.082 do Código Civil cuida de situação inversa, permitindo a redução na hipótese em que o capital for "excessivo em relação ao objeto da sociedade".

Para além das previsões do artigo 1.082, a redução do capital social também pode ocorrer em outras hipóteses, dentre as quais podem ser citadas: (i) em caso do exercício do direito de retirada pelo sócio dissidente, quando os demais sócios não suprirem o valor da respectiva quota (artigo 1.031, §1º); (ii) em caso de morte do sócio com pagamento dos haveres aos seus herdeiros, salvo se os sócios remanescentes optarem pela dissolução da sociedade, se, por acordo com os herdeiros, regular-se a substituição do sócio falecido, ou se o contrato social dispuser diferentemente (artigo 1.028 c.c. artigo 1.031, §1º); (iii) por exclusão judicial de sócio por justa causa, quando os demais sócios não suprirem o valor da respectiva quota (artigo 1.030 c.c. artigo 1.031, §1º); (iv) por inadimplemento da prestação prometida, quando os demais sócios não suprirem o valor da respectiva quota (artigo 1.004 c.c. artigo 1.031, §1º); (v) pela diminuição do valor do ativo.[294]

Saliente-se que a redução do capital social não é comum na prática societária, porquanto a quantia fixada pelos sócios como capital serve de parâmetro para os agentes econômicos que atuam no mercado avaliarem o porte econômico da sociedade, e a sua

---

293 WALD, Arnoldo. *Comentários ao Novo Código Civil*, v. XIV: Livro II, do Direito de Empresa. Coordenador: Sálvio de Figueiredo Teixeira. Rio de Janeiro: Forense, 2005, p. 548.

294 LOBO, Jorge. *Sociedades Limitadas* (artigos 1.052 a 1.059 e 1.071 a 1.086 do Código Civil). vol. I. Rio de Janeiro: Forense, 2004, p. 123.

redução acarreta evidente perda de credibilidade e de confiança da sociedade em face dos operadores do mercado.[295]

De todo modo, havendo redução do capital social, deve se garantir ao sócio a manutenção da mesma participação societária, ainda que haja redução no número de suas quotas ou de seu valor nominal, sob pena de se vulnerar o princípio da igualdade.

Caso haja deliberação pela redução do capital social, também será necessária a alteração do contrato social, com respectiva averbação no Registro Público de Empresas Mercantis.

Art. 1.083. ***No caso do inciso I do artigo antecedente, a redução do capital será realizada com a diminuição proporcional do valor nominal das quotas, tornando-se efetiva a partir da averbação, no Registro Público de Empresas Mercantis, da ata da assembleia que a tenha aprovado.***

Redução do capital em caso de perdas irreparáveis

O artigo 1.083 faz referência à hipótese do artigo 1.082, inciso I, segundo o qual é admitida a redução do capital social com fundamento na ocorrência de perdas irreparáveis, desde que o capital social esteja totalmente integralizado.

De acordo com a previsão do artigo 1.083, a "redução do capital será realizada com a diminuição proporcional do valor nominal das quotas", sendo que a redação visa abranger as mais diversas formas de operacionalização da redução do capital, considerando que nas sociedades limitadas "as quotas podem ter valores desiguais e que cada sócio pode possuir uma só ou várias quotas".[296] Ou seja, em

---

295 CALÇAS, Manoel de Queiroz Pereira. *In*: NANNI, Giovanni Ettore (Coord.). *Comentários ao Direito Civil*: Direito Privado contemporâneo. São Paulo: Saraiva Educação, 2018, p. 1471.

296 GONÇALVES NETO, Alfredo de Assis. *Direito de Empresa*. 7ª ed. São Paulo: Revista dos Tribunais, 2017, p. 486.

princípio, não haverá a eliminação de quotas sociais, mas sim a diminuição proporcional do valor nominal das quotas sociais. Porém, nada impede que os sócios deliberem pela eliminação de parte das quotas, desde que seja preservado o percentual de participação original de cada um dos sócios.

Em relação às perdas irreparáveis, elas podem ser conceituadas como os prejuízos sofridos pela sociedade, que desestabilizem o seu equilíbrio econômico, sem, porém, ter o potencial de configurar crise econômico-financeira que implique insolvência. Assim, considerando que a redução do capital social visa apenas promover o devido reequilíbrio no balanço social, e a sociedade prosseguirá no exercício de seu objeto social, agora com a escala ajustada à realidade, não é necessária a obtenção de qualquer concordância dos credores. A alteração se limita ao capital social e não modifica o patrimônio real da sociedade.

Por fim, a parte final do artigo 1.083 dispõe que a redução somente terá efeito após averbação da ata da assembleia que a tenha aprovado, no Registro Público de Empresas Mercantis ou no Registro Civil das Pessoas Jurídicas, caso se trate de sociedade simples constituída sob a forma de limitada.

Art. 1.084. No caso do inciso II do artigo 1.082, a redução do capital será feita restituindo-se parte do valor das quotas aos sócios, ou dispensando-se as prestações ainda devidas, com diminuição proporcional, em ambos os casos, do valor nominal das quotas.

§ 1º No prazo de noventa dias, contado da data da publicação da ata da assembleia que aprovar a redução, o credor quirografário, por título líquido anterior a essa data, poderá opor-se ao deliberado.

§ 2º A redução somente se tornará eficaz se, no prazo estabelecido no parágrafo antecedente, não for impugnada, ou se provado o pagamento da dívida ou o depósito judicial do respectivo valor.

§ 3º Satisfeitas as condições estabelecidas no parágrafo antecedente, proceder-se-á à averbação, no Registro Público de Empresas Mercantis, da ata que tenha aprovado a redução.

Redução do capital excessivo em relação ao objeto social

Se a redução do capital social tiver por fundamento o fato de ter se tornado excessivo em relação ao objeto social, a redução deverá ocorrer por meio da restituição de parte do valor das quotas aos sócios, no caso de o capital estar totalmente integralizado, ou pela dispensa das prestações ainda devidas, se ainda não integralizado. Em ambos os casos, haverá diminuição proporcional do valor nominal das quotas sociais.

Embora a lei fale em "diminuição proporcional do valor nominal das quotas", nada impede que, quando o capital social for dividido em diversas quotas de igual valor, detendo cada sócio número variado de quotas representativas de sua participação social, a redução do capital seja feita através da diminuição proporcional do número de quotas.[297]

Oposição pelo credor quirografário

Pelo que dispõe o artigo 1.084, a redução do capital social, quando se tornar excessivo em relação ao objeto social, não depende somente da conveniência dos sócios, uma vez que a circunstância poderá acarretar prejuízo a terceiros que contrataram com a sociedade e ainda tenham créditos a receber.

Em razão disso, o § 1º prevê que qualquer credor quirografário (ou seja, sem qualquer garantia real ou especial da sociedade ou de

---

297 CAMPINHO, Sérgio. *O Direito de Empresa à luz do Código Civil.* 12ª ed. revista e atualizada de acordo com as Leis n. 12.441/2011, 12.399/2011 e 13.375/2010. Rio de Janeiro: Renovar, 2011, p. 174.

terceiros), poderá se opor à redução do capital social. Para fazê-lo, entretanto, deve agir no prazo decadencial de noventa dias, contados da data da publicação da ata da assembleia que aprovar a redução, e desde que munido de título líquido anterior à respectiva data.

Sobre o tema, há uma questão interessante envolvendo a extensão dos efeitos da eventual impugnação à redução do capital social por credores quirografários. Alfredo de Assis Gonçalves Neto, em interpretação aos § 1º a 3º do artigo 1.082, defende que "havendo impugnação no prazo legal por credor a tanto legitimado, a eficácia da deliberação de redução do capital social fica suspensa exclusivamente em relação a tal credor",[298] de modo que a suspensão dos efeitos da deliberação não se estenderia aos credores não impugnantes.

Entretanto, não é possível extrair essa conclusão dos referidos dispositivos, razão pela qual melhor é a interpretação de que a redução do capital social somente será considerada eficaz caso não haja oposição por qualquer credor legitimado no prazo legal. Ou, havendo, (i) se houver prova do pagamento da dívida; (ii) na hipótese de depósito judicial do respectivo valor; ou, (iii) concessão de decisão judicial autorizando a averbação sem o depósito, em razão da demonstração de abuso de direito pelo credor.[299] Assim, somente nesses casos é que se procederá à averbação da ata assemblear que aprovou a redução no Registro Público de Empresas Mercantis, ou no Registro Civil das Pessoas Jurídicas, caso se trate de sociedade simples constituída sob a forma de limitada.

Em suma, como constou dos comentários ao artigo 1.055 do Código Civil, uma das funções do capital social, além de expressar o patrimônio inicial próprio da sociedade, é conferir garantia aos credores, assegurada pelos princípios da realidade e intangibilidade.

---

298 GONÇALVES NETO, Alfredo de Assis. *Direito de Empresa*. 7ª ed. São Paulo: Revista dos Tribunais, 2017, p. 489.

299 EIZIRIK, Nelson. *A Lei das S/A Comentada*. vol. III. São Paulo: Quartier Latin, 2021, p. 363.

Assim sendo, o capital somente pode ser alterado mediante a modificação do contrato social, averbada e registrada no órgão competente para poder produzir efeitos perante os terceiros credores da sociedade. Nesse ínterim, eventual redução do capital social, sem a observância das formalidades legais, implica verdadeira diminuição da garantia aos credores e, por conseguinte, pode ser invalidada.

Destaque-se, aliás, que a simples redução do capital social no curso de demanda executória contra a sociedade empresária não é motivo suficiente para fundamentar a desconsideração da personalidade jurídica, salvo se comprovado o desvio de finalidade ou a confusão patrimonial com o fim de burlar a execução, nos termos do artigo 50 do Código Civil.[300] Exceto se, mediante prova segura, ficar patente que, ajuizada a execução, a sociedade deliberou pela redução do capital social sem a necessária notificação aos credores quirografários, hipótese em que, aí sim, restará configurada a fraude à execução e a possibilidade de utilização do incidente da desconsideração da personalidade jurídica.[301]

Seção VII – Da Resolução da Sociedade em Relação a Sócios Minoritários

Art. 1.085. Ressalvado o disposto no artigo 1.030, quando a maioria dos sócios, representativa de mais da metade do capital social, entender que um ou mais sócios estão pondo em risco a continuidade da empresa, em virtude de atos de inegável gravidade, poderá excluí-los da sociedade, mediante alteração do contrato social, desde que prevista neste a exclusão por justa causa.

---

300 Tribunal de Justiça de São Paulo – 36ª Câmara de Direito Privado, Agravo de Instrumento n. 2252555-44.2021.8.26.0000, Desembargador Arantes Theodoro, J. 17/12/2021.

301 Tribunal de Justiça de São Paulo – 16ª Câmara de Direito Privado, Agravo de Instrumento n. 2073863-91.2019.8.26.0000, Desembargador Mauro Conti Machado, J. 22/10/2019.

Parágrafo único. Ressalvado o caso em que haja apenas dois sócios na sociedade, a exclusão de um sócio somente poderá ser determinada em reunião ou assembleia especialmente convocada para esse fim, ciente o acusado em tempo hábil para permitir seu comparecimento e o exercício do direito de defesa.

Dissolução parcial da sociedade limitada

A dissolução parcial da sociedade constitui o termo encontrado pela doutrina e jurisprudência para designar a situação em que há a liquidação da empresa em relação a apenas um ou alguns sócios que deixarão de fazer parte dos quadros sociais, sem, contudo, colocar fim à empresa.[302]

As relações societárias devem sempre se pautar pelo princípio da preservação da empresa, que prioriza a manutenção da fonte produtora em detrimento dos interesses pessoais do sócio e da extinção da sociedade. Assim, a solução para eventual dissenso interno deve sempre observar a proteção da função social da empresa, resguardando o núcleo da atividade econômica e tutelando os interesses igualmente relevantes como a preservação da fonte de emprego e de recursos, a arrecadação de tributos diretos e indiretos, o abastecimento do mercado consumidor, o desenvolvimento tecnológico e industrial, dentre vários outros.

O termo "dissolução parcial" pode ser utilizado tanto nos casos em que há exclusão de sócio pela sociedade e pelos sócios remanescentes, quanto nos casos em que o próprio sócio deseja retirar-se da sociedade, sobretudo porque o resultado final de ambos os casos é o mesmo: a resolução da sociedade em relação a apenas um sócio, com o respectivo pagamento de seus haveres.

---

302 MICHELLI DE ALMEIDA, Marcus Elidius. *In*: JORGE, André Guilherme Lemos *et al.* (Coord.). *Coletânea da atividade negocial.* São Paulo: Universidade Nove de Julho, 2019, p. 151.

O Código Civil regulou as hipóteses de dissolução parcial ao tratar da resolução da sociedade em relação a apenas um sócio, nos seus artigos 1.028 a 1.032, e 1.085 a 1.086. O procedimento judicial para retirada ou exclusão do sócio, por sua vez, é regulado pelo Código de Processo Civil de 2015, em seus artigos 599 e seguintes. A resolução da sociedade limitada em relação a apenas um sócio pode ocorrer nas seguintes hipóteses:

(i) no caso de morte do sócio e liquidação de sua respectiva quota, salvo se o contrato social dispuser diferentemente, se os sócios remanescentes optarem pela dissolução da sociedade ou se, por acordo com os herdeiros, regular-se a substituição do sócio falecido (artigo 1.028);

(ii) por exclusão extrajudicial do sócio minoritário, por justa causa, se o contrato social assim permitir e houver deliberação em assembleia de sócios, por maioria absoluta (artigo 1.085);

(iii) por exclusão judicial do sócio minoritário ou majoritário por justa causa, se não houver, em relação ao primeiro, previsão de exclusão extrajudicial no contrato social, ou ainda, por incapacidade superveniente (artigo 1.030, *caput*);

(iv) por exclusão de pleno direito do sócio falido ou insolvente cuja quota tenha sido liquidada (artigo 1.030, parágrafo único);

(v) pelo exercício do direito de retirada pelo sócio remisso (artigo 1.077 c.c artigo 1.029, já tratado nos comentários ao artigo 1.077);

(vi) pela não integralização das quotas sociais do sócio remisso, caso em que os demais sócios poderão tomá-la para si, ou transferi-la a terceiros, excluindo o primitivo titular (artigo 1.058).

Como antes examinado, nas sociedades limitadas, o vínculo societário se funda na existência da *affectio societatis*, caracterizada pela vontade livre e consciente dos sócios de se unirem para a consecução de propósitos comuns, em convergência de interesses e mediante colaborações voluntárias e mútuas para a realização do objeto social.

Todavia, embora parte da doutrina defenda que a quebra da *affectio societatis* é elemento suficiente a caracterizar justa causa para a exclusão de um determinado sócio,[303] a jurisprudência caminha em sentido diverso, prevalecendo o entendimento de que não basta a alegação de quebra da *affectio societatis*, devendo, também, ser demonstrada a causa que justificou essa quebra e que ela configure grave violação aos deveres sociais.

De acordo com a posição dominante nos tribunais, é necessária uma análise especifica dos atos praticados por determinado sócio, para que se afira a gravidade ou não da conduta, e, quando não houver concreta da ocorrência da falta grave, a jurisprudência tem impedido a exclusão.

Nesse sentido, há julgados pontuando que são insuficientes para configurar a ocorrência de falta grave a ensejar exclusão por justa causa, (i) a simples negativa do sócio acusado em prestar aval em capital de giro em conjunto com os demais sócios em contrato de empréstimo bancário essencial para a manutenção da atividade empresarial;[304] (ii) a mera discordância com os atos de gestão praticados pelo denunciado, sem prova de grave inadimplemento contratual ou má-gestão;[305] (iii) o dissenso sobre a abertura de filiais, expansão do objeto social e condução dos negócios;[306] (iv) a mera

303 LOBO, Jorge. *Sociedades Limitadas* (artigos 1.052 a 1.059 e 1.071 a 1.086 do Código Civil). vol. I. Rio de Janeiro: Forense, 2004, pp. 246-248.

304 Superior Tribunal de Justiça. AgInt no REsp 1913037/PE, Quarta Turma, Ministro Raul Araújo, DJe 14/12/2022.

305 Superior Tribunal de Justiça. AgInt no REsp 557192/MS, Quarta Turma, Ministro Marco Buzzi, DJe 25/9/2018.

306 Tribunal de Justiça de São Paulo – 1ª Câmara Reservada de Direito Empresarial, Apelação Cível n. 1012818-21.2021.8.26.0037, Desembargador Azuma Nishi, J. 3/5/2023.

alegação de que o denunciado teria adotado condutas impeditivas ao bom funcionamento da empresa, não comprovadas;[307] (v) a falta de realização de aportes financeiros pelo sócio denunciado, para fins de conferir equilíbrio ao caixa da sociedade, sem que ele tenha assumido tal obrigação.[308]

O objetivo dos tribunais com o posicionamento é garantir que o direito de exclusão do minoritário não seja exercido arbitrariamente pelos sócios majoritários. O pedido deve ser fundamentado e comprovado em relação aos atos de grave violação à lei ou ao contrato social que coloquem em risco a continuidade da empresa, sob pena de recondução do sócio excluído ao quadro social se restar provado que a deliberação assemblear não observou a ocorrência da falta grave que permitiria a exclusão por justa causa.

Exclusão judicial por justa causa

A exclusão de sócio é um instituto que corresponde ao afastamento compulsório do sócio dos quadros sociais, independentemente de sua vontade, sob pretexto de tutela dos interesses sociais através da expulsão daquele que agir contrariamente a esses interesses. Por isso, a exclusão, judicial ou extrajudicial, depende sempre da existência de justa causa, entendida como a conduta grave que coloque em risco a consecução do objeto social.

Não existindo previsão, no contrato social, sobre a possibilidade de exclusão extrajudicial do minoritário, a expulsão do sócio dissidente deve ser, necessariamente, pela via judicial, através do

307 Tribunal de Justiça de São Paulo – 2ª Câmara Reservada de Direito Empresarial, Apelação Cível n. 1009822-97.2017.8.26.0099, Desembargador Sérgio Shimura, J. 28/9/2022.

308 Tribunal de Justiça de São Paulo – 2ª Câmara Reservada de Direito Empresarial, Apelação Cível n. 1002490-42.2021.8.26.0066, Desembargador Maurício Pessoa, J. 15/6/2022.

ajuizamento da respectiva ação de dissolução parcial, cujo procedimento deverá seguir o disposto no artigo 1.030 do Código Civil.

Diversamente do artigo 1.085 – que disciplina a exclusão extrajudicial do minoritário e exige *quórum* mínimo de maioria absoluta (titulares que representem mais da metade do capital social) –, o artigo 1.030 dispõe que, para o pedido de exclusão judicial, basta a "iniciativa da maioria dos demais sócios".

Por isso é que, na ação judicial de dissolução parcial de sociedade limitada, a demanda será proposta pela sociedade contra o sócio faltoso, após deliberação da maioria dos sócios remanescentes, e a causa de pedir poderá ser a exclusão de sócio majoritário ou minoritário, em qualquer caso, por falta grave no cumprimento de suas obrigações, ou, ainda, por incapacidade superveniente.

Destaque-se que, nesta hipótese, a data da resolução da sociedade corresponderá à data do trânsito em julgado da decisão que dissolver a sociedade (artigo 605, IV, CPC/15), devendo a ação de dissolução parcial de sociedade deve observar o procedimento previsto nos artigos 599 a 609 do Código de Processo Civil de 2015.

Exclusão extrajudicial por justa causa

Em relação à exclusão extrajudicial dos sócios minoritários, o artigo 1.085 dispõe que quando a maioria dos sócios, representativa de mais da metade do capital social (maioria absoluta), entender que um ou mais sócios estão pondo em risco a continuidade da empresa, em virtude de *atos de inegável gravidade*, poderá excluí-los da sociedade, mediante alteração do contrato social. Como leciona Sérgio Campinho:

> Admite-se o despedimento compulsório do sócio pela maioria, como forma de assegurar a harmonia social, necessária para que a sociedade possa desenvolver a sua empresa. Verificada a desinteligência entre os sócios, comportando-se um deles de forma a prejudicar o desenvolvimento das atividades

> da sociedade, pondo em risco a empresa, pode a maioria exclui-lo, pagando os seus respectivos haveres. A medida se justifica como instrumento de sobrevivência da sociedade e da continuidade da empresa, que não pode sofrer danos em razão de conflitos entre os sócios.[309]

Tal possibilidade, porém, somente é admitida quando o contrato social contiver a previsão de exclusão por justa causa, sob pena de anulação do conclave que assim deliberou. Em caso de omissão contratual, a exclusão somente poderá ser buscada pela via judicial.

É possível, no mais, que o contrato social preveja *quórum* de deliberação superior à maioria absoluta para a exclusão de sócio por justa causa, sendo defeso, porém, que os sócios convencionem *quórum* inferior do que o exigido pela lei.[310]

Destaque-se que a interpretação da expressão "de inegável gravidade" não pode ser extensiva a ponto de tornar-se inócua a previsão legal, embora constitua cláusula aberta passível de interpretação no caso concreto.

Para se evitar ulterior alegação de nulidade da deliberação assemblear que aprovou a exclusão de sócio, o mais aconselhável é que o contrato social preveja expressamente as hipóteses que configurariam justa causa, podendo-se citar como exemplos a conduta do sócio que ocultar os livros sociais e contábeis da sociedade, que violar segredo de negócio ou industrial, que praticar concorrência desleal com a própria sociedade, que utilizar o objeto social para finalidades privadas, que desviar clientela, que abusar do uso da firma social etc.

---

309 CAMPINHO, Sérgio. *O Direito de Empresa à luz do Código Civil*. 12ª ed. revista e atualizada de acordo com as Leis n. 12.441/2011, 12.399/2011 e 13.375/2010. Rio de Janeiro: Renovar, 2011, p. 226.

310 CALÇAS, Manoel de Queiroz Pereira. *In*: NANNI, Giovanni Ettore (Coord.). *Comentários ao Direito Civil*: Direito Privado contemporâneo. São Paulo: Saraiva Educação, 2018, p. 1474.

Ressalte-se que, diversamente da hipótese de exclusão de sócio por justa causa, na hipótese em que o próprio dissidente postula sua retirada, a simples quebra da *affectio societatis*, ou sua discordância em relação à forma de condução dos negócios sociais feita pela maioria, é suficiente para legitimar o exercício de seu direito de recesso já que, neste caso, a retirada pode ser imotivada (artigo 1.029).

Nos termos do artigo 1.085, parágrafo único, do Código Civil, para se aprovar a deliberação pela exclusão sócio, ressalvado o caso em que haja apenas dois sócios, deverá ser convocada assembleia ou reunião de sócios específica para este fim, mediante cientificação do sócio acusado em tempo hábil para permitir que ele compareça na data, local e horário designados no ato de convocação, e refute os fatos que lhe são imputados, garantindo-se, assim o pleno exercício do direito de defesa. A aludida assembleia ou reunião deverá ser convocada especificamente para deliberar sobre a exclusão do sócio,[311] ficando o sócio faltoso, logicamente, impedido de votar nesta deliberação, em virtude da proibição contida no §2º do artigo 1.074.

Em que pese o dispositivo não prever prazo específico a ser observado para a cientificação do sócio acusado antes da realização do conclave, exigindo apenas *tempo hábil* para o exercício do direito de defesa, é certo que ao menos deverá ser observado o prazo mínimo previsto para a publicação do anúncio de convocação da assembleia, qual seja, o de oito dias para a primeira convocação, e o de cinco dias, para as seguintes (artigo 1.152, §3º), exceto se todos os sócios comparecerem ou se declararem, por escrito, cientes do local, data, hora e ordem do dia (artigo 1.072, §2º).

---

311 No sentido de anulação de assembleia cujo ato de convocação não incluiu a deliberação do tema da exclusão de sócio por justa causa, na pauta do dia: Tribunal de Justiça de São Paulo – 2ª Câmara Reservada de Direito Empresarial, Apelação n. 1000242-40.2020.8.26.0260, Desembargador Grava Brazil, J. 14/02/2023.

Saliente-se que a ressalva contida no parágrafo único do artigo 1.085, incluída pela Lei n. 13.792/2019, deixou expresso que nas sociedades em que haja apenas dois sócios, não há necessidade de realização de conclave para que o sócio titular de mais da metade do capital social possa excluir extrajudicialmente o sócio minoritário. Dessa forma, positivou-se o entendimento da doutrina[312] a respeito da possibilidade de exclusão extrajudicial de sócio minoritário nas sociedades compostas por apenas dois sócios, desde que atendidas as exigências materiais e procedimentais previstas no dispositivo.

Com efeito, se a sociedade for constituída com apenas dois sócios, a exigência de procedimento burocrático de convocação de conclave para que o minoritário possa exercer seu direito de defesa configura formalidade desnecessária, que pode dificultar a gestão eficaz, de sorte que a alteração legislativa configura saudável simplificação e desoneração na administração das sociedades limitadas de menor porte.[313] Sem prejuízo, deve o sócio majoritário indicar, de forma expressa e objetiva, os motivos da exclusão, para que o prejudicado possa posteriormente questionar a decisão perante o Poder Judiciário.

Art. 1.086. Efetuado o registro da alteração contratual, aplicar-se-á o disposto nos artigos 1.031 e 1.032.

---

312 Enunciado n. 17 da I Jornada de Direito Comercial do Conselho da Justiça Federal: "Na sociedade limitada com dois sócios, o sócio titular de mais da metade do capital social pode excluir extrajudicialmente o sócio minoritário desde que atendidas as exigências materiais e procedimentais previstas no artigo 1.085, *caput* e parágrafo único, do CC".

313 CALÇAS, Manoel de Queiroz Pereira. *In*: NANNI, Giovanni Ettore (Coord.). *Comentários ao Direito Civil*: Direito Privado contemporâneo. São Paulo: Saraiva Educação, 2018, p. 1474.

Apuração de haveres

Deliberada a exclusão do sócio nos termos do artigo 1.085, será efetuado o registro da alteração contratual, acompanhado da respectiva ata assemblear, perante o Registro Público de Empresas Mercantis, ou no Registro Civil das Pessoas Jurídicas, no caso de sociedade simples constituída sob a forma de limitada.

Consoante previsão do artigo 1.153, compete àquelas entidades, antes de efetuar o registro, verificar o preenchimento dos requisitos legais e contratuais concernentes à exclusão, tais como, a previsão da exclusão por justa causa no contrato social, a convocação de reunião ou assembleia específica para tal deliberação, garantia do direito de defesa do sócio excluído etc.

Após essa providência, será realizada a apuração dos haveres do sócio excluído ou afastado, nos termos do artigo 1.031, gerando para o mesmo "o direito de ser reembolsado por sua participação social, sendo a apuração de haveres o procedimento pelo qual é calculado o montante que lhe será pago", conforme leciona Eduardo Azuma Nishi.[314]

A apuração de haveres corresponde, portanto, ao procedimento de aferição do crédito em favor do sócio desligado dos quadros sociais – ou de seus sucessores, no caso de morte – perante a sociedade, com base na participação societária que detinha. O procedimento somente não será realizado na hipótese que

> diz respeito à exclusão do sócio remisso, caso em que o crédito detido pelo sócio frente à sociedade é restrito ao montante

---

314 NISHI, Eduardo Azuma. *Apuração de haveres*: novos paradigmas na ordem jurídica. São Paulo: Quartier Latin, 2022, p. 91.

por ele integralizado, não havendo que se calcular o valor de sua participação societária.[315]

Caso o contrato social não estabeleça o critério a ser utilizado, o valor da sua quota, considerada pelo montante efetivamente integralizado, será liquidado com base na situação patrimonial da sociedade à data da resolução, verificada em balanço especialmente levantado. A quota liquidada será paga em dinheiro, no prazo de noventa dias, a partir da liquidação, salvo acordo, ou estipulação contratual em contrário (artigo 1.031, §2°).

De acordo com a redação do artigo 1.031, §2°, do Código Civil é possível inferir que o contrato social poderá dilatar ou reduzir o prazo de noventa dias imposto pela lei para o pagamento dos haveres do sócio retirante, contado da liquidação. O objetivo desse prazo mínimo foi evitar a descapitalização imediata da sociedade, que pode colocar em risco a manutenção de sua atividade. Entretanto, revela-se abusiva a cláusula convencional que delegue o pagamento dos haveres a momento incerto, genérico ou vago – tais como, que estabeleçam que os haveres "serão pagos na medida do possível", ou "tão logo a sociedade tenha condições de saldar o débito" –, já que tais cláusulas têm como única finalidade a de dificultar o recebimento pelo sócio retirante.[316]

Destaque-se, ademais, que o balanço especialmente levantado para a liquidação do valor da quota do sócio excluído deve ser apurado pelo critério que melhor refletir o resultado que ele poderia obter, caso se optasse pela dissolução total, devendo basear-se em valores reais do patrimônio da empresa, corpóreos ou incorpóreos, materiais ou imateriais, sobre os quais se calculará o percentual de participação do

---

315 NISHI, Eduardo Azuma. *Apuração de haveres*: novos paradigmas na ordem jurídica. São Paulo: Quartier Latin, 2022, p. 92.

316 MICHELLI DE ALMEIDA, Marcus Elidius. *In*: JORGE, André Guilherme Lemos *et al.* (Coord.). *Coletânea da atividade negocial*. São Paulo: Universidade Nove de Julho, 2019, p. 155.

sócio no capital. Outrossim, a apuração de haveres de sócios dissidentes deve observar, o quanto possível, o patrimônio societário como um todo, e não apenas sua dimensão contábil ou fiscal.[317]

Nesse ponto, em que pese a ressalva legal no sentido de que o contrato social possa prever diversamente, qualquer convenção que discipline a apuração de haveres diversamente do valor real da situação patrimonial da sociedade à data da resolução, é passível de invalidação por não corresponder à efetiva posição econômico-financeira da empresa no momento da dissolução. De qualquer modo, o critério de apuração de haveres, ainda que previsto no contrato social, sempre poderá ser revisto pelo juiz, a pedido da parte, a qualquer tempo antes do início da perícia judicial (CPC/15, artigo 607).

É que, no momento da apuração dos haveres, haverá interesses muito antagônicos envolvidos neste cálculo: enquanto o sócio desligado sempre desejará valorizar as suas quotas, os sócios remanescentes desejarão reduzir ao máximo o valor do reembolso que a sociedade terá de pagar, de modo que o critério a ser utilizado poderá alterar diametralmente o valor a ser pago ao retirante.[318]

Em regra, quando a dissolução é feita por intermédio do Poder Judiciário, a apuração dos haveres é delegada para a fase de liquidação de sentença, ante a necessidade de realização de perícia contábil especializada para apuração do valor real devido. De outro turno, caso realizada a dissolução extrajudicial, nada impede que o sócio questione o valor de seus haveres judicialmente por discordar da quantia apurada pelos sócios remanescentes.

---

317 "*A jurisprudência desta Corte orienta, de qualquer forma, que a apuração de haveres de sócios dissidentes deve observar, o quanto possível, o patrimônio societário como um todo, e não apenas sua dimensão contábil ou fiscal*". (Superior Tribunal de Justiça, REsp 1483333/DF, Terceira Turma, Rel. Ministro Moura Ribeiro, DJe 06/06/2019).

318 MICHELLI DE ALMEIDA, Marcus Elidius. *In*: JORGE, André Guilherme Lemos *et al.* (Coord.). *Coletânea da atividade negocial*. São Paulo: Universidade Nove de Julho, 2019, p. 152.

De todo o modo, é aconselhável que o contrato social defina o método de apuração dos haveres em caso de eventual dissolução da sociedade, sendo pertinente a adoção de um sistema que leve em consideração os critérios – tais como, o patrimônio líquido associado às expectativas de rentabilidade, o fluxo de caixa projetado, o *good will*, as marcas, as patentes, ou, ainda o fluxo de caixa projetado somado à taxa de crescimento esperado e ao índice de retorno adequado ao setor econômico[319] – mais adequados para o padrão e porte da sociedade, com o fim de se evitar o subjetivismo contábil, aproximando-se, assim, do valor real da sociedade.

Consoante o entendimento do Superior Tribunal de Justiça, o melhor método a ser adotado no cálculo dos haveres a serem pagos ao sócio retirante, caso o contrato social não preveja expressamente um método especifico, ou se os sócios dissentirem a respeito do método convencional, é o critério patrimonial do balanço de determinação, avaliando-se bens e direitos do ativo, tangíveis e intangíveis, a preço de saída, além do passivo também a ser apurado de igual forma, nos termos expressos do artigo 606 do CPC/15. Segundo a Corte Superior:

> (...) na dissolução parcial de sociedade por quotas de responsabilidade limitada, o critério previsto no contrato social para a apuração dos haveres do sócio retirante somente prevalecerá se houver consenso entre as partes quanto ao resultado alcançado. Em caso de dissenso, a jurisprudência do Superior Tribunal de Justiça está consolidada no sentido de que o balanço de determinação é o critério que melhor reflete o valor patrimonial da empresa.[320]

---

319 LOBO, Jorge. *Sociedades Limitadas* (artigos 1.052 a 1.059 e 1.071 a 1.086 do Código Civil). vol. I. Rio de Janeiro: Forense, 2004, p. 236.

320 Superior Tribunal de Justiça, REsp 1335619/SP, Terceira Turma, Rel. Ministro João Otávio de Noronha, DJe 27/03/2015.

Ainda de acordo com a jurisprudência do Superior Tribunal de Justiça, ao eleger o balanço de determinação como critério adequado para a apuração de haveres, o legislador ordinário excluiu a possibilidade de aplicação conjunta da metodologia do fluxo de caixa descontado, que era anteriormente adotada em alguns casos. Como destacado pela Ministra Nancy Andrighi:

> A metodologia do fluxo de caixa descontado, associada à aferição do valor econômico da sociedade, utilizada comumente como ferramenta de gestão para a tomada de decisões acerca de novos investimentos e negociações, por comportar relevante grau de incerteza e prognose, sem total fidelidade aos #valores reais dos ativos, não é aconselhável na apuração de haveres do sócio dissidente.
>
> A doutrina especializada, produzida já sob a égide do Código de Processo Civil de 2015, entende que o critério legal (patrimonial) é o mais acertado e está mais afinado com o princípio da preservação da empresa, ao passo que o econômico (do qual deflui a metodologia do fluxo de caixa descontado), além de inadequado para o contexto da apuração de haveres, pode ensejar consequências perniciosas, tais como (i) desestímulo ao cumprimento dos deveres dos sócios minoritários; (ii) incentivo ao exercício do direito de retirada, em prejuízo da estabilidade das empresas, e (iii) enriquecimento indevido do sócio desligado em detrimento daqueles que permanecem na sociedade.[321]

No mesmo sentido, o Tribunal de Justiça do Estado de São Paulo já salientou que o método do fluxo de caixa descontado deve ser utilizado apenas para operações econômicas atinentes à fusão, incorporação de sociedades, alienação de seu controle ou trespasse a terceiros, porque reflete o valor econômico ou preço de mercado da sociedade, que não pode se confundir com o valor devido na

---

321 Superior Tribunal de Justiça, REsp 1877331/SP, Terceira Turma, Rel. Ministra Nancy Andrighi, DJe 14/05/2021.

apuração de haveres ao sócio retirante, que não tem interesse na projeção de lucros futura da sociedade, como o têm os adquirentes de controle ou investidores.[322]

No mais, a exclusão do sócio poderá ocorrer com redução ou não do capital social, a depender se os demais sócios suprirem o valor da quota liquidada (artigo 1.031, §1º). Poderá o sócio dissidente, ademais, ceder as quotas sociais respectivas, observando o que o contrato social dispuser sobre a matéria ou, em sua omissão, o disposto no artigo 1.057 do Código Civil.

E, por força do que dispõe o artigo 605, inciso IV do Código de Processo Civil de 2015, na exclusão extrajudicial de sócio, a data da resolução da sociedade será a data da assembleia ou da reunião de sócios que a tiver deliberado, devendo ser instrumentalizada pela alteração do contrato social para que conste a nova disposição do quadro social, averbada junto ao Registro competente.

Responsabilidade do sócio excluído pelas obrigações anteriores

O artigo 1.086 faz remissão ao artigo 1.032 do Código Civil, segundo o qual a retirada, exclusão ou morte do sócio nas sociedades simples, não o exime, ou a seus herdeiros, da responsabilidade pelas obrigações sociais anteriores, até dois anos após a averbação da resolução da sociedade, ou pelas obrigações sociais posteriores, em igual prazo, enquanto não se requerer a averbação.

322 Tribunal de Justiça do Estado de São Paulo – 2ª Câmara Reservada de Direito Empresarial, Agravo de Instrumento n. 2285298-73.2022.8.26.0000, por maioria, Desembargador Ricardo Negrão (Relator Designado), J. 2/6/2023.

Entretanto, é unânime a crítica da doutrina[323] acerca da remissão ao artigo 1.032 do Código Civil. Isso porque, a leitura do dispositivo pode levar à ideia equivocada de que, diante da exclusão ou retirada do sócio, se estabelece um regime de responsabilidade ilimitada – tal como o previsto no artigo 1.080 do Código Civil. Assim, a melhor interpretação à remissão feita pelo legislador é no sentido de que o sócio que se retirou, ou foi excluído, não se exime, nem seus herdeiros, da responsabilidade pelas obrigações sociais, no limite do valor de suas respectivas quotas sociais, ou, solidariamente, no limite do capital social a ser integralizado, respeitado o prazo prescricional de 2 anos.

Nesse contexto, tem-se que os credores da sociedade podem buscar a responsabilização do sócio pelas obrigações sociais anteriores à sua retirada ou exclusão, respeitado o limite de sua participação no capital social – se esse estiver totalmente integralizado – e o prazo de até dois anos depois de averbada a resolução da sociedade.[324]

---

323 WALD, Arnoldo. *Comentários ao Novo Código Civil*, v. XIV: Livro II, do Direito de Empresa. Coordenador: Sálvio de Figueiredo Teixeira. Rio de Janeiro: Forense, 2005, pp. 582-583; GONÇALVES NETO. Alfredo de Assis. Direito de Empresa, 7 ed. São Paulo: Editora Revista dos Tribunais, 2017, p. 500.

324 "*Apelação – Ação regressiva – Sociedade limitada – Comprovação de pagamento pelo sócio autor de dívida oriunda de ação trabalhista ajuizada em desfavor da pessoa jurídica – Direito do autor de exigir o adimplemento do réu a partir da formalização de acordo judicial por ele naquela ação trabalhista – A retirada ou exclusão de sócio não o exime da responsabilidade pelas obrigações sociais anteriores, até dois anos depois de averbada a resolução da sociedade (CC, artigo 1.032) – Hipótese em que a ação trabalhista foi ajuizada dentro do biênio legal – Prescrição inocorrente – Reembolso da quantia apurada na ação trabalhista na proporção da participação societária do sócio retirante – Sentença de procedência mantida – Sem honorários recursais, posto que os sucumbenciais foram arbitrados no máximo legal – Recurso desprovido*" (Tribunal de Justiça do Estado de São Paulo – 2ª Câmara Reservada de Direito Empresarial, Apelação n. 1017860-28.2021.8.26.0562, Rel. Desembargador Maurício Pessoa, J. 27/5/2022).

Se o capital social não estiver devidamente integralizado, os credores podem cobrar do sócio o valor da obrigação constituída anteriormente à sua exclusão, até o limite do valor faltante para a integralização do capital social, à luz da solidariedade prevista no artigo 1.052 do Código Civil e, desde que, respeitado o biênio contado a partir da averbação da expulsão do sócio no registro público competente.

Destaque-se, ainda, que não se pode exigir do sócio o cumprimento de obrigações constituídas posteriormente ao conclave que deliberou pela exclusão, independentemente da data de averbação da alteração contratual, uma vez que tal obrigação registral compete aos sócios remanescentes.[325]

Seção VIII – Da Dissolução

Art. 1.087. A sociedade dissolve-se, de pleno direito, por qualquer das causas previstas no artigo 1.044.

Hipóteses de dissolução total da Sociedade Limitada

O artigo 1.087 do Código Civil disciplina a dissolução de pleno direito da sociedade limitada, fazendo remissão ao artigo 1.044, que trata da dissolução da sociedade em nome coletivo. Por sua vez, o artigo 1.044 refere-se às hipóteses de dissolução das sociedades simples, previstas no artigo 1.033. A partir dos referidos dispositivos, tem-se que as causas da dissolução de pleno direito da sociedade limitada são as seguintes:

(i) o vencimento do prazo de duração da sociedade constituída por prazo determinado, salvo se, vencido este e sem oposição de

325 CALÇAS, Manoel de Queiroz Pereira. *In*: NANNI, Giovanni Ettore (Coord.). *Comentários ao Direito Civil*: Direito Privado contemporâneo. São Paulo: Saraiva Educação, 2018, p. 1476.

sócio, não entrar a sociedade em liquidação, caso em que se prorrogará por tempo indeterminado (artigo 1.033, I);

(ii) o consenso unânime dos sócios (artigo 1.033, II);

(iii) a deliberação dos sócios, pelos votos correspondentes a mais da metade do capital social (maioria absoluta), na sociedade de prazo indeterminado (artigo 1.033, III c.c. artigo 1.076, II, c.c. artigo 1.071, VI);

(iv) a extinção, na forma da lei, de autorização para funcionar (artigo 1.033, V).

A dissolução da sociedade limitada também pode ocorrer pela via judicial, nas seguintes situações:

(i) quando anulada a constituição da sociedade (artigo 1.034, I, CC);

(ii) quando exaurido o seu fim social ou verificada a sua inexequibilidade (artigo 1.034, II, CC;

(iii) quando for decretada a sua falência (artigo 1.044).

Sem prejuízo do rol listado acima, dispõe o artigo 1.035 do Código Civil que o contrato social também pode prever outras causas hipóteses especificas de dissolução da sociedade limitada, que, se contestadas por algum dos sócios, deverão ser submetidas ao judiciário – ou à arbitragem, se houver a previsão de cláusula compromissória.

Dissolução por vencimento do prazo de duração da sociedade constituída por prazo determinado

Dispõe o artigo 1.033, I, do Código Civil que a sociedade se dissolve quando ocorrer "o vencimento do prazo de duração, salvo se, vencido este e sem oposição de sócio, não entrar a sociedade em liquidação, caso em que se prorrogará por tempo indeterminado".

Ou seja, em regra, decorrido o prazo de duração estabelecido no contrato social da sociedade constituída por prazo determinado, ocorrendo sua dissolução após tal data, iniciando-se, então, o processo de liquidação. Exceção à regra, é o caso em que a sociedade se prorroga e continua exercendo suas atividades, sem que haja a oposição de quaisquer dos sócios, de modo que a consequência dessa continuidade é a alteração do formato de sociedade, que passa a ser regida pelo regramento aplicável às sociedades por prazo indeterminado.

Não custa lembrar que, antes da promulgação do atual Código Civil, havia divergência doutrinária sobre os efeitos da continuidade das atividades da sociedade constituída por prazo determinado. Waldemar Ferreira defendia que se sociedade constituída por prazo determinado continuasse suas atividades, após o prazo estabelecido no contrato social, haveria sua "conversão numa sociedade de fato, ou irregular, respondendo todos os sócios, solidariamente e ilimitadamente, pelas obrigações contraídas pela sociedade".[326] Egberto Lacerda Teixeira, por sua vez, defendia que a continuação deveria se dar sob o formato de sociedade por prazo indeterminado, uma vez que

> a continuação tácita dos negócios da sociedade regularmente constituída e inscrita no Registro de Comércio não determina, necessária e automaticamente, a responsabilidade pessoal e solidária dos sócios não gerentes pelas obrigações assumidas após a expiração daquele prazo.[327]

---

326 FERREIRA, Waldemar. *Instituições de Direito Comercial*. vol. 1. São Paulo: M. Limonad, 1954, p. 348.

327 TEIXEIRA, Egberto de Lacerda. *Das Sociedades por Quotas de Responsabilidade Limitada*. 2ª ed. São Paulo: Quartier Latin, 2006, p. 365.

Bem por isso que acertou o legislador em definir o futuro da sociedade com prazo determinado que continua as suas atividades. Adotou a posição defendida por Egberto Lacerda Teixeira na redação do artigo 1.033, I, do Código Civil, garantindo a segurança jurídica necessária aos sócios que optarem pela continuidade das atividades após o vencimento do prazo de duração da sociedade constituída por prazo determinado.

Dissolução por consenso unânime dos sócios ou por maioria absoluta

Por força do disposto no artigo 1.087 e no artigo 1.033, II, do Código Civil, a sociedade limitada pode dissolver-se pelo consenso unânime dos sócios. Trata-se, assim, do distrato (resilição bilateral) do contrato, figura cujo "desfazimento se opera por vontade dos mesmos declarantes do contrato anterior e dispensa a via judicial".[328]

Mas mesmo que não haja consenso entre os sócios, é possível que a dissolução ocorra por deliberação da maioria absoluta sócios, na sociedade de prazo indeterminado, nos termos do artigo 1.033, III, artigo 1.071, VI, e artigo 1.076, II do Código Civil.

Não obstante tal previsão, é necessário destacar a possibilidade, no caso de dissolução por deliberação da maioria absoluta dos votos, de os minoritários dissidentes apresentarem oposição à vontade da maioria, propondo que a dissolução da sociedade seja apenas parcial, com o pagamento dos haveres pertencentes aos majoritários, de acordo com a quota respectiva de cada um, a fim de se preservar a continuidade da atividade empresarial. Nesse sentido, oportuna a lição de Sérgio Campinho:

---

328 NADER, Paulo. *Curso de Direito Civil*. vol. 3. 9ª ed. Rio de Janeiro: Forense, 2018, p. 167.

> Não se deve fulminar a empresa, ainda viável pelo desejo de nela prosseguirem os sócios minoritários, pelo simples capricho dos majoritários. Não se exaurindo o fim social, ou não se mostrando inexequível, justifica-se, em princípio, abrir a possibilidade de os minoritários prosseguirem na sociedade. (...) Não deve esse princípio de prevalência da vontade da maioria sair vitorioso para dissolver a sociedade, quando existirem sócios ou sócio, ainda que de participação minoritária, pretendendo sua continuidade, com plenas condições de pagar os haveres dos demais sócios. Constitui um dos postulados do direito privado contemporâneo, a separação entre empresa e empresário, com a garantia da continuidade daquela, independentemente dos eventuais conflitos e vicissitudes que afetam este último. Por tais razões é que a regra merece ser temperada.[329]

Dissolução por extinção da autorização para funcionar

A regulação das sociedades que dependem de autorização do Poder Executivo Federal para funcionar está entre os artigos 1.123 a 1.140 do Código Civil, mas são diversas as leis especiais que também dispõe sobre a necessidade de autorização para funcionamento, tais como a Lei n. 4.728/65 que dispõe sobre o mercado de capitais e prevê a necessidade de autorização para funcionamento (cf. artigos 3º, II e III; 5º, IV; 12 e 49, I, da Lei n. 4.728/65).

Nos termos do artigo 1.033, V, do Código Civil, se a autorização para funcionar for extinta, a sociedade será dissolvida, uma vez que não mais poderá desenvolver seu objeto social em conformidade com a lei.

---

329 CAMPINHO, Sérgio. *O Direito de Empresa à luz do Código Civil*. 12ª ed. revista e atualizada de acordo com as Leis n. 12.441/2011, 12.399/2011 e 13.375/2010. Rio de Janeiro: Renovar, 2011, pp. 230/231.

Nessa hipótese, o artigo 1.037 do Código Civil dispõe que

> o Ministério Público, tão logo lhe comunique a autoridade competente, promoverá a liquidação judicial da sociedade, se os administradores não o tiverem feito nos trinta dias seguintes à perda da autorização, ou se o sócio não houver exercido a faculdade assegurada no parágrafo único do artigo antecedente.

Por sua vez, o parágrafo único prevê que caso o Ministério Público não promova a liquidação judicial, será nomeado interventor com poderes para requerer a medida e administrar a sociedade até que seja nomeado o liquidante.

Dissolução por decretação da falência

Não obstante o artigo 1.087 do Código Civil utilize a expressão "*de pleno direito*" para tratar das hipóteses de dissolução aludidas pelo artigo 1.044, fato é que a dissolução da sociedade por decretação de sua falência não versa sobre hipótese que dispense da atuação do Poder Judiciário.

Cuida-se de impropriedade legislativa, uma vez que a hipótese trata de verdadeira causa de dissolução judicial, já que a falência da sociedade empresária somente é decretada por decisão judicial, nos termos da Lei n. 11.101, de 9 de fevereiro de 2005. Por isso, a dissolução da sociedade somente se opera após a sentença de encerramento da falência.

No mais, ocorrendo a falência de um dos sócios (pessoa física ou jurídica), seus haveres serão apurados na forma estabelecida no contrato social, a fim de que façam frente às obrigações perante a massa falida (artigo 123, *caput*, da Lei n. 11.101/2005). Via de regra, a falência do sócio não enseja a dissolução da sociedade, salvo se "por lei, pelo contrato ou estatuto, a sociedade tiver de liquidar-se, caso em que os haveres do falido, somente após o pagamento de todo o passivo da sociedade, entrarão para a massa falida" (artigo

123, § 1º, da Lei n. 11.101/2005). Ainda, em relação ao sócio falido, a sentença que decreta sua falência acarreta sua exclusão de pleno direito, conforme estabelece o parágrafo único do artigo 1.030 do Código Civil ("será de pleno direito excluído da sociedade o sócio declarado falido..."), independentemente da vontade dos contratantes ou de decisão judicial.

REFERÊNCIAS BIBLIOGRÁFICAS

ASQUINI, Alberto. "Perfis da Empresa". *Revista de Direito Mercantil Industrial, Econômico e Financeiro*, São Paulo, ano XXXV, nº 104, out./dez. 1996.

BARRETO FILHO, Oscar. *Do conceito de empresa*: problemas de direito mercantil. São Paulo: Max Limonad, 1970.

BORBA, José Edwaldo Tavares. *Direito Societário*. 19ª ed. Barueri (SP): Atlas, 2022.

BRASIL. *Instrução normativa n. 81*, de 10 de junho de 2020. Disponível em: https://www.in.gov.br/en/web/dou/-/instrucao-normativa-n-81-de--10-de-junho-de-2020-261499054. Acessado em: 22.01.2025.

CALÇAS, Manoel de Queiroz Pereira. *Sociedade Limitada no Novo Código Civil*. São Paulo: Atlas, 2003.

CAMPINHO, Sérgio. *O Direito de Empresa à luz do Código Civil*. 12ª ed. revista e atualizada de acordo com as Leis n. 12.441/2011, 12.399/2011 e 13.375/2010. Rio de Janeiro: Renovar, 2011.

CARVALHO DE MENDONÇA, José Xavier. *Tratado de Direito Comercial brasileiro*. Atualizado por Ricardo Negrão. vol. I. 1ª ed. Campinas: BookSeller, 2000.

_____. *Tratado de Direito Comercial brasileiro*. Atualizado por Ruymar de Lima Nucci. vol. II. Tomo III. 1ª ed. Campinas: BookSeller, 2001.

_____. *Tratado de Direito Comercial brasileiro*. vol. 2. Tomo II. Livro II. 1ª ed. Campinas: Bookseller, 2000.

CARVALHOSA, Modesto. *Comentários ao código civil*: parte especial: do Direito de Empresa, vol. 13. São Paulo: Saraiva, 2005.

CARVALHOSA, Modesto; AZEVEDO, Antonio Junqueira (Coord.). *Comentários ao Código Civil*: parte especial do Direito de Empresa (artigos 1.052 a 1.195). vol. 13. 2ª ed. São Paulo: Saraiva, 2005.

CAVALCANTE, Jouberto de Quadros Pessoa; JORGE NETO, Francisco Ferreira. *Direito do Trabalho*. 9ª ed. São Paulo: Atlas, 2019.

COELHO, Fábio Ulhoa (Coord.). *Normas Societárias do Código Civil Comentadas*. vol. 1. São Paulo: Thomson Reuters Brasil, 2023.

COELHO, Fábio Ulhoa. "Teoria da Empresa". *In*: JORGE, André Guilherme Lemos *et al*. (Coord.). *Coletânea da atividade negocial*. São Paulo: Universidade Nove de Julho, 2019.

_____. *A sociedade limitada no novo código civil*. São Paulo: Saraiva, 2003.

_____. *Comentários à Lei de Falências e de Recuperação de Empresas*: Lei n. 14.112/20, Nova Lei de Falências. 14ª ed. São Paulo: Revista dos Tribunais, 2021.

_____. *Comentários à Lei de Falências e de Recuperação de Empresas*: Lei n. 14.112/20, Nova Lei de Falências. 15ª ed. São Paulo: Revista dos Tribunais, 2021.

_____. *Curso de Direito Comercial*: Direito de Empresa. vol. 1. 16ª ed. São Paulo: Saraiva, 2012.

_____. *Curso de Direito Comercial*: Direito de Empresa. vol. 2. 19ª ed. São Paulo: Saraiva, 2015.

_____. *Curso de Direito Empresarial*: Teoria Geral e Direito Societário. vol. 1. 6ª ed. São Paulo: Atlas, 2014.

_____. *Princípios do Direito Comercial*: com anotações ao projeto de código comercial. São Paulo: Saraiva, 2012.

CRUZ, André Luiz Santa. *Manual de Direito Empresarial* – volume único. 12ª ed. rev. atual. e ampl. São Paulo: JusPodivm, 2022.

CUNHA, Fernando Antonio Maia da. *Autonomia patrimonial das sociedades limitadas vs. desconsideração da personalidade jurídica*: desafios e perspectivas da lei de liberdade econômica (Lei n. 13.874 de 20 de setembro de 2019). São Paulo: Contracorrente, 2021.

CUNHA, Fernando Antonio Maia da; DIAS, Maria Rita Rebello Pinho. *Comentários à lei de recuperação de empresas e falência*: Lei n. 11.101, de 09 de fevereiro de 2005. São Paulo: Contracorrente, 2022.

CUNHA, Fernando Antonio Maia da; LAZZARESCHI NETO, Alfredo Sérgio. *Direito Empresarial Aplicado*. vol. 3. 1ª ed. São Paulo: Contracorrente, 2023.

EIZIRIK, Nelson. *A Lei das S/A Comentada*. vol. III. São Paulo: Quartier Latin, 2021.

______. *Direito Societário*: estudos e pareceres. São Paulo: Quartier Latin, 2015.

FAZZIO JÚNIOR, Waldo. *Sociedades limitadas*: de acordo com o Código Civil de 2002. São Paulo: Atlas, 2003.

FERREIRA, Waldemar. *Instituições de Direito Comercial*. vol. 1. São Paulo: M. Limonad, 1954.

______. *Sociedades por Quotas*. 5ª ed. São Paulo: Editora Monteiro Lobato, 1925.

FERRI, Giuseppe. *Diritto commerciale*, Enciclopedia del diritto. vol. 12. Milão: Giuffré, 1964.

FORGIONI, Paula A. *A evolução do Direito Comercial brasileiro*. 5ª ed. São Paulo: Thompson Reuters Brasil, 2021.

FRANÇA, Erasmo Valladão Azevedo e Novaes; ADAMEK, Marcelo Vieira von. "*Affectio societatis*": um conceito jurídico superado no moderno Direito Societário pelo conceito de fim social. São Paulo: Quartier Latin, 2009.

FRAZÃO, Ana. "Lei de Liberdade Econômica e seus impactos sobre a desconsideração da personalidade jurídica". *In*: SALOMÃO, Luis Felipe; CUEVA, Ricardi Villas Bôas; FRAZÃO, Ana (Coord.). *Lei de Liberdade Econômica e seus impactos no Direito brasileiro*. 1ª ed. São Paulo: Thomson Reuters Brasil, 2020.

GONÇALVES NETO, Alfredo de Assis. *Direito de Empresa* – Comentários aos artigos 966/1195 do Código Civil. 5ª ed. São Paulo: RT 2014.

______. *Direito de Empresa*. 7ª ed. São Paulo: Revista dos Tribunais, 2017.

______. *Empresa individual de responsabilidade limitada e sociedades de pessoas*. São Paulo: Revista dos Tribunais, 2023.

JORGE, André Guilherme Lemos *et al.* (Coord.). *Coletânea da atividade negocial*. São Paulo: Universidade Nove de Julho, 2019.

LAMY Filho, Alfredo; PEDREIRA, José Luiz Bulhões. *A Lei das S.A.*: pressupostos, elaboração e aplicação. Rio de Janeiro: Renovar, 1995.

LOBO, Jorge. *Sociedades Limitadas* (artigos 1.052 a 1.059 e 1.071 a 1.086 do Código Civil). vol. I. Rio de Janeiro: Forense, 2004.

LUCCA, Newton de. "Atividade negocial (introdução à obra)". *In*: JORGE, André Guilherme Lemos *et al.* (Coord.). *Coletânea da atividade negocial*. São Paulo: Universidade Nove de Julho, 2019.

LUCENA, José Waldecy. *Das sociedades limitadas*. 5ª ed. Rio de Janeiro: Renovar, 2003.

MACHADO, Sylvio Marcondes. *Ensaio sobre a sociedade de responsabilidade limitada*. São Paulo: Faculdade de Direito da Universidade de São Paulo, 1940. (Dissertação de Livre Docência).

MAIA DA CUNHA, Fernando Antonio. *Autonomia patrimonial das sociedades limitadas vs. Desconsideração da personalidade jurídica*: desafios e perspectivas da Lei de Liberdade Econômica. São Paulo: Contracorrente, 2021.

MAMEDE, Gladston. *Empresa e atuação empresarial*. 12ª ed. São Paulo: Atlas, 2020.

MARCONDES, Sylvio. *Problemas de Direito Mercantil*. São Paulo: Max Limonad, 1970.

MATTOS FILHO, Ary Oswaldo; CHAVENCO, Maurício; HUBERT, Paulo; VILELA, Renato; HOLLOWAY RIBEIRO, Victor B. "Radiografia das Sociedades Limitadas". *Núcleo de Estudos em Mercados e Investimentos* – FGV Direito SP, ago. 2014.

MÜSSNICH, Francisco Antunes Maciel. "A quem interessa um Novo Código Comercial?" *Revista Relação com Investidores*, fev. 2014.

NADER, Paulo. *Curso de Direito Civil*. vol. 3. 9ª ed. Rio de Janeiro: Forense, 2018.

NANNI, Giovanni Ettore (Coord.). *Comentários ao Direito Civil*: Direito Privado contemporâneo. São Paulo: Saraiva Educação, 2018.

NEGRÃO, Ricardo. *Curso de Direito Comercial e de Empresa*: Teoria Geral da Empresa e Direito Societário. vol. I. 15ª ed. São Paulo: Saraiva, 2019.

______. *Curso de Direito Comercial e de Empresa*: Teoria Geral da Empresa e Direito Societário. 16ª ed. São Paulo: Saraiva Educação, 2020.

NEGRÃO, Ricardo. *Manual de Direito Comercial e de Empresa*: Teoria Geral da Empresa e Direito Societário. vol. 1. 9ª ed. São Paulo: Saraiva, 2012.

NISHI, Eduardo Azuma. *Apuração de haveres*: novos paradigmas na ordem jurídica. São Paulo: Quartier Latin, 2022.

NUNES, Márcio Tadeu Guimarães. *Dissolução parcial, exclusão de sócio e apuração de haveres nas sociedades limitadas*. São Paulo: Quartier Latin, 2010.

PEIXOTO, Carlos Fulgêncio da Cunha. *A sociedade por cota de responsabilidade limitada*. vol. I. Rio de Janeiro: Forense, 1956.

REQUIÃO, Rubens. "Abuso de direito e fraude através da personalidade jurídica". *Revista dos Tribunais*, vol. 410. São Paulo: Revista dos Tribunais, 1969. Republicado na *Revista dos Tribunais*, vol. 803, ano 91, setembro. São Paulo: Revista dos Tribunais, 2002.

______. *Curso de Direito Comercial*. vol. 1. 31ª ed. São Paulo: Saraiva, 2012.

______. *Curso de Direito Comercial*. vol. I. 27ª ed. São Paulo: Saraiva, 2007.

______. *Manual de Direito Comercial e de Empresa*: Teoria Geral da Empresa e Direito Societário. vol. 1. 9ª ed. São Paulo: Saraiva, 2012.

RIZZARDO, Arnaldo. *Direito de Empresa*. Rio de Janeiro: Forense, 2012.

SACRAMONE, Marcelo Barbosa. *Manual de Direito Empresarial*. São Paulo: Saraiva Educação, 2002.

SILVEIRA, Marcelo Matos Amaro da. "A responsabilidade patrimonial do titular da EIRELI após a Lei da Liberdade Econômica". *Migalhas*, 11 mar. 2021. Disponível em: https://www.migalhas.com.br/coluna/migalhas-de-responsabilidade-civil/341513/a-responsabilidade-patrimonial-do-titular-da-eireli. Acessado em: 17.10.2024.

TEIXEIRA, Egberto de Lacerda. *Das Sociedades por Quotas de Responsabilidade Limitada*. 2ª ed. São Paulo: Quartier Latin, 2006.

TEPEDINO, Gustavo; BARBOZA, Heloisa Helena; MORAES, Maria Cecília de Bodin. *Código Civil interpretado de acordo com a Constituição*. vol. III. Rio de Janeiro: Renovar, 2011.

TOMAZETTE, Marlon. *Curso de Direito Empresarial*: Teoria Geral e Direito Societário. vol. 1. 6ª ed. São Paulo: Atlas, 2014.

VERÇOSA, Haroldo Malheiros Duclerc. *Direito Comercial*. vol. 2. 3ª ed. São Paulo: Revista dos Tribunais, 2014.

WALD, Arnoldo. *Comentários ao Novo Código Civil – do Direito de Empresa*. vol. XIV. Rio de Janeiro: Forense, 2005.

WARDE JÚNIOR, Walfrido Jorge. *Teoria geral da empresa*. São Paulo: Revista dos Tribunais, 2016.

NOTAS

A Editora Contracorrente se preocupa com todos os detalhes de suas obras! Aos curiosos, informamos que este livro foi impresso no mês de março de 2025, em papel Pólen Natural 80 g/m^2.